紙本著色金沢城下図
（犀川口町図, 六曲屏風部分,
　金沢市）

七カ用水合同取水口（白山市）

絹本著色白山三社神像
（白山比咩神社, 白山市）

那谷寺大悲閣
（小松市）

能登の歴史・文化

時国家住宅（輪島市）

雨の宮古墳群（鹿島郡中能登町）

妙成寺五重塔（羽咋市）

珠洲秋草文
（石川県立歴史博物館蔵，金沢

禄剛埼灯台
(珠洲市)

真脇遺跡
(鳳珠郡能登町)

七尾城跡(七尾市)

須曽蝦夷穴古墳
(七尾市)

ものづくり

輪島塗(わじまぬり)（輪島市）

金沢箔(かなざわはく)
（金沢市）

加賀友禅(かがゆうぜん)
（金沢市）

九谷焼(くたにやき)

能登の揚浜式
製塩の技術
（珠洲市）

能登中居の鋳物
（浄誓寺梵鐘,
鳳珠郡穴水町）

牛首紬（白山市）

まつり・民俗芸能

熊甲二十日祭の枠旗行事
(久麻加夫都阿良加志比古神社, 七尾市)

加賀の獅子舞
(松任金剣宮, 白山市)

お旅まつりの曳山行事
(菟橋神社・本折日吉神社, 小松市)

御願神事
(菅生石部神社, 加賀市)

奥能登のあえのこと
(輪島市・珠洲市・鳳珠郡穴水町・鳳珠郡能登町)

能登島向田の火祭
(伊夜比咩神社, 七尾市)

宇出津のキリコ祭り
(八坂神社, 鳳珠郡能登町)

青柏祭の曳山行事
(大地主神社, 七尾市)

もくじ　赤字はコラム
城下町金沢と加賀北部

❶ 城下町の核心部を歩く ---------------------------------- 4
　金沢城跡／石垣の博物館／兼六園／成巽閣／辰巳用水／西田家庭園玉泉園／石川県立歴史博物館／本多の森の文化施設／利常の「改作法」と老練な年寄衆／石川四高記念文化交流館と広坂界隈／西外惣構跡と鞍月用水／高山右近の足跡／長町武家屋敷群と大野庄用水／尾山神社／尾崎神社／金沢東別院・金沢西別院／一向一揆から真宗王国へ／専光寺／尾張町界隈／金沢の食文化と三味薬／寺島蔵人邸跡／主計町茶屋街・ひがし茶屋街／金沢町家の再生と活用／卯辰山の石碑／安政の泣き一揆と卯辰山開拓／卯辰山寺院群／芭蕉の足跡と３文豪／天徳院と小立野寺院群／松田権六と金沢の漆芸／金沢は複合城下町／金沢湯涌夢二館

❷ 駅西から金石街道へ ---------------------------------- 46
　天保義民の碑／大野湊神社／石川県銭屋五兵衛記念館／普正寺遺跡／石川県金沢港大野からくり記念館／粟崎八幡神社／銭五の悲劇と顕彰／日本海交流を示す金沢西郊の遺跡群／石川街道と宮腰町／内灘闘争

❸ 城下町南郊から松任・美川へ ---------------------------------- 55
　雨宝院と室生犀星記念館／鶴来道沿いの寺町／野田道沿いの寺町／野田山墓地／大乗寺／高尾城跡／善性寺／喜多家住宅／富樫館跡／東大寺領横江荘荘家跡／横江の虫送り／御経塚遺跡／チカモリ遺跡

もくじ

／末松廃寺跡／松任城跡／旧吉田家住宅(白山市松任ふるさと館)／本誓寺／聖興寺／明達寺／石川ルーツ交流館(石川県庁跡)／呉竹文庫と旧本吉の町並み

❹ 北郊から津幡・かほくへ --- 79
小坂神社と大樋の松門／持明院の妙蓮／長江谷の傳燈寺／三谷の法華寺院／松根城跡／二俣の本泉寺／旧津幡宿と弘願寺／俱利伽羅峠の古戦場跡と手向神社／加賀郡牓示札／上山田貝塚／石川県西田幾多郎記念哲学館／大海西山遺跡

大聖寺・小松と加賀南部

❶ 大聖寺と江沼の文化財 --- 94
錦城山(大聖寺城跡)／長流亭／実性院と全昌寺／菅生石部神社／山田光教寺跡／片山津玉造遺跡／篠原の古戦場／北前船の里資料館／片野の鴨池／北前船交易から鉄道輸送へ／鹿島の森／山中温泉と医王寺／山代温泉と薬王院温泉寺／狐山古墳と法皇山横穴古墳／九谷磁器窯跡

❷ 小松と能美平野 -- 111
小松城跡／小松天満宮／お旅まつりと子供歌舞伎／多太神社／浅井畷古戦場／串茶屋と遊女の墓／御幸塚古墳と三湖台古墳群／安宅関

もくじ

跡／波佐谷松岡寺跡／粟津温泉と大王寺／那谷寺／尾小屋鉱山跡／石部神社と加賀国府跡／浄水寺跡／河田山古墳群／能美古墳群／灯台笹遺跡

❸ 白山麓と手取谷 -- 134
旧鶴来町と金劔宮／白山比咩神社／安元事件／安久濤ヶ淵と七カ用水合同取水口／舟岡山遺跡と舟岡山城跡／御仏供スギ／鳥越城跡／笥笠中宮神社／尾添白山社／尾口のでくまわし／石川県立白山ろく民俗資料館／林西寺と白山本地堂／白山禅定道と山頂奥宮／かんこ踊と牛首紬

口能登と羽咋・七尾

❶ 押水から羽咋へ --- 154
喜多家住宅／末森城跡／岡部家住宅／散田金谷古墳／豊財院／永光寺／前田斉泰の能登半島巡見

❷ 羽咋から能登金剛へ --- 163
吉崎・次場遺跡／寺家遺跡／気多神社／妙成寺／雄谷家住宅／平家庭園／福浦港／松尾神社／龍護寺・地頭町中世墳墓窟群／高爪神社／伊能忠敬の沿岸測量

❸ 七尾市から鹿島路へ --- 176
小丸山城跡／長谷川等伯と七尾美術館／山の寺寺院群／七尾軍艦所跡／青柏祭と奉灯祭／七尾城跡／能登国分寺跡／院内勅使塚古墳

もくじ

本土寺／雨の宮古墳群／能登上布／石動山／小田中親王塚古墳／義民道閑と浦野事件

❹ 能登島と七尾湾岸 -- 192
須曽蝦夷穴古墳／能登島向田の火祭／伊夜比咩神社／万行遺跡／東嶺寺／赤蔵山／久麻加夫都阿良加志比古神社／藤津比古神社／座主家住宅／能登天領

輪島・珠洲と能登半島

❶ 穴水から松波へ -- 206
穴水城跡と来迎寺／明泉寺／祭祀遺跡石仏山／棚木城跡／真脇遺跡／九ノ里薬師／松波城跡／奥能登の「あえのこと」

❷ 輪島から珠洲へ -- 215
輪島と輪島の朝市／白米の千枚田と名舟の御陣乗太鼓／2つの時国家／町野の真言寺院／法華寺と中谷家住宅／岩倉寺と曽々木海岸／「すず塩田村」と揚浜塩田／曹源寺と長橋海岸／ヒロギの難所をひらいた麒山和尚／平時忠一族の墓／禄剛埼灯台／珠洲岬／山伏山と須須神社／引砂のさんにょもん／珠洲焼資料館／黒丸家住宅／飯田の燈籠山祭／春日神社と能登塩田再興碑／法住寺と白山神社

❸ 輪島から門前へ -- 240
重蔵の神と舳倉島／石川県輪島漆芸美術館と輪島漆器会館／中段の板碑と白山神社石造五重塔／輪島塗／皆月海岸と猿山岬灯台／總持寺祖院／宝泉寺／浦上泉家のアテの古木／黒島天領北前船資料館／阿岸本誓寺

あとがき／石川県のあゆみ／地域の概観／文化財公開施設／無形民俗文化財／おもな祭り／有形民俗文化財／無形文化財／散歩便利帳／参考文献／年表／索引

もくじ

[本書の利用にあたって]

1. 散歩モデルコースで使われているおもな記号は，つぎのとおりです。なお，数字は所要時間(分)をあらわします。
    - ·········· 電車
    - ━━━━━ 地下鉄
    - ───── バス
    - ▪▪▪▪▪▪▪▪▪▪ 車
    - ------- 徒歩
    - ～～～～～ 船

2. 本文で使われているおもな記号は，つぎのとおりです。
    - 🚶 徒歩
    - 🚌 バス
    - ✈ 飛行機
    - 🚗 車
    - 🚢 船
    - Ⓟ 駐車場あり

    〈M▶P.○○〉は，地図の該当ページを示します。

3. 各項目の後ろにある丸数字は，章の地図上の丸数字に対応します。

4. 本文中のおもな文化財の区別は，つぎのとおりです。
    国指定重要文化財=(国重文)，国指定史跡=(国史跡)，国指定天然記念物=(国天然)，国指定名勝=(国名勝)，国指定重要有形民俗文化財・国指定重要無形民俗文化財=(国民俗)，国登録有形文化財=(国登録)
    都道府県もこれに準じています。

5. コラムのマークは，つぎのとおりです。
    - 泊　歴史的な宿
    - 憩　名湯
    - 食　飲む・食べる
    - み　土産
    - 作　作る
    - 体　体験する
    - 祭　祭り
    - 行　民俗行事
    - 芸　民俗芸能
    - 人　人物
    - 伝　伝説
    - 産　伝統産業
    - ‼　そのほか

6. 本書掲載のデータは，2012年10月1日現在のものです。今後変更になる場合もありますので，事前にお確かめください。

Kanazawa Kaga-hokubu

城下町金沢と加賀北部

冬の兼六園

加賀郡牓示札

N
1:260,000
0 2.5 5km
高松SA
高松
県立看護大IC
高松IC
159
たかまつ
県立看護大
60
471
よこやま
JR七尾線
かほく市
興津峠
・宇気塚越1号墳
白尾IC
うのけ
58
59
能登海浜道路
のせ
河北郡
津幡町
大国主
・笠野鳥越
ほんつばた
なかつばた
56
8
内灘IC
河北郡
内灘町
つばた
北陸(街)道
倶利伽羅
河北潟
JR北陸本線
農業総合研究センター・
うちなだ
28
金沢港
27
もりもと
54
戸水C遺跡・
金沢東IC
堅田城跡
金沢森本IC
不動寺PA
犀川
みつくち
12
13
ひがしかなざわ
石川県
本龍寺
26
戸水B遺跡
359
159
北陸自動車道
53
三河神社
23
14
51
25
24
17 18
50
かなざわ
15
卯辰山
141
52
金沢市
石川県立球場・
8
19
20
16
金沢西IC
39
1 7 10 11
2 3 4 5 6
55
白山IC
41
9
にしかなざわ
金沢美術工芸大
金沢大
医王ダム
倉部川
旭遺跡群・
32
29
のまち
31
40
ののいち
30
21
戸室山
548
見上峠
まっとう
43
徳光PA
徳光スマートIC
47
37
34
桃雲寺
大慶寺用水
44
野々市市
野々市市郷土資料館
175
野田山
33
浅野川
金城大
46
45
石川県戦没者墓苑
35
8
石の木塚
三浦遺跡
美川IC
38
石川県埋蔵文化財センター
旧松下家住宅
堂尻川
かがかさま
42
金沢湯涌街道
北陸鉄道石川線
36
48
みかわ
157
白山市
旧鯖波本陣石倉家住宅
美川
湯涌
49
どうほうじ
22
こまいこ
能美郡
川北町
手取川
平成25年4月無料化
川北大橋
ひのみこ

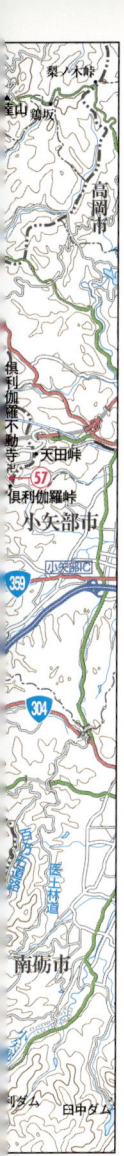

①金沢城跡
②兼六園
③成巽閣
④西田家庭園玉泉園
⑤石川県立歴史博物館
⑥本多の森の文化施設
⑦石川四高記念文化交流館と広坂界隈
⑧西外惣構跡と鞍月用水
⑨長町武家屋敷群と大野庄用水
⑩尾山神社
⑪尾崎神社
⑫金沢東別院
⑬金沢西別院
⑭専光寺
⑮尾張町界隈
⑯寺島蔵人邸跡
⑰主計町茶屋街
⑱ひがし茶屋街
⑲卯辰山の石碑
⑳卯辰山寺院群
㉑天德院と小立野寺院群
㉒金沢湯涌夢二館
㉓天保義民の碑
㉔大野湊神社
㉕石川県銭屋五兵衛記念館
㉖普正寺遺跡
㉗石川県金沢港大野からくり記念館
㉘粟崎八幡神社
㉙雨宝院
㉚室生犀星記念館
㉛鶴来道沿いの寺町
㉜野田道沿いの寺町
㉝野田山墓地
㉞大乗寺
㉟高尾城跡
㊱善性寺
㊲喜多家住宅
㊳富樫館跡
㊴東大寺領横江荘荘家跡
㊵御経塚遺跡
㊶チカモリ遺跡
㊷末松廃寺跡
㊸松任城跡
㊹旧吉田家住宅（白山市松任ふるさと館）
㊺本誓寺
㊻聖興寺
㊼明達寺
㊽石川ルーツ交流館（石川県庁跡）
㊾呉竹文庫と旧本吉の町並み
㊿小坂神社と大樋の松門
51持明院の妙蓮
52長江谷の傳燈寺
53三谷の法華寺院
54松根城跡
55二俣の本泉寺
56旧津幡宿と弘願寺
57倶利伽羅峠の古戦場跡と手向神社
58上山田貝塚
59石川県西田幾多郎記念哲学館
60大海西山遺跡

◎城下町金沢と加賀北部散歩モデルコース

金沢城・兼六園コース　金沢城_2_兼六園・成巽閣_2_石川県立美術館_2_中村記念美術館_2_ふるさと偉人館_2_金沢21世紀美術館_2_石川四高記念文化交流館_2_しいのき迎賓館・いもり堀園地_5_尾山神社_5_尾崎神社_3_近江町市場_5_JR北陸本線金沢駅

浅野川・卯辰山コース　金沢城_2_黒門前緑地_5_金沢町民文化館・尾張町界隈_3_泉鏡花記念館・金沢蓄音機館・御菓子文化館_2_久保市神社_2_主計町伝統的建造物群_10_徳田秋聲記念館_10_長谷観音院_3_寿経寺（七稲地蔵）_5_ひがし茶屋街・宇多須神社_5_西養寺_5_真成寺_5_心蓮社_10_小坂神社_20_JR北陸本線金沢駅

犀川・寺町コース　片町バス停・犀川大橋_1_雨宝院_3_室生犀星記念館_3_瑞泉寺_5_西茶屋資料館・西茶屋街_10_蛤坂・妙慶寺_5_妙立寺・三光寺_5_六斗の広見・野菅原神社_10_松月寺・伏見寺_2_立像寺・高岸寺_2_石切坂園地・W坂_5_桜橋_2_犀星文学碑_10_(犀川河畔散策)犀川大橋・片町バス停

3

城下町の核心部を歩く

金沢城と兼六園を起点に、近世にはぐくまれた城下町の文化遺産や寺院群を歩く。用水のせせらぎを道しるべにしたい。

金沢城跡 ❶

076-234-3800
（石川県金沢城・兼六園管理事務所）

〈M▶P.2,9,15〉金沢市丸の内71-18ほか P
JR北陸本線金沢駅東口バスターミナル🚌兼六園シャトル（土・日・祝日のみ運行）・城下まち金沢周遊バス、錦町（橋場町）線・湯涌線ほか兼六園下🚶2分

江戸時代最大の大名の城は文治の拠点

JR金沢駅の南東約1.5kmの所に、金沢城跡（国史跡）がある。金沢城は、小立野台地の先端に築かれた平山城である。城作りは、1580（天正8）年に佐久間盛政が領主となってから始まるが、1546（天文15）年、「惣国普請」の掛け声の下、加賀の浄土真宗（一向宗）門徒の総意によって、金沢御堂（大坂本願寺末寺）が設置された前史も忘れてはいけない。戦国時代末期に金沢御堂が、加賀一向一揆の統制をとるようになり、織田信長と厳しく対峙するなかで寺内町を発達させ、のちの城下町の基礎が築かれたのは皮肉なことである。1583（天正11）年から前田利家が入部し、以後、14代にわたり「加賀百万石」で知られる前田家の居城となった。その結果、城下町金沢は300年の間、1家の有力大名の下で連綿として繁栄し、明治維新を迎えたのである。

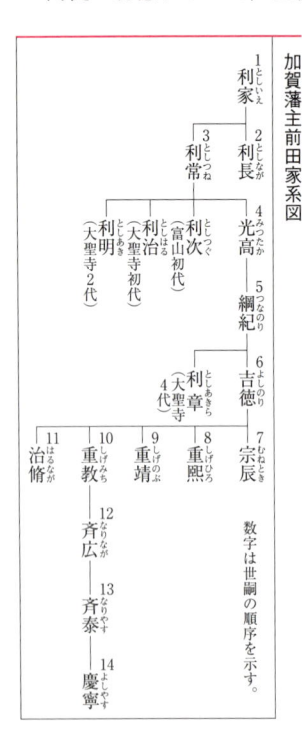

城跡入口は、尾張町から大手町を通って城の正門である尾坂門に入るルート、香林坊から広坂通りをあがり旧県庁跡の広坂緑地・いもり堀園地を経ていもり坂口から入るルート、兼六園下から紺屋坂をあがって石川門から入るルートなどがある。ここでは、石川

加賀藩主前田家系図

1. 利家
2. 利長
3. 利常
4. 光高 — 利次（富山初代）／利治（大聖寺初代）／利明（大聖寺2代）
5. 綱紀 — 利治（大聖寺初代）
6. 吉徳 — 利章（大聖寺4代）
7. 宗辰
8. 重熙
9. 重靖
10. 重教
11. 治脩
12. 斉広
13. 斉泰
14. 慶寧

数字は世嗣の順序を示す。

石垣の博物館

コラム

切石積みの多様さが金沢城の特徴

　石垣の積み方は，一般に「野面積み」「打ち込み接ぎ」「切り込み接ぎ」という３つの様式で説明される。このほかにも，「算木積み」「布積み」「鏡積み」「亀甲積み」「乱積み」などの多様な積み方があり，金沢城内の随所で，そうした多様な石積みの意匠を楽しむことができる。

　石垣作りにあたった専門職人のことを穴太（穴生）というが，加賀藩の穴太であった後藤家に伝わる古文書から，城内石垣の修築年次や築造技法が明らかとなり，多様な石垣の来歴が具体的にわかった。県では，「石垣の博物館」として金沢城の価値を宣伝している。西国風の豪快な石垣ばかりでなく，庭園借景用の多彩な切石積み石垣に至るまで，石垣の意匠がこれほど多様性に富むのかと驚かされる。いもり坂の途中で木道に入る玉泉院丸コースの石垣回廊に足をのばせば，「色紙短冊積み」とよばれる，石垣らしからぬ現代アート風の石垣をみることができる。また，石垣に打たれた刻印は，大小200種類以上ある。

　城内石垣の99％は，城の東約12kmの所に位置する戸室山で採石された安山岩で，地元では戸室石とよんでいる。この戸室石の石切丁場の規模は660haにおよび，1300カ所以上の採石跡が約52の採石坑群を形成している。戸室石を掘り出し荒加工した後，修羅や地車で，あるいは何人もの人足が肩にかつぐ「石釣り」という方法で運搬したが，その苦労は並大抵のことではなかった。戸室丁場から兼六園までの石の運搬ルートを「石引き道」といい，大半が今も残っている。小立野台地の小立野通は，通称「石引き通り」として親しまれるが，文字通り金沢城に石材を運ぶ一本道であった。

門ルートで案内をする。

　兼六園下からみやげ物店が立ち並ぶ紺屋坂をあがり，石川橋を渡ると石川門（国重文）である。石川門は，江戸時代初期から搦め手門とされ，現存の建物は宝暦大火（1759年）後，1788（天明８）年に再建されたもので，表門（一の門），左右太鼓塀，櫓門（二の門），続櫓，石川櫓などからなる。表門左手の白漆喰の壁が鮮やかな石川櫓を眺めつつ枡形の中に入ると，櫓門の海鼠壁，大きな刻印のある割石積みの石垣や切石積みの石垣に間近に触れることができる。屋根の鉛瓦や海鼠壁は金沢城のシンボルであり，白を基調とした城郭建築の典型である。

城下町の核心部を歩く

石川門

　石川門を出ると三の丸広場となり、この広場の向こう正面に、二の丸の正門である橋爪門と橋爪門続櫓、五十間長屋、菱櫓が雄姿をみせている。1808〜10(文化5〜7)年に再建された二の丸建物は、1881(明治14)年の火災で焼失したが、2001(平成13)年、古写真・発掘調査・古絵図などで検証を重ね、菱櫓・五十間長屋などが往時の姿に復元された。内部に入ると、伝統的な木造軸組工法を随所に看取でき、柱まで菱形に成形した技に目を見張る。その右手に、三の丸の正門である河北門が、復元されたばかりの真新しい姿をみせる。河北門は近年の調査で、1605(慶長10)年頃枡形門として造営されたことがわかったが、宝暦大火の後、1772(明和9)年の再建時の姿に復元された。復元された橋爪一の門を通って坂道をあがると、約4000坪の広大な二の丸広場に通じる。加賀藩3代藩主前田利常は、寛永大火(1631年)後に大規模な縄張り変更を行って二の丸を拡張し、豪壮な二の丸御殿を造営して藩政を司った。

　標高約60mの本丸は、現在、鬱蒼とした森になっている。金沢大学のキャンパスであった頃に、植物園として利用した名残りで、明治時代以前の古木もあり、タカチホヘビなどの希少動物も生息する。初代前田利家が1586(天正14)年頃築造した天守跡は確認されていないが、焼失後、1603(慶長8)年に天守の代用としてつくられた三階櫓の石垣台は、本丸内部の園路脇で発見された。寛永大火後の本丸は、辰巳櫓・丑寅櫓など9つの櫓のほか、本丸御殿・獅子土蔵(御金蔵)などが密集していたが、宝暦大火で焼失した後、再建されず、本丸としての機能は休眠状態となった。

　二の丸から南に進み極楽橋を渡ると、本丸付段に三十間長屋(国重文)がある。1858(安政5)年の再建であるが、武具土蔵として利用され、堅牢な構造をもつ。丑寅櫓台からは戸室石を産する戸室山

三十間長屋

が展望でき，すぐ下の小段（東の丸附段）には，通称鶴丸倉庫という江戸時代末期の土蔵（国重文）がある。明治時代に陸軍の倉庫として改変された部分もあるが，数少ない江戸時代の城内土蔵建造物の中では国内最大の遺構である。

　北の丸には，4代藩主前田光高が江戸幕府の許可を得て1643（寛永20）年に創建した金沢東照宮があったが，明治維新後，尾崎神社と改称し，1878（明治11）年城外に遷された。また1873（明治6）年，城域に陸軍分営が設置され，のち第九師団司令部がおかれたが，現在その一部は，本多の森公園に旧陸軍金沢偕行社（陸軍将校らの社交場）とともに移築されている。二の丸西側の数寄屋丸に残る旧第六旅団司令部の建物は，その当時の城内の様相を伝える貴重な遺構である。

兼六園 ❷
076-234-3800
（石川県金沢城・兼六園管理事務所）

〈M▶P.2,9,15〉金沢市兼六町1-1 [P]
JR金沢駅東口バスターミナル🚌兼六園シャトル（土・日・祝日のみ運行）・城下まち金沢周遊バス，錦町（橋場町）線・湯涌線ほか兼六園下 🚶2分

大名の庭園から市民のパークへ

　金沢城石川門の向かいに広がる庭園が，日本三名園の1つ兼六園（国特別名勝）である。庭園の入口は，石川門側の桂坂口のほか，広坂からの真弓坂口，成巽閣近くには小立野口・随身坂口がある。

　兼六園は，池泉回遊式の江戸時代を代表する大名庭園である。10万平米におよぶ広大な園内のうち，瓢池や翠滝の付近は，1676（延宝4）年に加賀5代藩主前田綱紀によって創設された旧蓮池庭にあたり，「蓮池の御亭」がおかれた当初の雰囲気が味わえる。現存の夕顔亭（県文化）は，宝暦大火後の1774（安永3）年，11代藩主治脩が建造したもので，当初は「滝見の御亭」とよばれた。三畳台目に相伴席と下座床のついた数寄屋は，当初のままであり，京都の藪内家の茶室燕庵の間取りと同じである。金工師後藤程乗作

城下町の核心部を歩く　7

兼六園

の蹲踞(手水鉢「伯牙断琴」)も見逃せない。1799(寛政11)年頃には、高の御亭・内橋御亭・舟の御亭なども併設されたが、現在、いずれも当初と異なる場所に再建されている。蓮池馬場の馬見所でもあった内橋御亭は、霞ヶ池の畔に移築され、「鯰の御亭」ともよばれた。

現在、千歳台とよばれる高台は、1822(文政5)年に隠居した12代藩主斉広が竹沢御殿を造営するまでは、藩の文武学校や学校鎮守・馬場などがあり、1696(元禄9)年までは奥村宗家・横山家など加賀八家の屋敷があった。1824(文政7)年に斉広が没すると、一帯は斉広の慰霊の場となり、13代藩主斉泰が庭園として整備を始めた。天保年間(1830〜44)には霞ヶ池を掘り、その土で栄螺山という築山がつくられ、斉広の慰霊塔がその頂上に建てられた。その頃から、現在みる庭の景観が形成されたが、当時は、よく知られる徽軫灯籠、噴水、桜ヶ岡の斜面の辺りは棚田風の菜園や田圃となっていた。また1863(文久3)年には、斉広夫人のために巽新殿が園地の南東隅に造営されたが、これが現在の成巽閣である。

「兼六園」の名は、松平定信が斉広の依頼により名づけたものである。定信は、北宋の『洛陽名園記』から、「宏大に努めれば幽邃少なし、人力勝れば蒼古少なし、水泉多ければ眺望艱し、この六つを兼ぬるは、この湖園のみ」を引用し、「兼六園」の揮毫を贈ったが、この庭を実際に訪れてはいない。

明治維新後、「与楽園」ついで「兼六園」「兼六公園」の名で市民に開放され、市民の憩いの場として春夏秋冬親しまれた。まさしく、大名のガーデンから市民パークへと変貌した典型といえよう。とくに西南戦争(1876〜77年)の戦没者慰霊のために、1880(明治13)年に建立された「明治紀念之標」の前では、町を挙げて盛大な祭りが年中行事として行われた。

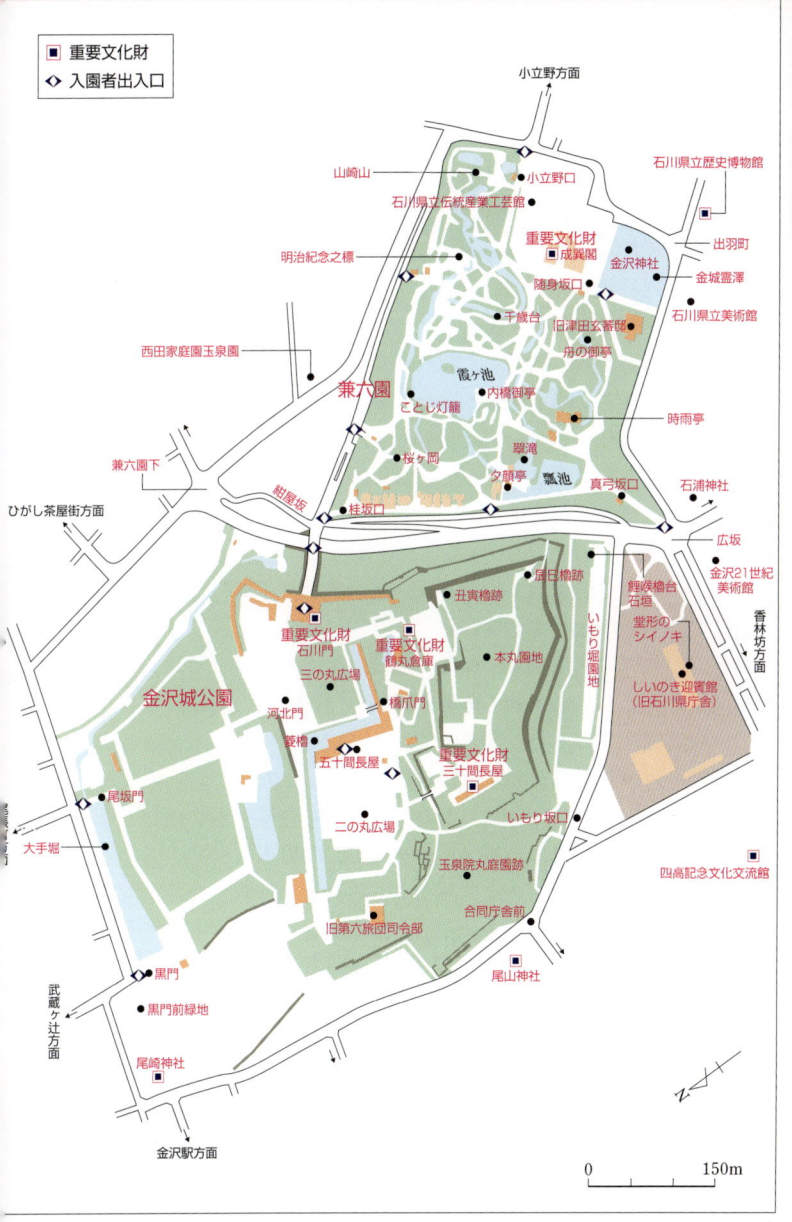

金沢城公園・兼六園周辺図

- ■ 重要文化財
- ◆ 入園者出入口

小立野方面

山崎山
小立野口
石川県立伝統産業工芸館
石川県立歴史博物館
重要文化財 成巽閣
金沢神社
出羽町
明治紀念之標
随身坂口
金城霊澤
千歳台
旧津田玄蕃邸
石川県立美術館
西田家庭園玉泉園
霞ヶ池
舟の御亭
兼六園
ことじ灯籠
内橋御亭
時雨亭
兼六園下
桜ヶ岡
翠滝
ひがし茶屋街方面
夕顔亭
瓢池
真弓坂口
石浦神社
紺屋坂
桂坂口
広坂
金沢21世紀美術館
丑寅櫓跡
昼日櫓跡
鯉喉櫓台石垣
堂形のシイノキ
重要文化財 石川門
重要文化財 鶴丸倉庫
本丸園地
香林坊方面
金沢城公園
三の丸広場
いもり堀園地
しいのき迎賓館（旧石川県庁舎）
河北門
橋爪門
菱櫓
五十間長屋
重要文化財 三十間長屋
尾坂門
二の丸広場
いもり坂口
大手堀
玉泉院丸庭園跡
四高記念文化交流館
旧第六旅団司令部
合同庁舎前
黒門
尾山神社
武蔵ヶ辻方面
黒門前緑地
尾崎神社

0 150m

金沢駅方面

城下町の核心部を歩く 9

1871(明治4)年，お雇い外国人として金沢に招かれた鉱山技師デッケンの邸宅が園内の山崎山におかれると，人びとの関心を集めた。1876(明治9)年には金沢博物館(1880年より石川県勧業博物館)ができ，のち図書室も併置され，2代金沢市長長谷川準也の邸宅もあった。大正年間(1912～26)には，大手町にあって，明治時代初期から医学教育の場として活用された旧津田玄蕃邸(現，兼六公園管理事務所分室)が公園内に移設された。

　長谷川邸跡の広場は，大正デモクラシーの全盛期に国会議員永井柳太郎が，「来たり，見たり，敗れたり」と，古代ローマのシーザーの名言をもじった落選報告を行った所である。また，1929(昭和4)年の第1回メーデー，第二次世界大戦後の内灘闘争・安保闘争の集会もここで開催されたので，石川県の社会運動史を顧みても忘れられない場所といえよう。

　兼六園の曲水や霞ヶ池の水源は辰巳用水であり，金沢城内にサイフォンの原理で引水していた頃は，兼六園の水道御門付近にあった溜枡で水量を確保していた。

　随身坂口のすぐ南側に立つ金沢神社は，金城霊澤のため勧請した天満宮であるが，あわせて藩校(明倫堂・経武館)の鎮守にもしたので学校鎮守とよばれた。創建は1794(寛政6)年であり，文政年間(1818～30)に藩校が移転し，竹沢御殿も建てられたので竹沢鎮守とよばれた。本殿(旧明倫堂鎮守)と拝殿は，国の登録有形文化財となっている。また境内には，辰巳用水を開鑿した町人板屋兵四郎をまつる上辰巳町の板屋神社の遥拝所がある。金沢神社脇の金城霊澤は，金沢の地名の由来となった清水が湧き出る「金洗いの霊水」である。

成巽閣 ❸　〈M ▶ P.2, 9, 15〉金沢市兼六町1-2　P
076-221-0580　JR金沢駅東口バスターミナル🚌兼六園シャトル(土・日・祝日のみ運行)成巽閣🚶すぐ，または🚌錦町(橋場町)線・湯涌線ほか出羽町🚶2分

大名正室の気品あふれる瀟洒な御殿

　兼六園の南東隅に，加賀藩12代藩主前田斉広の正室真龍院の隠居所であった成巽閣(附 棟札1枚，国重文)がある。
　竹沢御殿に隠居した斉広の正室は，前関白左大臣鷹司政煕の息女で隆子といい，斉広死後，真龍院と号し，1838(天保9)年，江戸

辰巳用水

コラム

用水網がつくる「水の都」

　辰巳用水は，近世初期の先端土木技術を駆使した多目的用水である。金沢城内の防火用水・泉水・堀水にあてられたほか，当初から新田開発や農業用水に利用され，余水は城下町の生活用水にも利用された。大野庄用水・鞍月用水などとともに，金沢市内中心部を貫流し，景観にうるおいを与え，消雪にも利用される用水である。藩政期から現代に至るまで，維持管理の努力が払われている。

　辰巳用水が加賀藩直営で着工・完成したのは，1632（寛永9）年のことである。前年の1631（寛永8）年は，多難な年であった。加賀藩は，「法船寺焼け」とよばれる城下でおきた大火により，本丸を始めとする金沢城の大半の建物を焼失し（寛永大火），その復旧のため，石垣造成や二の丸拡張工事を進めた。すると，江戸幕府から謀反の嫌疑をかけられ，藩主みずから江戸に出向き，弁明に奔走するという事態に至った（寛永の危機）。辰巳用水開削は，そのような状況の中で，3代藩主前田利常の命令で行われた。大火に遭って防火用水の必要を痛感したこと，当時，空堀であった金沢城の内堀や大手堀・百間堀（蓮池堀）などの外堀と，内・外惣構堀の防御機能を高めるために注水し，水堀にする必要があったこと，この2点が，辰巳用水開削の理由と考えられている。

　取水は，金沢城の辰巳（南東）の方角，犀川上流にあたる現在の金沢市上辰巳町の岩盤であったという。寛永の水路の全長は約10.7km，うち隧道は約3.3km，開渠部は約7.4kmであった。開削には，鉱山採掘で培われた技術や木管導水・逆サイフォンなどの工法が導入されたという。

　着工から城内三の丸への導水まで，用水の大部分が9カ月という短期間で竣工し，城内二の丸まではさらに2カ年の工期を要した。秘密保持についての憶測から，工事の設計・指導にあたった小松の町人板屋兵四郎は謎の技術者として伝説化されたが，奥能登の小代官で用水築造の経験もある下村兵四郎と同一人物ではないかと推定されている。

　辰巳用水は，その後，1799（寛政11）年の大地震罹災による修復や，取水口の変更，隧道部分の改築・延長，木管から石管への付け替え，流路の改変など，数次の改修を経て，現在に至っている。

　現存の東岩の取水口（上辰巳町）は，1855（安政2）年に建設されたものである。現在建設中の辰巳ダムのため，水没の危機にさらされたが，工事計画の変更などによって，かろうじて残された。最近の調査で，当初の隧道部分の一部は開渠であり，18世紀に隧道になっ

城下町の核心部を歩く　11

た可能性も指摘されている。
　とくに注目される逆サイフォン工法の遺構は，兼六園内の徽軫灯籠・虹橋付近の二条の石管路に残されている。開渠部分は広坂通りの金沢市役所前や小立野台地の石引など市内各所でみることができ，錦町から大桑町の大道割の約2kmの区間では，辰巳用水遊歩道が整備されている。土木工事や発掘調査の際に出土した石管は，兼六園の金沢神社境内にある板屋神社遥拝所，石川県立美術館広坂別館（旧第九師団長官舎）の後庭，金沢広坂合同庁舎向かいなど，屋外に展示されている。暗渠部分・隧道内部の見学は，金沢市文化財保護課の許可を必要とするが，犀川上流の東岩の取水口と隧道につけられた横穴（明かり窓）については，指定された場所で常時見学可能である。

辰巳用水

から金沢に移り，金谷御殿（現在の尾山神社社地）や二の丸御殿に住んだ。1863（文久3）年，13代藩主斉泰の正室溶姫（江戸幕府11代将軍徳川家斉の息女）が二の丸御殿に入ることになると，竹沢御庭内に真龍院の隠居所が新造され，「巽新殿」と称された。1870（明治3）年，真龍院死後は，中学東校などに利用され，1876年には金沢博物館（のち石川県勧業博物館）となった。1908年に前田侯爵家の別邸となり保存が図られ，現在は歴史博物館として公開されている。
　謁見の間は，上段18畳・次の間18畳からなる。上段との境

成巽閣

目には，武田友月の見事な彩色花鳥欄間があり，城内御殿を彷彿とさせる床・違棚・付書院・帳台構・格天井は，見応えがある。2階には群青の間・書見の間・網代の間などがあり，洗練された数寄屋の意匠が楽しめる。とくに，群青色の壁面は必見である。斬新な色彩空間は，曇天と雪に閉ざされた北陸の風土の中で生まれた青空への渇望によるものであろう。

1階の清香軒は書院・茶室・水屋からなり，建物の一角の土間には飛鶴庭(成巽閣庭園，国名勝)の曲水を導いているため庭との一体感が楽しめる。煎茶席三華亭(県文化)は，13代藩主斉泰が，1852(嘉永5)年頃本郷(東京都文京区)藩邸に創建した後，1871(明治4)年頃に根岸(東京都台東区)の別邸に移築した，こだわりの煎茶の数寄屋である。のち本郷から駒場(東京都目黒区)へと再三移築された後，1949(昭和24)年，成巽閣玄関右手に移築された。瓢箪型の透壁，ウニコールを渡した壁，漢詩文をあしらった調度品，ギヤマンを入れた障子など，江戸時代末期の文人趣味にあふれる。いずれも見逃せない遺構であるが，特別公開期間のみ見学可能となっている。

敷地隅に往時のまま残る成巽閣土蔵(道具蔵，県文化)は1863年の築で，腰に越前石，基礎石に戸室石が使われている。正門脇に金沢城石川門と同様の意匠をみせる桁行17間・梁間3間のどっしりした海鼠壁の長屋は，1822(文政5)年，竹沢御殿正門前に建てられた辰巳長屋(県文化)の遺構の一部である。

西田家庭園 玉泉園 ❹
076-221-0181

〈M▶P.2,9,15〉金沢市小将町8-3 🅿
JR金沢駅東口バスターミナル🚌兼六園シャトル(土・日・祝日のみ運行)・城下まち金沢周遊バス，錦町(橋場町)線・湯涌線ほか兼六園下🚶3分

静寂の中に加賀藩武家の風雅を偲ぶ

兼六園の「明治紀念之標」の裏手にある上坂口から階段をおり，兼六坂に出る。昔はあまりに急なことから「尻垂坂」とよばれた兼六坂の東側崖地を利用した上下2段の池泉回遊式武家庭園が，西田家庭園(玉泉園及び灑雪亭露路並びに庭園，県名勝)である。

作庭は17世紀中頃に加賀藩士で大小将頭の脇田直賢が始め，以後，直能・直長・九兵衛と4代100年がかりで完成させた。直賢の

城下町の核心部を歩く 13

本名は金如鉄といい,父は朝鮮王朝の翰林学士金時省といい,朝鮮の役で戦死,孤児となった如鉄を宇喜多秀家が岡山城(現,岡山市)に連れてきたが,のち前田利家夫人まつ(芳春院)に預けられ,2代藩主利長夫人であった玉泉院(織田信長の4女永姫)に養育された。利長の小姓として重用され,藩士脇田家の婿養子となり家名を継いだ異色の俊才であった。子の直能は木門の有能な儒学者であり,茶道を千宗室に師事し,孫の直長は茶道の名手で夕庵と号した。

庭園は,本庭・東庭・西庭からなる。本庭には直能の儒学の師木下順庵が命名した灑雪亭,東庭に面して裏千家茶室を模写した寒雲亭があり,西庭のキリシタン灯籠は利長や玉泉院のキリシタン信仰を連想させる。中国の宋代に始まる玉澗流庭園の様式を備えた国内6例目の庭園であり,静寂さの中に前田家の文人藩士らの風雅の精神がうかがえる。

庭の名称は,玉泉院を敬愛していた直賢がつけたものというが,1905(明治38)年より西田家の所有となったことから,現在は西田家庭園を冠する。なお,1878(明治11)年,東京紀尾井町(現,東京都千代田区)で内務卿大久保利通暗殺に加わった脇田巧一は,直賢の末流にあたる。

石川県立歴史博物館 ❺
076-262-3236

〈M ▶ P. 2, 9, 15〉 金沢市出羽町3-1 P
JR金沢駅東口バスターミナル 錦町(橋場町)線・湯涌線ほか出羽町 5分

赤レンガの文化財の中で石川の歴史文化を学ぶ

兼六園の随身坂口を出て南へ向かうと石川県立歴史博物館がある。前身は,1968(昭和43)年に広坂2丁目の旧制第四高等中学校本館(現,石川四高記念文化交流館)を利用して開設された郷土資料館である。1986年,現在地に移転し,リニューアル開館した。館の建物

石川県立歴史博物館

城下町金沢と加賀北部

金沢市役所周辺の史跡

は，重厚な赤レンガ造りの旧金澤陸軍兵器支廠(国重文)で，第五號兵器庫(附通用門)は1909(明治42)年，第六號兵器庫(附棟札1枚)は1913(大正2)年，第七號兵器庫は1914年の建造である。

歴史博物館では，石川県の歴史と文化をテーマに，考古・歴史・民俗分野の資料を常設展示しているほか，季節ごとに特別展示を行う。代表的な収蔵資料としては，珠洲市正院町出土の珠洲秋草文壺などの珠洲焼コレクション，紙本著色金沢城下図(犀川口町図)六曲屏風，紙本著色辰巳用水絵図(いずれも県文化)，春日懐紙17

城下町の核心部を歩く　15

枚(紙背春日本万葉集), 国重文), 白峰の出作り生活の用具1331点(国民俗)などがある。

本多の森の文化施設 ❻
076-231-7580(石川県立美術館)

〈M▶P. 2, 9, 15〉金沢市出羽町・石引・本多町 P

JR金沢駅東口バスターミナル🚌兼六園シャトル(土・日・祝日のみ運行)成巽閣前🚶2分、または🚌錦町(橋場町)線・湯涌線ほか出羽町🚶5分、または🚌花里線ほか広坂🚶5分

五万石の本多屋敷跡は金沢の文化・美術ゾーン

　兼六園の南、本多の森公園とその周辺は、美術館・博物館が集中する地区である。石川県立歴史博物館北隣の藩老本多蔵品館は、加賀藩筆頭年寄で、5万石の本多家に伝来した1000点余りの資料(うち武具・工芸品など132点は、本多政重・政長関係資料附火事装束として一括して県文化)を所蔵・展示する。なかでも、本多家の家宝「村雨の壺」(「五万石の壺」の別称あり)は、本多政重が2代藩主前田利長から拝領した品で、一見の価値がある。

　藩老本多蔵品館の北隣が石川県立美術館である。収蔵品は県ゆかりの古美術品から現代作家の作品まで幅広いが、なかでも加賀蒔絵や古九谷焼、再興九谷焼、人間国宝による工芸作品は見応えがある。野々村仁清作の色絵雉香炉(国宝)・色絵雌雉香炉・色絵梅花図平水指(ともに国重文)、伝清水九兵衛作の和歌浦蒔絵見台、能装束緑地桐鳳凰文唐織、秋月等観筆の紙本墨画西湖図、久隅守景筆の紙本著色四季耕作図(いずれも国重文)のほか、多数の県指定文化財を所蔵する。なお、2階には東京都目黒区駒場にある前田育徳会の分館が設置され、同会所蔵の貴重な美術品・工芸品・筆跡などが常設展示されている。

　兼六園南東隅の成巽閣の隣に石川県伝統産業工芸館がある。金沢市出身の建築家谷口吉郎が設計した旧石川県立美術館の建物を利用し、1983(昭和58)年に開館した。工芸王国ともいわれる石川には、加賀友禅や九谷焼、輪島塗など多くの伝統工芸が受け継がれている。伝統産業工芸館では、これらの伝統工芸のほか、金沢漆器・山中漆器・大樋焼・金沢箔など36品目の工芸品について製作道具・製作過程などをわかりやすく展示している。

利常の「改作法」と老練な年寄衆

コラム

百万石を治める工夫 年寄衆と利常の知恵比べ

「政事は一加賀，二土佐」という言葉がある。これは5代藩主前田綱紀の治世を評したものだが，その前提に3代藩主利常が，1651〜57（慶安4〜明暦3）年に行った改作法があった。改作法は綱紀によって定着し，歴代藩主が模範とする祖法となり，19世紀には改作法の再興や復古が政治理念とされた。

利常が藩主となった1605（慶長10）年は，関ヶ原合戦からまもない頃で，前田家中は徳川家に服属するか否かで対立していた。兄利長は隠居し，将軍秀忠の娘婿となった異母弟利常を藩主にすえることで，徳川服属路線を鮮明にした。しかし，それはキリシタン弾圧を推進せざるをえない道の選択でもあり，利長にとって敬愛する高山右近やキリシタン藩士を擁護する気持ちと矛盾し，苦悩を背負った選択であった。

主君利長とともに徳川服属路線を進めた近臣横山長知・康玄父子も同様のジレンマにあったが，1614年正月，利長は右近やキリシタン藩士を徳川家に差し出し，恭順の態度を明らかにした。その後，高岡城（現，富山県高岡市）で利長が病死すると，横山長知は前田家を一時立ち去り，利常の怒りを買った。しかし，藤堂高虎の紹介で利常が召し抱えた本多政重は，横山氏の再登用を望んでいた節がある。果たして大坂の陣中に横山家は前田家に復帰した。以後，30年近く本多・横山両家は年寄衆として利常を巧みに補佐し，家中統制や領国支配の基礎を整えた。

政重・長知の両年寄が，利常・4代藩主光高の政治を支えたのは大坂の陣の頃からである。幕府とつながりのある政重と利長取り立ての重臣長知は，徳川将軍家との応接・調整に不可欠の人材であった。利常が小松城に隠居する前，両年寄に改作法の構想を相談したところ，2人は居眠りして同意しなかったという。また「殿は欲が深い」といって，その増税策を戒めたという。

利常が改作法を実行に移したのは，両年寄が亡くなった後である。嫡男光高が死去し，孫の幼君綱紀を後見した最晩年であったが，両年寄の老練な政治手法を手本とし，若手の三年寄（前田対馬孝貞・津田玄蕃正忠・奥村因幡庸礼）を用いて実施した。百姓救済策を先行して実施する巧妙な増税策であり，十村（1604〈慶長9〉年に設置された百姓身分の地方役人で，大庄屋に相当する）の農業知識を活用し，高い生産性を百姓に要求した点で「農政」の先駆けであった。改作法は前田家の祖法とされたが，両年寄の薫陶なしには生まれ出なかったのである。

城下町の核心部を歩く

県立美術館と本多蔵品館の間を流れる辰巳用水の分流に沿って，「美術の小径」と名づけられた遊歩道をくだると金沢市立中村記念美術館がある。市内で酒造業を営み，財を成した中村栄俊が収集した茶道美術の名品を展示する。夢窓疎石墨蹟(偈語)，手鑑(後鳥羽天皇宸記以下201葉)，紙本墨書『恵慶集』下(附同書上・平目地蒔絵文様筥)，平家重筆懐紙・藤原重輔筆懐紙(いずれも国重文)，蒔絵南蛮人図硯箱(県文化)などを所蔵し，四季にあわせ展覧会を催す。

　中村記念美術館から本多通りに出ると，石川県立図書館がある。1966(昭和41)年に兼六園内から移転したもので，「寛文七年金沢図」「延宝金沢図」(ともに県文化)を始めとする金沢城下町絵図や，森田文庫・小幡家文書などの武家文書，山口家文書・伊藤家文書(ともに県文化)など県内各地の文書群，月明文庫のような藩政時代以来の俳諧資料等を所蔵している。

　さらに金沢歌劇座のほうへ進むと，金沢ふるさと偉人館がある。明治時代から昭和時代初期に世界的に活躍した，金沢ゆかりの偉人に焦点をあてた展示を行っている。タカジアスターゼ・アドレナリンを抽出した化学者高峰譲吉，Z項を発見した天文学者木村栄，台湾でダムを建設した土木技師八田與一，世界的仏教学者鈴木大拙，国粋主義を提唱した三宅雪嶺らの生涯と業績が丁寧に紹介されている。偉人館のすぐ向かいにある城南荘(旧横山邸居宅ほか１棟，県文化)は，加賀藩年寄で，加賀八家の１つ横山家の近代和風住宅で，明治時代になって尾小屋鉱山の経営などで成功した横山家が明治時代中期に建造したものである。事前に城南荘に連絡すれば内部を見学できる。

　金沢中警察署の向かい側に再び渡ると，県立図書館の南隣に北陸放送のビルがあり，駐車場の一画に旧本多家住宅長屋門(国登録)がある。また放送会館の裏手には，本多家中屋敷の庭園や遺構を残す松風閣があるが，非公開のため見学はできない。

　県立歴史博物館前の百万石通から小立野通に出て南東へ行くと，金沢くらしの博物館がある。建物は1899(明治32)年に建てられた旧石川県立金沢第二中学校校舎(県文化)で，「三尖塔」の愛称で知ら

れている。入り組んだ屋根，車寄せ，上げ下げ窓など，明治時代の西洋風木造学校建築様式をよく残している。館では，金沢の明治時代から昭和時代の職人道具や生活用品など，民俗資料を中心に展示している。

石川四高記念文化交流館と広坂界隈 ❼
076-262-5464

〈M►P. 2, 9, 15〉金沢市広坂2-2-5 Ｐ
JR金沢駅東口バスターミナル🚌兼六園シャトル（土・日・祝日のみ運行）・城下まち金沢周遊バス，花里線ほか香林坊🚶3分

若人の憧れ第四高等学校は日本人建築家による最古の洋風建築

　香林坊交差点から兼六園に向かって広坂通りを150mほど行くと，旧石川県庁の手前に石川四高記念文化交流館がある。赤レンガ造り2階建ての建物は，1891（明治24）年，山口半六と久留正道の設計により竣工した旧第四高等中学校本館（国重文）である。日本人建築家の手による，国内現存最古の本格西洋建築物として知られる。1950（昭和25）年の閉校後，金沢大学理学部校舎・石川県立郷土資料館・石川近代文学館などに利用され，現在に至っている。

　第四高等学校は，石川県甲種医学校と石川県専門学校を母体とし，1887（明治20）年，第四高等中学校として開校し，1894年の高等学校令により，第四高等学校となった。5代校長は，のちに東北帝国大学総長となった北条時敬で，哲学者西田幾多郎らも倫理担当で教壇に立った。「至誠自治」「超然学習」を校風とし，卒業生には作家の井上靖や中野重治，建築家の谷口吉郎，実業家・政治家の正力松太郎らがいる。

　館内は石川四高記念館と石川近代文学館とに分かれており，四高の歴史と四高生を紹介するだけでなく，徳田秋声・泉鏡花・室生犀星・井上靖ら，石川県ゆかりの文学者の著書・原稿・愛蔵品なども展示する。

　四高記念文化交流館の東

石川四高記念文化交流館

城下町の核心部を歩く

隣に，旧県庁舎の正面部分を再利用したしいのき迎賓館があり，正面入口の両脇に堂形のシイノキ(国天然)が行儀よく配されている。その向かい側には，金沢21世紀美術館のモダンな建物があり，その東側は兼六園・石浦神社へとつづく。石浦神社はもと石浦七ヵ村の鎮守であったが，城下町の建設によって本多家下屋敷の中に取り込まれ，慈光院という長谷観音をまつる堂社に変化し，本多家の保護を受けた。1868(明治元)年には石浦神社と改称し，1879年，現在地に遷った。

西外惣構跡と鞍月用水 ❽
076-221-4750(金沢市立玉川図書館近世史料館)

〈M▶P.2,15〉 金沢市玉川町2-20 **P**
JR金沢駅東口バスターミナル🚌兼六園シャトル(土・日・祝日のみ運行)・城下まち金沢周遊バス，花里線ほか香林坊🚶2分

城下を守る外惣構 上士・中士の屋敷が密集

　香林坊の百万石通りに面したビル群を西方へ抜け出ると，鞍月用水のせせらぎに至る。1610(慶長15)年，前田家は金沢城の外郭に惣構(西外惣構)を建設したが，この用水は惣構の大きな土塁の外側にめぐらされた堀の一部でもあった。掘った土は城側に6〜9mも盛り上げて土居とされ，現在も用水に沿って歩くと往時を偲ぶことができる。

　外惣構は時代とともに狭められ，外堀としての機能は低下し，生活用水・農業用水としてもっぱら利用された。鞍月用水は犀川から取水し，金沢市の中心市街地を経て，旧鞍月村(現，金沢市南新保町)に至る。鞍月用水沿いで現在の玉川町・高岡町・長町付近には，藩政期，加賀八家に数えられた加賀藩の年寄村井家(1万7000石)・長家(3万3000石)・前田土佐守家(1万1000石)や，人持組

金沢市立玉川図書館近世史料館(旧専売公社C-1号工場)

高山右近の足跡

コラム 人

加賀のキリシタン文化　短く花開き消え去る

　尾山神社から近江町市場へと2筋の細い道が、国道159号線まで続く。内惣構（西側）の堀を埋め、土塁を削り取ってできた街路と惣構の土塁の内側にあった道である。この惣構ラインは、河岸段丘の段差に沿って浅野川までたどれる。国道を越え市媛神社の裏手から新町筋に入ると、ときおり惣構の段差がみえる。久保市乙剣宮とNTT病院の裏は惣構の崖で、久保市乙剣宮から暗がり坂をおりると主計町である。

　内惣構は1599（慶長4）年の末、高山右近の指導により、わずか30日で急遽建造されたと伝える。金沢における高山右近の足跡を代表する遺構といえる。この年の春、豊臣五大老の重鎮前田利家が死去すると、徳川家康は家督を継いだ前田利長の虚を突き、帰国した利長に謀叛の疑いをかけた。利長は家康の嫌疑と加賀攻めの脅しに対し弁明に努める一方、金沢に内惣構を建設し、いざというときに備えた。前田家の存亡の危機にあたり、客将高山右近は、城造り・土木技術の才を発揮し利長を助けた。この危機を乗り切った利長は、右近に深い感謝と畏敬の念を抱いた。

　摂津高槻城（現、大阪府高槻市）主の右近は織田信長に続き豊臣秀吉からも重用されたが、1587（天正15）年のバテレン追放令に従わず、キリシタンとしての信念を貫いたために秀吉の叱責を受け、明石城（現、兵庫県明石市）主の地位を棄て流浪の身となった。しかし利家は右近をかくまい、秀吉への取りなしに心を砕いた。右近は利家から2万石もの知行を与えられ厚遇された。右近が羽咋郡の子浦（現、宝達志水町）付近に知行地を得ていたことが、17世紀にヨーロッパで描かれた日本図からわかる。この日本図に加賀・能登・金沢・輪島といった地名と並んで、国内の絵図類でもまず記載されることのない「Xiuo＝子浦」が記されていたからである。右近が子浦にキリスト教会をおき、イエズス会の司祭たちを招いたことから、ローマにその地名情報が届き、西欧に「しお」の地名が伝わったのであろう。

　右近の人格に惹かれた前田家中や、その妻女のなかにも右近を慕う者が多くいた。慶長年間（1596～1615）に前田領内のキリシタンは急増し、その数は1500人ほどと推定される。加賀料理の代表である治部煮（鴨肉料理）は、右近が宣教師からもたらしたもので、フランス語ジビエに由来するという。また庭園におかれた織部灯籠の膨らみから十字架を連想し、「キリシタン灯籠」とよぶのも、茶道に堪能であった右近（利休七哲の1人）の足跡をみたいという願いから出たものであろう。

城下町の核心部を歩く　21

とよばれる上級武士の屋敷が軒を連ねた。現在，初代藩主利家以来の家臣であった村井家屋敷跡は金沢市立中央小学校に，能登の在地武士出身で前田家に従った長家屋敷跡は金沢市立玉川図書館と玉川公園になっている。利家と夫人まつの2男利政を家祖とする前田土佐守家の屋敷は，用水を隔てて東向かいにあった。

長家屋敷跡に立つ金沢市立玉川図書館別館は，旧専売公社C-1号工場を改造したもので，近世史料館となっている。1948(昭和23)年，前田育徳会から金沢市に寄贈された加越能文庫(県文化)を中心に，8万点余りの史料を所蔵する。史料は，藩の政務記録，家中の家譜・由緒書・日記などの武家史料，法度・定書などの法制史料，領内の村・町に伝わった古文書など，多岐にわたる。

明治維新後，鞍月用水沿いは長町川岸とよばれ，村井家屋敷跡には，1874(明治7)年，用水の水力を利用した金沢製糸場が開設された。群馬県の官営富岡製糸場を参考に，士族授産をねらいとした近代的製糸工場であったが，1879年，糸価の下落をきっかけに閉鎖された。しかし，その後も，当地では日本硬質陶器(1908年)・金沢専売局(1913〈大正2〉年)・倉庫精練(1914年)など，大規模な近代的工場が操業し，一大工場地帯をなした。現在は，その面影は専売局の建物を利用した金沢市立図書館近世史料館をみるのみである。

長町武家屋敷群と大野庄用水 ❾

076-233-1561(前田土佐守家資料館)

〈M▶P.2, 15〉 金沢市片町2-10-17
JR金沢駅東口バスターミナル🚌兼六園シャトル(土・日・祝日のみ運行)・城下まち金沢周遊バス，花里線ほか香林坊🚶5分

武家屋敷・足軽屋敷に加え金沢の老舗も並ぶ江戸風情

香林坊バス停から西へ約400m行くと長町武家屋敷群である。長町一帯には，平士とよばれた加賀藩中級武士の旧屋敷が立ち並んでいる。現在も多くが住宅として使用されており，木羽板葺きの屋根のついた土塀，武士窓のある長屋門が保存されている。

武家屋敷群を抜けると大野庄用水に出る。大野庄用水は，犀川から取水する，旧石川郡大野庄の灌漑・物資輸送，市街地の防火・融雪のための多目的用水であった。大野庄用水沿いを南に進むと，右に金沢市老舗記念館がある。1878(明治11)年，明治天皇行幸の際

金沢市老舗記念館

に御在所(北袋町の金沢湯涌創作の森にある旧中屋家行在所主屋・表門、国登録)となった中屋薬舗の店舗兼住居であるが、現存の建物は1916(大正5)年に改築されたものである。1989(平成元)年に金沢市が譲り受けて南町から移築した。1階は店の間などが復元され、2階は伝統的町人文化に関する資料が展示されている。中屋家は、江戸時代初期から南町に店舗を構えた薬の老舗で、5代藩主前田綱紀から御殿薬の処方を拝領し、代々町年寄役をつとめた格式の高い家柄であった。

　大野庄用水を挟んで老舗記念館の向かいには前田土佐守家資料館がある。前田土佐守家は、初代藩主前田利家と夫人まつの2男利政を家祖とし、加賀八家の1つとして加賀藩の年寄をつとめた家である。禄高は1万1000石、藩政期10代続いた当主のうち4人が土佐守に叙任されたので土佐守家と称せられている。資料館には、土佐守家に伝わる利家やまつに関する資料、黒漆塗黒糸威二枚胴具足など、歴代当主に関する資料が展示されている。

　武家屋敷群から大野庄用水に沿い北へ向かうと、長町三の橋の袂に旧野村家跡がある。野村家は、代々馬廻組組頭などをつとめた利家以来の直臣である。明治維新後、住人を幾度かかえたが、昭和時代初期、北前船の豪商久保彦兵衛邸がこの地に移築された。なお、現在の庭園は野村家以来のものである。

　旧野村家跡の斜向かい、旧高田家跡には、知行550石の平士高田家の長屋門などが修復・公開されている。さらに用水沿いを北へ進むと聖霊病院がある。1914(大正3)年、ローマカトリック教会宣教師ヨゼフ＝ライネルスが下層民の医療のために創設した病院で、裏手に立つ聖霊修道院聖堂は1931(昭和6)年の建造である。聖霊病院の隣に、旧早道町(現、菊川・幸町)から高西家と清水家の足軽屋敷を移築した金沢市足軽資料館がある。ともに藩政期以来、平成

城下町の核心部を歩く

時代の解体までは実際に住居として使用されていたものである。清水家では足軽家族の日常生活が紹介されている。

足軽資料館から大野庄用水沿いに北西へ約700m行くと、昭和大通り三社交差点の南東に超雲寺(真宗大谷派)がある。庫裏入口には、知行400石の平士中川家の長屋門が藩政期のまま残されており、庫裏の一部にも同屋敷が転用されている。

尾山神社 ❿
076-231-7210

〈M▶P.2,9,15〉金沢市尾山町11-1 P
JR金沢駅東口バスターミナル🚌兼六園シャトル(土・日・祝日のみ運行)・城下まち金沢周遊バス、卯辰山線ほか 南町
🚶3分

藩祖をまつる明治時代創建の神社 文明開化の象徴

南町バス停から南へ約200m行き左折すると、旧別格官幣社で藩祖前田利家を祭神とする尾山神社がある。1873(明治6)年、利家らをまつる東山の卯辰八幡宮(現、宇多須神社内)の社殿が荒れはてたのを遺憾とした前田直信ら旧加賀藩重臣が、金沢城出丸金谷御殿跡にあらたに本殿・拝殿を設けて、利家の神霊を遷座、創建した。1998(平成10)年には利家の夫人まつも合祀された。境内の摂社金谷神社には、2代藩主利長以降の藩主・当主とその正室・夫人がまつられている。前田利家が金沢城に入城したとされる6月14日には封国祭が行われてきたが、現在は百万石まつりとともに、6月第1土曜日に挙行されている。

神門(附棟札1枚、国重文)は、1875(明治8)年、のちの2代金沢市長長谷川準也らが発起人となり、旧加賀藩士再統合と明治維新以降沈滞する地域の復興のシンボルとして造営された。設計者は大工津田吉之助。和・漢・洋折衷様式の3層アーチ型楼門で、初層の戸室石積みの3連アーチには洋風の技法を取り入れ、内部のケヤキ

尾山神社

の円柱や門扉上の欄干には、和様建築の洗練された技がこらされている。最上層には西日に輝く5色のステンドグラス、さらには当時の最新技術を導入した避雷針の奇抜な姿に、当初は非難の声も巻きおこったが、今では金沢の文明開化の象徴的建造物としてランドマークとなっている。

　本殿右側には、築山池泉回遊式の尾山神社庭園(旧金谷御殿庭園、県名勝)がある。辰巳用水を分流して池泉に引き入れた庭で、江戸時代末期から神社の創建までの間に作庭されたと考えられている。池泉にはアーチ型石橋の図月橋のほか、琴橋・八ツ橋などの趣向をこらした橋が架けられている。裏門にあたる東神門(国登録)は、金沢城二の丸にあった唐門であるが、卯辰山招魂社に移されたのち1963(昭和38)年に再び移したもので、旧金沢城二の丸御殿に付設された貴重な遺構の1つである。また社宝には、桃山時代の伝前田利家所用蒔絵朱鞘大小刀(国重文)がある。

尾崎神社 ⑪　〈M▶P.2, 9, 15〉金沢市丸の内5-5　P
076-231-0127　JR金沢駅東口バスターミナル🚌兼六園シャトル(土・日・祝日のみ運行)・城下まち金沢周遊バス、花里線ほか武蔵ヶ辻🚶4分

豊臣家との縁を切り東照宮をまつった前田家の覚悟

　尾山神社の北約300mの所に尾崎神社がある。もとは金沢城北の丸にあり、金沢東照宮と称した。東照権現の金沢への勧請は、1640(寛永17)年、加賀藩4代藩主前田光高が願い出て、光高が2代将軍徳川秀忠の外孫であることを理由に許可された。社殿の完成は1643年。江戸幕府御大工木原杢允が設計し、加賀の御大工清水助九郎らが施工にあたった。徳川家との血縁を武器にお家の安泰をはかる戦略の1つとして東照宮を勧請したと考えられ、金沢東照宮における祭礼や藩主の参拝は、徳川家との関係を強くする意図をもった

尾崎神社

城下町の核心部を歩く

とみられる。

　明治維新後、神仏分離政策にともない、1874(明治7)年に尾崎神社と改称。さらに金沢城内が陸軍省管轄となったため、1878年、現在地に移転した。旧社格は郷社で、現在は徳川家康・天照大神・3代藩主前田利常をまつる。

　権現造の典型である石の間で本殿と拝殿・幣殿を連結する様式は許されず、本殿と拝殿が分離する様式になったのは、埼玉県川越市の仙波東照宮と同じである。

　本殿・中門・透塀・拝殿及び幣殿は、国の重要文化財に指定されている。本殿は三間社流造・銅板葺き、内陣・外陣に分かれ、内陣には厨子を安置する。拝殿は入母屋造平入千鳥破風付、幣殿は拝殿に棟を丁字型に接する。本殿と幣殿の間に立つ中門は平唐門で、菱格子吹寄の桟唐戸が建て込まれ、その両脇から透塀が延びて本殿を取り囲んでいる。これらの社殿の彩色や彫刻、飾金具などは創建当初のものが多く残っている。とくに本殿の金銅花熨斗釘隠金具は、京都二条城御殿にも通ずる格調高い優品である。金沢の寛永文化が高い水準にあったことを示す。

金沢東別院・金沢西別院 ❷❸
076-261-6432／0762-21-0429

〈M▶P.2,15〉金沢市安江町15-52　P／笠市町2-47　P
JR金沢駅東口バスターミナル🚌金沢ふらっとバス此花ルート東別院🚶1分／金沢ふらっとバス此花ルート東別院表参道口🚶2分

金沢東別院

東・西別院は真宗文化の中心一向一揆の歴史を背景に

　石川県は一向一揆の時代以来、「真宗王国」とよばれたが、現在も寺院数の7割は浄土真宗が占める。なかでも大谷派(本山は東本願寺)が圧倒的に優位を占める点が、富山県と多少異なる。11月下旬の

一向一揆から真宗王国へ

コラム

一向一揆から500年、真宗文化の伝統形成

　1488(長享2)年に数万人もの加賀の真宗門徒が蜂起し、守護富樫政親が立てこもった高尾城(現、金沢市高尾町)を包囲し自刃に追い込んだ事実は、教科書に載る大事件であり「百姓ノ持チタル」国をもたらした加賀一向一揆として著名である。かつて「真宗門徒たちの共和国」と喧伝したのは、一向一揆の一面をうまく捉えた表現であったが、異論もあった。

　加賀一向一揆がおきてから500年目にあたる1988(昭和63)年7月末、500年を記念する市民シンポジウムが行われた。市民それぞれに一向一揆の意味を自由に思索してもらうという趣旨で企画されたユニークな研究集会であった。シンポジウムに参加した市民には、僧侶もまじり、みずからの生き方を問いながら加賀一向一揆の意味を考え直す、その議論の様子は、報恩講における門徒衆の仏法談義に通ずるところがあった。一向一揆のあと形成された真宗王国の思索的な土壌のもたらした伝統が、そうさせたのかもしれない。

　加賀一向一揆は、1546(天文15)年の金沢御堂の設置を契機に大坂本願寺の支配に服し、加賀の門徒たちは本願寺の直参であることを誇りにした。1570〜80(元亀元〜天正8)年の石山合戦での奮戦ぶりも、そこが原点であった。しかし、本願寺が敗北したあと東西に分裂する。その根本原因は織田政権に屈服したあとも、徹底抗戦を主張した教如派を支持するか、1593(文禄2)年に豊臣政権が押しつけた本願寺住職(准如)を正統と認めるかであった。

　石山合戦以後も北陸では真宗門徒がふえ、東・西両本願寺と近世の寺檀制度のもと真宗王国とよばれるほど信徒数をふやした。明治時代以後も寺院数は増加し、1916(大正5)年の真宗寺院の割合は70％を超え、旧加賀国郡部の真宗門徒比率は95％を超えていた。このような真宗一色の宗教風土がどのように形成されたのか、今後の研究課題である。とくに金沢や加賀で真宗大谷派門徒が多数を占めていることや、東別院が惣構の内側、西別院が惣構の外側におかれた意味を改めて検証する必要もある。1597(慶長2)年の金沢門徒の誓詞は、教如支持派の門徒が初期金沢町で多数を占めていたことの初見資料である。前田利家・利長は彼らを懐柔しながら苦労して城下町造りを行ったことが想像される。

本願寺8世蓮如の命日に行われる報恩講の頃ともなれば、「正信偈」を唱和する善男善女の声があちこちから聞こえたものだが、そ

うした真宗の風景や伝統は、近年、寂(さび)れる一方である。だが、金沢駅周辺の金沢東別院・西別院周辺を歩くと、その余香を感ずることができる。

　金沢駅から武蔵ヶ辻方面に向かう最初のリファーレ前バス停で下車すると、前方に大きな甍(いらか)が目に入る。これが真宗大谷派の金沢別院(東別院)である。江戸時代以来、何度も焼失し、現在のコンクリート造りの本堂は、1970(昭和45)年に竣工した。表門側の横安江町(ちょう)商店街は、真宗王国の門前町(もんぜんまち)として発展してきた。寺の裏手の通りは、金沢城の外郭を防御した西外惣構の堀・土塁跡に一致するが、今は一筋の用水路から当時の様子をうかがうだけである。

　この裏手通りを東北に進むと安江町北交差点があり、照円寺(しょうえんじ)の塀沿いに北上すると、浄土真宗本願寺派の金沢別院(西別院)に至る。西別院は、金沢御堂の後継寺院である。1546(天文15)年、大坂本願寺は、一向一揆の中心である北加賀の地に末寺として金沢御堂(金沢坊)を設置したが、1580(天正8)年、織田信長勢によって占拠された。寺地は、その後、城地となり、その周辺は城下町へと再編された。

　本願寺はその後の豊臣秀吉(とよとみひでよし)と和解し、やがて京都七条堀川(しちじょうほりかわ)に寺地を得たが、これと並行して金沢の真宗門徒も豊臣秀吉に服属し、前田利家の庇護(ひご)を受けた。その結果、1594(文禄(ぶんろく)3)年までに城下町の袋町(ふくろまち)辺り(近江町(おうみちょう)市場(いちば)の向かい側付近)に寺地を得て、金沢末寺を興した。その頃、本山では、隠居した教如(真宗大谷派)と、教如の弟で豊臣秀吉の後押しで宗主(しゅうす)の地位についた准如(じゅんにょ)(浄土真宗本願寺派)とが対立し、多くの金沢門徒は教如派として行動した。そのため、西本願寺(浄土真宗本願寺派)の金沢末寺は、教如派(真宗大谷派)の中心となった専光寺(せんこうじ)と反目した。

　関ヶ原(せきがはら)の戦い(1600年)で徳川家康が勝利すると、教如は家康に急接近し、浄土真宗本願寺派とは別に独立教団(真宗大谷派)を立ち上げた。これが浄土真宗の東西分派である。前田家の徳川家服属にともない、金沢の教如派も容認され、専光寺などの教如派寺院は勢力を強めて浄土真宗本願寺派を圧倒した。大坂の陣(1614・15年)の頃、袋町にあった金沢末寺(西別院)は現在地に移ったというが、寛永大

火後の1631（寛永8）年以後ともいう。教如派も専光寺を中心に東末寺（東別院）の建立を進め，1631年ないし1635年の城下町火災の後，現在地に移転した。西外惣構の内側におかれた東別院に対し，斜め向かいとはいえ，西別院は西外惣構の外側に配置されたところに，加賀藩3代藩主前田利常の東・西両派に対する姿勢があらわれており，真宗門徒をいかに掌握するか苦心の跡がうかがえる。

現在の西別院本堂（本願寺金沢別院本堂，県文化）は，1849（嘉永2）年に再建されたものである。黄金に輝く内陣を始め，壮大な大屋根を仰ぎみると，それだけで江戸時代末期の真宗の隆盛を彷彿とさせる。本堂の正面には，金沢城内で時を告げる鐘として使われた時鐘（じしょう）がある。

西別院の門前付近は，御坊町（ごぼうまち）とよばれた。西別院看坊（かんぼう）をつとめた上宮寺（じょうぐうじ）・西勝寺（さいしょうじ）・照円寺など5カ寺が現在も立ち並ぶ。このうち，照円寺は加賀の西派寺院の触頭（ふれがしら）をつとめたこともあった。

専光寺（せんこうじ） ⓮

076-221-0679

〈M▶P.2, 15〉金沢市本町（ほんまち）2-3-40　🅿

JR金沢駅東口バスターミナル🚌城下まち金沢周遊バス，花里線ほかリファーレ前🚶5分

加賀門徒の崇敬を集める教如を支持した有力寺院

リファーレ前バス停から金沢市立玉川図書館に向かって南へ200mほど進むと白銀交差点に至るが，この通りのもう1本西側の通りにまわると，専光寺（真宗大谷派）の大屋根がみえてくる。

専光寺は，金沢御堂が金沢城築城にともない追われた後，城下町にあって教如派の拠点となり，さらに本願寺の東西分派にあたり，東派（教如〈真宗大谷〉派）の牙城（がじょう）となった寺院である。金沢南部の大額（おおぬか）（現，大額町（まち））で創建されたと伝えられるが，15世紀には日本海に近い吉藤（よしふじ）（現，専光寺町（まち））に寺基を移し，加賀一向一揆を代表する在地大坊主に成長した。いわゆる「四山（しざん）の大坊主（おおぼうず）」の1つとして，

専光寺

城下町の核心部を歩く　29

文明一揆(1474年)・長享一揆(1488年)では北加賀門徒の中軸として活躍し、本願寺8世蓮如からは、門徒の横暴をやめさせる「お叱りの御文」がくだされた。「百姓ノ持チタル」国を支える加賀4郡の指導者の1人として活躍したというが、1531(享禄4)年の門徒同士の内紛である享禄の錯乱で没落した。しかし、石山合戦(1570～80年)に敗北した頃から再び勢力を盛り返し、前田家にも接近し、東西分派の争いの中で東派の有力寺院となり、門徒8000人を擁する巨大な末寺となった。なお、所蔵の紙本墨書『三帖和讃』(県文化)は、本願寺7世存如の奥書をもつので、蓮如以前から本願寺とゆかりの深い真宗有力寺院であったと考えられる。

尾張町界隈 ❶

076-222-1025(泉鏡花記念館)

〈M ▶ P.2.15〉 金沢市下新町2-3(泉鏡花記念館) [P]
JR金沢駅東口バスターミナル 🚌 兼六園シャトル(土・日・祝日のみ運行)・城下まち金沢周遊バス、花里線ほか武蔵ヶ辻 🚶 すぐ(近江町市場)

尾張町の町屋群は藩政期以来の老舗の町

武蔵ヶ辻バス停で下車すると、すぐに近江町市場がある。近江町市場の起源は享保年間(1716～36)に遡るといわれるが、明確ではない。1904(明治37)年、隣接する近江町の魚市場と青草町の青果市場をあわせ、「官許金沢青草辻近江町市場」という名称で県が認定する公共の市場となった。1966年、西念町に金沢中央卸売市場が開設されたため、卸売機能は消滅したが、現在も金沢市民の台所として賑わっている。

武蔵ヶ辻から橋場町に至る百万石通り沿いの町並みが、尾張町である。この界隈は、藩政期以来、北国街道を中心に裏通りにも商家が軒を連ね、明治時代以後も老舗の町として栄え、現在もその名残りを伝えている。

橋場町方面に向かって東進すると、ま

町民文化館(旧金沢貯蓄銀行)

金沢の食文化と三味薬

コラム 食

海山の豊かな食材と、藩主直伝の秘薬が残る

　金沢の食文化は，年々洗練され，冬の寒ブリ（ガンドウ・フクラギ），甘エビ・ズワイガニ・甲箱ガニ・タラ，さらにナマコ・ハチメなど新鮮な海産物に加賀野菜や山菜も加わり，豊富な食材に恵まれて定評がある。オムライスに似たハントンライスという金沢発祥の洋風料理のほか，郷土料理からスイーツに至るまで多彩な料理を楽しめるが，ここでは伝統的な食材と料理について紹介する。

　カジカなど淡水産の小魚の総称であるゴリは，かつて浅野川・犀川でたくさん採れ，ごり汁会は第二次世界大戦前の風物詩であった。今は漁獲量が減り，老舗の料理屋で楽しむことになる。ゴリの佃煮は，クルミの佃煮とともに金沢名産である。美川のフグの粕漬けも，みやげ物として知られる。能登のアワビ・コノワタ・クチコは中世・近世から武家や貴族の贈答用に使われた高級食材で，今も高価な珍味である。

　源助大根・金時草・五郎島金時（サツマイモ）・赤土カブラ・丸芋などが加賀野菜として近年喧伝され，地産地消のかけ声のもと見直されている。また，鴨肉の「治部煮」，「かぶらズシ」（ブリとカブラの麴による漬け物），「鯛の唐蒸し」は，加賀を代表する郷土料理であろう。

　金沢は茶の湯が盛んなところであり，和菓子も多彩である。加賀落雁は干菓子の代表である。冠婚葬祭に欠かせない五色饅頭は生菓子の代表で，江戸時代からの菓子である。

　金沢市尾張町の表通りに，「紫雪・烏犀円・奢婆万病円」という薬の名前を掲げた古い商家がある。近世前期から続く老舗の薬屋で，福久屋石黒伝六商店という。看板に掲げた薬は，加賀の三味薬とよばれる秘薬で，5代藩主前田綱紀から寛文年間（1661〜73）に，格別に製法が授けられたものである。藩主から伝授された薬種屋は，中屋・福久屋・宮竹屋の3家に限定された。三味薬のうち，烏犀円は牛黄・烏犀角・麝香などを調合したもので，動脈硬化・中風に効果があり，紫雪は便秘・冷え性に効能があったという。

ず近江町の産土神市媛神社があり，博労町交差点を越えて南側には町民文化館がある。県の有形文化財に指定されている黒漆喰仕上げ塗籠土蔵造の建物は，1907（明治40）年に金沢貯蓄銀行として建てられたもので，1976（昭和51）年北陸銀行尾張町支店としてその役割を終えた。内部には，銀行窓口・旧頭取室が当時のまま残されている。その隣には尾張町老舗交流館がある。明治時代後期の商家を改修し

城下町の核心部を歩く　　31

た館内では,常設展示のほか,特別企画展示も行われる。

さらに東に進むと金沢蓄音器館がある。長年,レコード店を営んだ八日市屋浩志が収集した「山蓄コレクション」を収蔵・展示する。ここから北に向かうと,すぐに久保市乙剣宮がある。祭神は素盞鳴命であるが,白山七社の1つ鶴来金劔宮から勧請し,久保市の守護神としたことに始まる。

久保市は,金沢の町のルーツともいわれる古い市町である。中世には窪市・凹市と表記された。14世紀初頭には,白山本宮に属する紺掻(染物業者)が集住しており,やがて商工民が集う市町を形成した。久保市の商工民は,戦国時代になって金沢御堂ができると,寺内町の形成に力を貸し,城下町金沢が発展する基盤になったという。久保市乙剣宮東脇の路地は暗がり坂とよばれ,主計町茶屋街に通じる。また,乙剣宮の斜向かいは泉鏡花の生家跡であり,現在は泉鏡花記念館となっている。

橋場町の三差路交差点には,1873(明治6)年の太政官達により設置された石川縣里程元標がある。交差点の南西隅には金沢文芸館がある。擬ルネサンス様式の旧石川銀行橋場町支店を改装したもので,金沢の文芸活動の拠点・発信基地となるべく開設され,金沢五木寛之文庫も常設されている。金沢文芸館や里程元標付近の小さな石橋は枯木橋といい,1599(慶長4)年の内惣構建設にともない設置された,北国街道の橋の1つである。里程元標の反対側に惣構跡調査跡の小公園があるので,立ち寄ってみるとよい。金沢文芸館から100mほど兼六園寄りに歩くと,森八本店がある。2階に金沢菓子木型美術館がある。金沢の和菓子文化資料は,野町の諸江屋にある落雁文庫にも展示されている。

なお,尾張町商店街振興組合では,「一品ミニ美術館」として,約10店舗で各商家に伝わる品々などを店先に展示している。

寺島蔵人邸跡 ⓰
076-224-2789

〈M▶P.2, 15〉 金沢市大手町10-3 P
JR金沢駅東口バスターミナル🚌城下まち金沢周遊バス,錦町(橋場町)線橋場町(金城楼前)🚶5分

石川縣里程元標から南に200mほど進むと,左手に寺島蔵人邸跡がある。邸跡前の道路は,藩政期の東内惣構の堀にあたる。寺島蔵

人は禄高450石の中級の加賀藩士で，改作奉行・大坂借財仕法主付など農政・財政方面の役職に就き，12代藩主前田斉広の時代に頭角をあらわした。士風刷新などの藩政改革を提案し，家老層から支持された。しかし，急激な変革を好まない風潮は藩内に根強く，とくに加賀八家とよばれた年寄衆（人持組頭）からは警戒された。そこで，1822（文政5）年，藩主斉広は竹沢御殿に隠居すると，御殿内に教諭方を設立し，蔵人ら12人を教諭方とし，武士道徳の再建を進めた。しかし，2年後に斉広が急死し，その後，藩論が寺島派と反寺島派に二分され，八家や人持組などの上級武士は蔵人を「前門の虎」と恐れ，その排除を画策した。藩内の融和を目指した年寄奥村栄実は，蔵人を1837（天保8）年能登島に流し，藩政の混乱を鎮静させた。蔵人は能登島で生涯を閉じた。

蔵人邸は18世紀中頃の建築で，主屋は一部縮小・改築されているが，現存する主屋・土蔵・土塀は中級武家屋敷の旧態をよく伝えている。庭園は池泉回遊式で，春のドウダンツツジの開花期，秋の紅葉がとくに素晴らしい。

なお，寺島蔵人は画人としても知られ，応養あるいは王梁元と号し，山水図・竹石図・牡丹図など数々の秀作を遺した。1808（文化5）年には文人画家として有名な浦上玉堂が蔵人邸を訪れており，邸内には蔵人と玉堂の書画なども展示されている。

年寄衆も恐れた改革派　文人画をたしなみ能登島に死す

主計町茶屋街・ひがし茶屋街 ⓱⓲

鏡花と秋声を生みだした浅野川　2つの茶屋街の風情を歩く

〈M▶P.2, 15〉 金沢市主計町／東山　P

JR金沢駅東口バスターミナル🚌城下まち金沢周遊バスほか橋場町（交番前）🚶5分／🚶10分

橋場町（交番前）バス停のすぐ南方に，浅野川大橋（国登録）がみえる。橋の袂から下流に向かって料亭が立ち並ぶ。ここが，国の重要伝統的建造物群保存地区に指定されている主計町茶屋街である。明治〜大正時代の町屋の風情がよく残る。暗がり坂から久保市乙剣宮に抜ける辺りは，泉鏡花の小説世界の舞台であり，泉鏡花記念館や金沢蓄音器館へとつながる。浅野川下流へ足をのばすと，西外惣構堀の終点の緑地主計町緑水苑，中の橋・小橋へと散策できる。

城下町の核心部を歩く　33

志摩（ひがし茶屋街）

　主計町から大橋の反対側にまわり浅野川上流を歩けば，「鏡花の道」である。梅の橋を過ぎた辺りに，鏡花の代表作『義血俠血』の主人公滝の白糸の碑が立ち，梅の橋を渡れば徳田秋聲記念館に至る。秋声の父雲平は，対岸の横山町に屋敷を構えた3万石の藩年寄横山家の家臣であったが，明治維新後没落し，一族は不幸続きであった。秋声は第四高等中学校を中退した後，桐生悠々らと上京，尾崎紅葉の門を叩いたが，門前払いに遭って帰郷。新聞社などでの文筆活動の後，再び上京し，馬場小学校の1年後輩であった泉鏡花の推挙もあって，ようやく紅葉の門下となり，文壇にデビューした。明治40年代には社会の底辺を描写するレアリズムが評価され，自然主義文学の旗手として文壇に確固たる地位を占めた。記念館では，秋声の自筆原稿・遺品などが展示されている。

　徳田秋聲記念館から北へ進めば，七稲地蔵で有名な寿経寺（浄土宗）に至る。寿経寺前のまっすぐな通りは観音院の参詣道で，道の両側は観音町という。この参詣道を横切り北に進むと，「東の郭」，すなわち国の重要伝統的建造物群保存地区に指定されているひがし茶屋街である。加賀藩はながらく芝居と遊郭は禁止してきたが，1820（文政3）年，町奉行の献策でようやく公許され，現在のような3本の平行街路に茶屋を整然と並べた。天保の飢饉とともに再び禁止されたが，幕末に再興され，明治時代以降，金沢を代表する遊郭となった。

　現在，茶屋創設時の姿を保つ建物は志摩（国重文）だけである。志摩の坪庭や座敷にあがれば，茶屋文化の格調の高さがうかがえる。懐華楼は明治時代以降の修復によって改変されてはいるが，その意匠から明治の花街の贅をつくした遊びの精神がわかる。

金沢町家の再生と活用

コラム

伝統をいかした町づくりに挑戦

　金沢町家とは，1950（昭和25）年以前に建てられた木造の民家・商家などの総称である。江戸時代に由来し，門や土塀などを備えた武士系住宅や足軽住宅・町人専用住宅のほか，近代和風住宅など多様な歴史的建造物を含む。いずれも今日まで，市民によって住み継がれていることが重要な要件である。金沢町家の現存数は，約6700棟（平成20年調査）という。

　江戸時代の住宅がそのまま残ることはなく，残っても改築・増築を行ったうえで使われている。金沢の伝統和風住宅のなかに，明治〜昭和時代のものが今も多数残るが，近年つぎつぎと取りこわされている。この状況を憂い，これを将来にいかす方策を模索しているのが，金澤町家研究会である。研究者・建築業者・市民の有志が集まった自主的な組織で，金沢町家の再生・活用を目的に調査研究を行いつつ，町家所有者に活用や建物保存の方法などをきめ細かく助言している。

　主計町や東山ひがしは，近世末期から料亭や遊郭があった遊楽の場であり，そのたたずまいが面的に残っていたため，重要伝統的建造物群保存地区に選定されている。さらに，明治時代の町家が約2500軒も残っており，とくに残存状況のよい地区を「こまちなみ保存区域」として景観を保護している。また城下町の中心部や卯辰山・犀川・浅野川が，国の重要文化的景観に選定され，町の中心部に残る歴史的風致は向上している。

　2008（平成20）年には30棟を超える金沢町家で，茶会・宿泊体験・ギャラリー・ミニコンサート・家セミナーなどが多彩に催され，活用の幅が広がっている。伝統的な和風住宅を文化財として死蔵させるのではなく，実生活の場として活用し，生業の手段にしながら保存を図るという試みである。注目すべき取組みといえよう。

ギャラリーとして活用される金沢町家

卯辰山の石碑 ⓲

〈M▶P.2〉金沢市卯辰町・末広町　Ｐ
JR金沢駅東口バスターミナル🚌卯辰山線望湖台🚶1分

　「鏡花の道」の終点の天神橋は，卯辰山（141m）の登り口である。地元の人びとは，金沢城の真向かいにある卯辰山を向山とよんだ。しかし，城を上から見下ろすのは不敬であるとして，江戸時代は町

城下町の核心部を歩く

慶応年間に開発された卯辰山は記念碑の杜

人が気軽にのぼることはできなかった。文人たちは臥竜山と勿体をつけてよんだが,茶臼山とも別称された。卯辰山の位置は,城下の中心にある金沢城からは丑寅(北東)の鬼門の方角にあたり,卯辰(東南東)という名称と食い違う。しかし,中世から湊町として繁栄した宮腰津(現,金沢市金石港犀川河口付近)から眺めると,ちょうど卯辰の方角となるため,日本海を行き交う船乗りたちが名づけたものと考えられる。

1869(明治2)年11月,長崎浦上で逮捕されたキリシタン550人余りが,卯辰山に送られてきた。「浦上四番崩れ」という難を受けた人びとの一部である。明治新政府は,藩政期以来のキリシタン弾圧をやめず,長崎の隠れキリシタンを全国の諸藩に預け,隔離政策を続けた。金沢藩に預けられたキリシタンは,卯辰山山頂の望湖台下の湯座屋谷の織場(加賀藩14代藩主前田慶寧の設置した授産施設)跡などに幽閉され,改宗を迫られた。1873年,欧米列強の抗議を受け,ようやく彼らを浦上に帰郷させたが,その記録によれば,不改宗者419人,改宗者36人,死亡者105人,出生者44人であったという。

1880年,卯辰山の8万歩は市街地に編入され,1910年には市営公園となり,再び活況を呈した。第二次世界大戦後はヘルスセンターや動物園,相撲場,ユースホステルが設けられたが,いずれも閉鎖もしくは移転となり,相撲場のみ5月末の高校相撲全国大会のときは賑わう。また金沢卯辰山工芸工房では,伝統工芸の技術研修が行われている。

卯辰山の各所には60を超える記念碑が林立しており,日本一の碑林公園と評されることもある。おもなものを挙げると,前田慶寧が建てた北越戦争(1868年)の戦死者103人の名を刻んだ招魂碑,高松町出身の反戦川柳作家喜多一二の鶴彬川柳句碑,金沢から愛知県豊川の海軍工廠に動員され,1945(昭和20)年8月7日の空襲で犠牲となった女子挺身隊員52人の殉難を悼む平和祈願像乙女の像,織物機械の先駆者となった津田米次郎顕彰碑,初めてマッチを製造した清水誠顕彰碑などのほか,徳田秋声文学碑や泉鏡花句碑もある。詳細は,金沢市発行の「卯辰山碑マップ」が便利である。

安政の泣き一揆と卯辰山開拓

コラム

窮民の叫び声と藩主の社会政策

　卯辰山といえば，「安政の泣き一揆」が有名である。1858（安政5）年の夏，米価が2倍以上に急騰し，領内各地で米騒動や一揆がおきた。金沢でも城下町北部の零細民約2000人が，7月11・12日の夜，女性・子ども連れで松明をかざして卯辰山の中腹までのぼり，金沢城に向かって，「ひだるい（空腹だ）」「米が高うてくえん」と大声で泣き叫んだ。その後，尾張町へ向かい米価つり上げの張本人とみられた米屋に押しかけた。二の丸御殿にいた13代藩主前田斉泰夫人は，窮民の怨嗟の叫びに体調をこわしたという。

　藩はその対応に追われ，救済米を放出して米価がさがった頃，ようやく騒動や不穏な動きは収まったが，騒動の首謀者とされた城下町北部の町人7人が逮捕された。2人は厳しい吟味で牢死，5人は処刑され，彼らの霊を弔う7体の地蔵が，この地の興行師綿津屋政右衛門によって造立された。これが寿経寺の七稲地蔵である。

　1867（慶応3）年，就任早々の14代藩主前田慶寧は，福沢諭吉の『西洋事情』に刺激され，卯辰山を社会福祉を始め殖産・娯楽のためのセンターにしようと施設建造を進めた。まず天神橋を架橋して帰厚坂を切り開き，病院と医学校・製薬所をかねた施設で，薬草園を備えた卯辰山養生所を建設した。犀川上流にあった笠舞非人小屋を卯辰山に移転させ，撫育所と改称し，授産機能を高めた。山の東側には，紅染所・製油所を始め陶器・漆器・綿布・紙・瓦などの作業所を設け，卯辰山集学所という町人の学習施設や，湯治客のための城ケ谷薬湯などの文化・娯楽施設まで設けた。一時は相当賑わったというが，廃藩とともに寂れた。

七稲地蔵

卯辰山寺院群 ⑳

城の北東鬼門に寺院群と霊社をおく

〈M▶P.2,15〉金沢市東山1-38-1（観音院）
JR金沢駅東口バスターミナル🚍城下まち金沢周遊バスほか橋場町（交番前）🚶6分（観音院まで）

　卯辰山の麓に今も40を超える寺院が密集し，寺町・小立野とともに3寺院群の1つを形成している。城下に3カ所も寺院群がおかれ，今も往時の姿を残しているのは類例がない。三都をのぞけば全国一であり，その一帯は近年，金沢市卯辰山麓伝統的建造物群保存

城下町の核心部を歩く　37

地区(国選定)に選ばれた。卯辰山寺院群の魅力は,迷路のような複雑な街路のあちこちで,寺社との意外な出会いを楽しめる点にある。いろいろなルートで散策できるが,ここでは天神橋の袂の観音院からスタートし,観音院→寿経寺→宇多須神社→卯辰菅原神社→慈雲寺→西養寺→真成寺→龍国寺→妙国寺→妙円寺→月心寺→心蓮社をめぐることにしたい。

観音院(医王院,高野山真言宗)は,毎年旧暦7月9日に行われる「四万六千日」の祈禱で市民に親しまれているが,江戸時代はもっぱら大和の長谷寺(奈良県桜井市)に由来する十一面観音や,神事能で知られた。もとは石浦村(現,香林坊から幸町付近)にあったが,1601(慶長6)年,卯辰山に移された後,加賀藩3代藩主前田利常の正室天徳院の発願で現在地に移転,元和年間(1615~24)初期に鎮守山王社とともに堂宇が建立された。1617(元和3)年から神事能の興行が公認され,4月1・2日の演能は金沢町民にとって恒例の遊楽となった。観音町は観音院へとまっすぐに続く参詣道の両側にできた町で,今も袖壁のある町屋が並ぶ。観音院の石段をおりた三差路に面して寿経寺(浄土宗)がある。1858(安政5)年の「安政の泣き一揆」の首謀者7人の霊をまつった七稲地蔵で知られる。

寿経寺から北へ約150m行くと,「卯辰の毘沙門」の名で親しまれている宇多須神社がある。1599(慶長4)年,2代藩主前田利長は,越中国射水郡守山(現,富山県高岡市)から八幡宮を遷座するとともに,父利家の霊を合祀して卯辰八幡宮とし,同じ社地に並びおいた。毘沙門天社(のちの宇多須神社)と八幡宮は,ともに藩士たちから崇敬されたという。1873(明治6)年に尾山神社が金谷御殿跡に創建されると,八幡宮と利家の霊は尾山神社に遷座されたが,境内は明治時代以前も以後も庶民の憩いの場であった。「安政の泣き一揆」で一揆勢の集合場所となり,1918(大正7)年の米騒動のときも,ここが金沢の騒動の震源地となった。

宇多須神社の向かいにある卯辰菅原神社は,卯辰茶屋町を開設した際,守護神として創建された。藩主を祭神としたので天神社となった。前田家の祖先は菅原氏と主張するので,このように市内各所に天神社が数多く創建された。

芭蕉の足跡と3文豪

コラム 人

近世加賀の俳壇と明治時代の金沢出身文士

「あかあかと　日はつれなくも秋の風」は、『おくのほそ道』の旅路で金沢にきた松尾芭蕉が金沢で詠んだ一句だが、この句碑が市内に3カ所もある。いずれも1694(元禄7)年に芭蕉が亡くなった後、金沢の門人たちが建てたものである。野町願念寺(真宗大谷派)にある「塚も動け　我が泣く声は　秋の風」の句碑は、芭蕉が金沢でもっとも会いたかった小杉一笑の墓を訪れ法要を行ったときの句である。芭蕉は、京屋吉兵衛・宮竹屋喜左衛門・立花北枝らの家に止宿し、行く先々で歓待され、句会が催された。金沢や宮腰の俳諧はいちだんと熱をおびたに違いない。

芭蕉の金沢逗留をきっかけに、加賀・能登の俳諧は一層盛んになり、江戸時代中期には松任(現、白山市)の千代女、津幡(現、津幡町)の河合見風、江戸時代後期になると金沢の桜井梅室ら地域俳諧の指導者が出てくる。銭五で知られる銭屋五兵衛の孫娘千賀女の俳句もすぐれていたとされるが、五兵衛も亀巣の俳号で多くの句作を行い、宮腰の俳諧を主導した。

明治時代の金沢からは、著名な小説家が3人出ている。泉鏡花・徳田秋声・室生犀星である。鏡花の父は彫金職人で、秋声の父は前田家の重臣横山家の家臣であり、没落する貧乏士族の末子であった。犀星は150石取りの元加賀藩士の私生児であった。いずれも100万石の斜陽のなかで登場した才人であった。市内のゆかりの地に、それぞれを記念する文学館があるので、文学碑とともに散策を楽しみたい。

宇多須神社から北へ50mほど行き、右折すると慈雲寺(法華宗)に至る。尾張荒子(現、愛知県名古屋市中川区)以来、前田利家に仕えた重臣で、剣術にすぐれた冨田家の菩提寺として知られる。寺の裏手の墓地には、冨田流剣術宗家の元祖景政や名人越後(重政)、中風越後(重康)のほか、江戸時代後期を代表する歴史書『越登賀三州志』を著した冨田景周らの墓がある。

慈雲寺の北約150m、加賀・能登の天台寺院の触頭をつとめた西養寺の石段をあがると、城下の北部を睥睨できる。この石段をおりて北東へ急坂をのぼると、鬼子母神で知られる真成寺(日蓮宗)がある。子授け・安産・子育てに利益があるとして信仰を集め、祈願の際に奉納された人形などからなる真成寺奉納産育信仰資料966点は、国の有形民俗文化財に指定されている。人形供養の寺としても知ら

れるが，加賀蒔絵の祖五十嵐道甫や歌舞伎の初代中村歌右衛門（加賀屋）の碑もある。

真成寺東側の石段の先には，宮崎友禅斎の墓碑が発見された龍国寺（曹洞宗）がある。真成寺北側の三差路を西進すると，左手に妙国寺，右手に妙円寺（ともに日蓮宗）があり，妙円寺山門前の道を抜けて東へ坂道を再びのぼると，月心寺（曹洞宗）に至る。境内には，茶道裏千家の祖千宗室と陶芸家大樋長左衛門の墓がある。千宗旦の3男宗室は，1666（寛文6）年，5代藩主前田綱紀によって知行150石の茶道・茶具の指南役として招かれ，玉泉院丸庭園の整備などにつくしたほか，藩内に茶道を広めた。このため，裏千家が金沢では主流であるという。宗室とともに招かれた大樋長左衛門は，楽焼の技法を金沢に伝え，大樋焼の祖となった。初代長左衛門の大樋焼烏香炉（県文化）は，石川県立美術館に所蔵されている。

月心寺から北西へ80mほど行くと，加賀八家の長家ゆかりの心蓮社（浄土宗）がある。俗に「眼あきの阿弥陀」とよばれる絹本著色阿弥陀三尊来迎図（国重文，奈良国立博物館寄託）は，夫が最愛の子息を殺したという噂にショックを受け失明した源満仲の妻が，この来迎図にすがって視力を取り戻したという逸話をもつ。境内の庭も江戸時代の庭として注目されるもので，芭蕉十哲の1人に数えられた金沢の町人立花北枝の墓や，江戸時代後期の改革派藩士として八家たちから恐れられた寺島蔵人の墓もある。

天徳院と小立野寺院群 ㉑

076-231-4484

〈M▶P.2〉金沢市小立野4-4-4 P

JR金沢駅東口バスターミナル🚌錦町（橋場町）線，錦町・粟崎線ほか天徳院前🚶2分

重臣たちが守る小立野台地 藩主ゆかりの菩提寺が並ぶ

兼六園の小立野口からまっすぐ南東にのびる小立野通は，小立野台地の中心を通る幹線道路で，金沢城建設の際，戸室山から石垣石を引いたルートである。江戸時代は天徳院が終点であったが，現在は湯涌温泉や犀川ダムへと通じる。

小立野通を少し進むと，左手に土塀が続く。加賀八家の1つ奥村宗家の屋敷跡で，現在は金沢医療センターの敷地となっている。道路の左脇を流れる用水は，辰巳用水である。暗渠になった部分もあるが，兼六園付近では開渠になっている。右手の商店街の向こうは

松田権六と金沢の漆芸

コラム

伝統技術が息づく街　人間国宝を輩出

石川県で活躍し，これまで人間国宝（重要無形文化財）の認定を受けた者は，松田権六・寺井直次・大場松魚（漆芸・金沢漆器）・徳田八十吉（九谷焼）・木村雨山（加賀友禅）・前大峰（輪島塗）・魚住為楽（金工・銅鑼）ら18人にのぼる。日展作家や日本伝統工芸展に毎年多数の入選者を出しており，石川県は伝統工芸の盛んな所である。その淵源は，藩政期に京都や江戸からすぐれた工芸技術を移植したことにある。2代藩主前田利長は御細工所を城内に創設，17世紀末期には100人にのぼる細工人たちが精緻な手技を競い，藩主のため典雅な調度品を製作し，武具・馬具などの手入れにいそしんだ。細工人は能楽の研鑽も行ったので，彼らを通して町方にも能楽が広まった。百工比照（前田育徳会蔵）として現存する工芸見本は，3代利常から5代綱紀の時代に収集されたもので，細工人たちの模範とされた。

1896（明治29）年，金沢郊外大桑村（現，金沢市）の農家に生まれた松田権六は，7歳になると兄から蒔絵の基礎技術を学び，1914（大正3）年には石川県工業学校（現，県立工業高校）を卒業し，東京美術学校（現，東京芸術大学）に入学した。高度な漆工技術を体得したうえでの入学であったが，入学後，その技術が五十嵐派のものである

ことを教えられた。

室町幕府に仕えた家柄の五十嵐道甫を金沢に招いたのは前田利常であり，以来，金沢に五十嵐派の漆芸技術が導入され，町方の漆器職人にも普及していたのである。兄から教えられた手技は，そのような背景をもつものであった。知らないうちに伝統の職人技を身につけていたこと，それが人間国宝松田権六の出発点であった。それ以後，五十嵐派以外の漆芸技術も習得し，1927（昭和2）年に東京美術学校助教授となり，日本漆芸の代表作家へとのぼり詰め，1955年に人間国宝となった。第二次世界大戦後は中尊寺金色堂（岩手県平泉町）の修理や正倉院宝物の調査，玉虫厨子の漆調査などにあたり，古代の漆芸技術の再興につくし，漆芸文化財の保存にも功績があった。

用と美の一体を重視し古典を尊重した権六は，伝統のなかにも革新が必要と考えており，そこに新境地を開く原動力があった。明治時代以後，伝統工芸職人は何度も苦境に陥ったが，名もなき職人たちの苦闘のなかで，伝統技術は刷新されつつ継承された。保存と再生と革新が一体になった過程であった。権六の父が熱心な真宗門徒で，住職暁烏の明達寺（白山市）へ参詣するような人物であったことも注意しておきたい。

天徳院

出羽町といい，藩政初期に年寄役をつとめた篠原出羽守の屋敷跡であり，今は石川県立歴史博物館や本多の森ホール，石川護国神社が立つ。

小立野台地両側には多くの坂があり，麓との連絡路をつくっている。左手には八坂・馬坂・木曽坂，右手では大乗寺坂・嫁坂・新坂・二十人坂・白山坂・亀坂などがある。左手山麓の源太郎川筋に，松山寺・鶴林寺・永福寺・安楽寺・宝円寺・瑞雲寺・献珠寺などが連なり，右手山麓の勘太郎川沿いを歩くと，本行寺・瑞光寺・唯念寺・棟岳寺・真行寺・慶恩寺・波着寺などをたどれる。これらの寺院と天徳院周辺の加賀藩主ゆかりの有力寺院を一括して，小立野寺院群という。寺町・卯辰山にくらべると少ないが，約30の寺社巡りが可能である。

木曽坂の下り口にある宝円寺(曹洞宗)は，もと越前府中(現，福井県越前市)にあった。前田利家が深く崇敬し，能登七尾を領したとき，住僧大透圭徐を伴い，宝円寺(のち長齢寺)を建立した。その後，利家が金沢城主になると，金沢城の近く(兼六園付近)に寺地を与えられたが，1619(元和5)年，現在地に移り寺領219石を得た。利家の葬儀もここで執行され，前田家の金沢における最初の菩提寺となった。

小立野通沿いに約900m南下すると，如来寺(浄土宗)がある。3代藩主前田利常夫人(天徳院)・4代藩主光高夫人(清泰院)という徳川将軍家から前田家に嫁した2人の姫君に崇敬された寺院で，触頭もつとめた。越中増山(現，富山県砺波市)で創建された後，高岡(現，富山県高岡市)を経て金沢卯辰に移転し，1659(万治2)年に現在地に移ってから，徳川家康以降，歴代将軍の位牌を安置した。北隣の経王寺(日蓮宗)は，利常の生母寿福院が越前から住職を招いて創建し，彼女の葬儀も行われた。

金沢は複合城下町

コラム

大名並みの重臣が8家も殿様が9人いる巨大な城下

「砂金台地」ともよばれる小立野台地が、犀川と浅野川の間にあって金沢平野に突き出る地形は、右腕の握りこぶしを左に向かって突き出した姿に似ている。握りこぶしが金沢城であり、手首は百間堀、腕の部分が兼六園や小立野台地である。辰巳用水が流れる小立野通は、二の腕から手首にかけ一直線に兼六園へ向かう。

小立野台地の端に波着寺（高野山真言宗）・経王寺（日蓮宗）・如来寺（浄土宗）・天徳院（曹洞宗）など藩主の尊崇する有力寺院がおかれ、台地北側の崖下に、重臣の菩提寺である松山寺（曹洞宗、横山家3万石）・永福寺（曹洞宗、奥村宗家1万7000石）などの甍が続き、小谷の間の坂道（木曽坂）をあがると初代前田利家の菩提寺宝円寺（曹洞宗）がある。

今の兼六園の敷地には17世紀末まで、奥村宗家や横山家など重臣（年寄衆・八家）たちの上屋敷があり、その向かいにある県立美術館の敷地は5万石の本多家、歴史博物館の敷地は篠原家の上屋敷であった。本多家の上屋敷のある台地下には広大な下屋敷が配置され、本多家の家来たち500人余りの屋敷がひしめいていた。この一帯は明治時代以後は本多町とよばれたが、本多町に住む武士にとって「殿様」は本多家当主であり、彼らは毎日、本多家の上屋敷に出仕した。そのため本多町と本多家上屋敷がつくる景観は、小さな城下町のようであった。城下町金沢に万石以上の重臣が8人以上もおり、それぞれ広大な上・下屋敷をもち、小城下とみまがう景観が随所にあった。

内部に複数の小城下が組み込まれた複合的な構造をもつ巨大城下町を複合城下町とよび、名古屋・仙台・金沢などがこれに該当する。なかでも前田家の場合、兵・農の住み分けが進んでいたので、より明瞭な小城下景観が江戸時代初期につくられ、その面影は今も本多町や長町などに色濃く残っている。さらに、天徳院や本願寺の東西別院など有力寺院の周辺に門前町が形成され、これも城下町の複合性を示す要素となっている。

金沢城を中心に重臣・中級藩士・下級藩士・足軽組地が同心円状に配置され、北国街道沿いに町人地（現、本町）、惣構の外側に寺院群が3カ所配置されており、きわめて典型的な城下町景観である。しかし、これに加え、重臣上屋敷の隣に迷路のような下屋敷空間がおかれ、有力寺社の門前地や地子町が城の中心性に拘束されずに配置されているので、全体として規則性に欠け、複雑で雑然とした町割になっている。複合城下町であるがゆえの猥雑さであり、城下町金沢を空間的に難解な場所にしている所以である。

城下町の核心部を歩く

如来寺のすぐ南に天徳院(曹洞宗)がある。利常夫人となった江戸幕府2代将軍徳川秀忠2女の珠姫の菩提寺である。1622(元和8)年，24歳で逝去した珠姫は，この地で葬られた。翌年，約3万坪の寺地に大伽藍が建造され，寺領500石を与えられ，巨山泉滴を開山として迎えた。

　珠姫は3歳で前田家に嫁し，利常との間に嫡男光高を始め，のち富山藩祖となった利次，大聖寺藩祖となった利治のほか，5人の姫を生み，将軍家と前田家との間柄を血縁面で強くし，100万石の安泰に貢献した。豊臣五大老に列した織田取立て大名である前田家のような大大名が，転封・減封がないまま明治維新を迎えたのは，こうした徳川氏との血縁によるところが大きい。

　4代藩主光高も当寺に葬られたが，天徳院の墓は，1671(寛文11)年，野田山の前田家墓所に改葬された。1694(元禄7)年，5代藩主綱紀の命で始まった伽藍改築が竣工したが，1768(明和5)年の失火で山門(県文化)以外のすべてが焼けた。現在の堂舎は，その後まもなく再建されたものである。

　小立野通から分岐したまっすぐな参詣道が今も明瞭に残るが，この辺りを「下馬」といい，参詣者はここで「馬を下りる」のが作法であった。明治時代以後，広大な寺地はしだいに民有地になったが，昭和時代初期，室生犀星が天徳院の敷地の一部100歩ほどを購入し，庭作りに励んだこともあった。

　天徳院から南東へ約5km行くと，末浄水場園地(国名勝)があり，昭和時代初期のモダンな洋風庭園をみることができる。

金沢湯涌夢二館 ㉒
076-235-1112

〈M▶P.2〉金沢市湯涌町イ144-1　P
JR金沢駅東口バスターミナル 🚌 湯涌線湯涌温泉 🚶 2分

美人画といえば竹久夢二　みどりの里に旧家が居並ぶ

　天徳院から県道10号線を約10km南下すると，金沢の奥座敷ともいわれる湯涌温泉に着く。湯涌温泉バス停から北に向かい，福神橋を渡り100mほど進むと，旧百万石文化園江戸村にあった近世の家屋を順次移設・展示している。「湯涌みどりの里」とよばれる一画では，「茅葺き農家群」と「町屋・武家群」とに分けて移設中である。現在は「茅葺き農家群」に，旧高田家住宅・旧平家住宅(とも

「湯涌みどりの里」の民家に県文化)，旧野本家住宅の3棟の移築が完了し，公開されている。今後，福井県南条郡南越前町の旧鯖波宿から移築された江戸時代末期の人馬継立問屋旧鯖波本陣石倉家住宅主屋（附板絵図1枚）・土蔵・馬屋（附左右袖壁）・表門（附左右袖壁），城下南端の泉町にあった在郷商家旧松下家住宅（ともに国重文），城下にあった豪商町屋旧山川家住宅主屋・土蔵（県文化）なども移転し，「金沢湯涌江戸村」となる予定である。

　再び湯涌温泉バス停から湯涌温泉の町並みを楽しみながら，南へ2分ほど歩くと，金沢湯涌夢二館が左手にみえる。大正浪漫を代表する画家で，「夢二式美人」といわれる美人画を数多く描いた竹久夢二は，一時期，笠井彦乃と湯涌温泉に逗留したことから，全国で4番目の夢二専門の美術館として建てられた。館内には夢二の遺品などが展示され，映像によりその生涯が紹介されている。

城下町の核心部を歩く　　45

② 駅西から金石街道へ

金沢駅から日本海に向かい、城下町の外港であった金石、大野の町並みや北前船ゆかりの史跡を歩き、内灘砂丘まで行く。

天保義民の碑 ㉓

〈M ▶ P.2〉 金沢市西念1-11 P
JR北陸本線金沢駅 🚶 5分

幕末におきた代表越訴の義民を悼む

JR金沢駅西口からまっすぐ幅50mの大通りが新県庁に向かって走るが、この大通りを西へ300mほど進むと、右手に駅西中央公園がみえる。この公園の一隅に天保義民の碑が立つ。越前石でできた高さ6mの石碑の頂に鳳凰が翼を広げ、勝海舟の書いた「天保義民之碑」の大きな碑文から石碑建立の熱意が伝わる。

京都東本願寺の南条文雄が記した銘文によれば、1838(天保9)年、イナゴの大発生で大幅な減収が見込まれた下安江・西念新保・南新保の3カ村15人の肝煎・組合頭は、村を代表し年貢減免を求めた。加賀藩の村支配の慣例として、8月になると十村(大庄屋に相当する村役人)から年貢完納の誓約(秋縮り御請)を求められたが、南新保など3カ村は誓約書の提出を拒否、逆に年貢減免の見立てを十村に強く要求したのであった。改作奉行と十村は、やむなく見立てに応じたが、このような動きが他村に波及するのを恐れた藩は、誓約拒否は不法とし、15人を逮捕・投獄し

金沢港周辺の史跡

46　城下町金沢と加賀北部

た。5人が牢死、11月末に出獄を許された10人も、家屋敷・家財・持高没収のうえ、越中砺波郡(現、富山県砺波市)に家族ともども翌年から9年間追放された。砺波での苛酷な労働などで6人が亡くなり、罪が許されるまで健在だったのは、南新保の組合頭善四郎らわずか4人であった。村人は犠牲となった村のリーダーたちの慰霊を願っていたが、藩政期にはかなわず、明治維新を経て、日清戦争(1894～95年)後、ようやく実現できた。1897(明治30)年、代議士松田吉三郎ら有志が、金沢駅前(木ノ新保5番丁)に碑を建立し、翌年、除幕式を行った。その後、1918(大正7)年に参拝の不便から西念村に移し、近年の駅西地区土地区画整理で現在地に移された。

大野湊神社 ㉔
076-267-0522

〈M▶P.2, 46〉金沢市寺中町ハ163 🅿
JR金沢駅🚶10分中橋バス停🚌金石線、三馬・大野線西警察署前🚶3分

本殿は金沢市内最古の建築遺構 境内に村人を楽しませた能舞台

金沢駅南側の中橋町から金石街道(県道17号線)を北西へ4kmほど行くと、西警察署前交差点の手前に大きな鳥居がみえる。大野湊神社の鳥居である。交差点を左折し、大鳥居の立つ旧道を進むと駐車場がある。川沿いに行くと正門に至り、境内に入ると、能舞台が目に入る。寺中の神事能で有名な舞台である。1600(慶長5)年の軍功により、南加賀2郡を得た前田利長が、戦勝を感謝して許可したといわれ、1604年から諸橋大夫を迎え、盛大に興行された。

参道を北に進むと大型の入母屋造の拝殿に至るが、本殿は拝殿の左手にまわり込んでうかがうしかない。本殿は3社並立となっており、いずれも1639(寛永16)年、3代藩主前田利常によって再建された市内現存最古の建造物で、県の有形文化財に指定されている。中央に八幡大神をまつる小型の一間社流造の八幡社、東に天照大神をまつる三間社流造の神明社、西に猿田彦大神をまつる佐那武社〈附 棟札2枚〉を配する。両脇の本殿は、切妻造、三手先の腰組で支えるなど同形式であり、本殿の配置は、江戸時代前期の記録では神明社が中央にあったとされるので、本来は天照大神が主神であったとみられる。

中世には京都臨川寺(現、天龍寺別院)領大野荘の総鎮守で、佐那社と称され、近世においても寺中の佐那武大明神として親し

駅西から金石街道へ　47

大野湊神社

まれた。12世紀の『白山記』には、白山九所小神として大野荘の「佐那武」が掲載されており、加賀白山宮系の神社としての歴史をもつ。また、現社地は14世紀に富永御厨であったことから神明社が勧請されたとみられ、そこに佐那武社・八幡社が合祀された結果、現在の三殿合祀の形が少なくとも16世紀には成立したとみられる。社号は『延喜式』神名帳に掲載されたものだが、古代・中世においては佐那武社とするものが多く、変遷過程で祭神や社号が複雑に変化したのである。

能舞台の脇には、1663(寛文3)年に造営された旧拝殿が残る。本殿3社にあわせて、間口8間に奥行4間という横長の建物で、大和の大神神社(奈良県桜井市)と似た建築様式をもつ点が注目されている。社叢の一角には寺中台場跡が残り、隣の大野湊緑地公園で、その復元遺構をみることができる。

石川県銭屋五兵衛記念館 ㉕

076-267-7744

〈M▶P.2, 46〉金沢市金石本町ロ55 Ｐ

JR金沢駅🚶10分中橋バス停🚌金石線、三馬・大野線西警察署前🚶5分

悲劇とロマンが織りなす北前船の豪商の館

大野湊神社の遊歩道から大野湊緑地公園へ進むと、土蔵造りの石川県銭屋五兵衛記念館に至る。

銭屋五兵衛は、加賀藩を代表する豪商である。持船は大小100艘以上、全国に34の支店を設け、ロシア・アメリカ・朝鮮などとの密貿易で巨万の富をなした北前船の豪商というイメージは、小説などによる虚像で事実ではない。実際は、中古船で海運を始める39歳まで、宮腰町(現、金石地区)の平凡な商人であった。40代で材木海運に成功し、53歳で隠居した後、急速に経営を拡大して15艘の船持ちとなり、藩の重臣から注目され、60代で藩の御用商人となった。70代で藩営海運事業に参画し、前田家の梅鉢御紋を掲げて蔵米などを輸送した。そのため藩所有船を4艘も提供し、運用した。56歳か

48　城下町金沢と加賀北部

石川県銭屋五兵衛記念館

ら書き始めた日記『年々留(ねんねんどめ)』(県文化)は、8カ条の家訓始め、長男への遺訓が記されるほか、海難や造船・修理の様子が詳しい。記念館には、4分の1の常豊丸(じょうほうまる)の模型が展示されているが、この1500石船は藩営海運のためにつくった五兵衛自慢の船であった。

普正寺遺跡(ふしょうじいせき) ❷⓺

〈M▶P.2,46〉金沢市普正寺町(まち) P
JR金沢駅🚶10分中橋バス停🚌金石線、三馬・大野線金石🚶10分

中世日本海交易の繁栄を示す港湾遺跡

石川県銭屋五兵衛記念館から西へ向かい、金石の町並みの南はずれに進むと、犀川(さい)河口に架かる普正寺橋に至る。ここから、普正寺遺跡を遠望できる。犀川上流の左岸部の砂丘下(かせんじき)に広がる中世の集落遺跡で、現在は、河川敷と健民(けんみん)海浜公園の敷地となっている。

1965(昭和40)年、犀川改修工事中に遺物包含層などがみつかり、発掘調査が実施された。出土品には、中国製磁器の青磁(せいじ)・白磁(はくじ)・青白磁や瀬戸(せと)焼・越前焼・珠洲(すず)焼といった国産陶器、曲物(まげもの)・箸(はし)・下駄(げた)・櫛(くし)などの木製品や漆器(しっき)、刀子(とうす)・銅銭などがあり、検出された墓域からは、五輪塔(ごりんとう)・宝篋印塔(ほうきょういんとう)・板碑(いたび)などの石造物が確認されている。さらに、1982(昭和57)年の野鳥飼育園整備事業にかかる発掘調査でも多くの遺物の出土がみられ、「南無阿弥陀仏(なむあみだぶつ)」などを写経した柿経(こけらきょう)がみつかっているほか、鍛冶場(かじば)遺構も確認されている。

中世を盛期とするこの遺跡は、京都臨川寺領大野荘における港湾集落跡と位置づけられ、北加賀における日本海交流や中世の環日本海交易の様相を示す貴重な遺跡である。その結果、文献に出てくる宮腰津(みやのこしつ)が、日本海を媒介(ばいかい)にした流通の中核をになった湊町(みなとまち)であったことがわかる。鎌倉時代末期に北条得宗家(ほうじょうとくそうけ)が、大野荘の地頭職(じとうしき)を獲得したのは、宮腰津の繁栄に着目したためという。

駅西から金石街道へ

石川県金沢港大野からくり記念館 ㉗
076-266-1311

〈M ▶ P.2.46〉 金沢市大野町4-甲2-29 **P**

JR金沢駅 🚶10分 中橋バス停 🚌 三馬・大野線（からくり記念館行）からくり記念館 🚶すぐ

加賀の平賀源内と醤油の里

　金石の北隣，大野は醤油の町である。1856（安政3）年に大野村は町立てを許されたが，丸屋・川端屋・浅黄屋などの北前船の豪商の活躍で，商工業の繁栄がみられたからであろう。今も往時を偲べる商家や醤油醸造の蔵が並ぶ。とくに，直源醤油の辺りは風情がある。

　この町に京都のからくり師中村屋弁吉が住み着いたのは，1831（天保2）年のことであった。妻の実家中村屋を頼って移住してきた弁吉は，からくりの技と西洋の科学知識で人びとを驚かせ，文人や町人の注目を浴びた。豪商銭屋五兵衛からも支援を受けたが，五兵衛の没落後は，加賀藩の洋学所などで教鞭をとり，洋学者としての一面も遺憾なく発揮し，大野弁吉の名前で知られるようになった。

　大野お台場公園の北側にある石川県金沢港大野からくり記念館では，「加賀の平賀源内」ともよばれる弁吉の生涯や業績，江戸のからくり技術のおもしろさを，わかりやすく展示している。

石川県金沢港大野からくり記念館

粟崎八幡神社 ㉘
〈M ▶ P.2〉 金沢市粟崎町へ49 **P**
北陸鉄道浅川線内灘駅 🚶20分

日本一の北前船主と船絵馬の逸品

　かつて大野川は，河北潟の水を日本海に吐き出す唯一の川であり，河口がふさがれると潟は増水したが，今はその心配がなくなった。

　金沢港から大野川沿いに県道8号線（みなと線）を北上し，近岡交差点で左折，粟崎橋を越えて2つ目の信号を右折すると，粟崎八幡神社に至る。粟崎地区の鎮守であるが，当地の豪商木屋藤右衛門家

銭五の悲劇と顕彰

コラム **人**

北前船の豪商　河北潟埋立事業に失敗

　銭五こと銭屋五兵衛が、加賀藩の年寄奥村栄実の要請を受け、藩直営の年貢米の大坂直送事業を一手に引き受けたとき、すでに70歳。その頃から藩権力と結ぶ政商、物価吊り上げの張本人とみられ、民衆から非難された。しかし、財政難に苦しむ加賀藩財政に新しい発想を植えつけた点は注目でき、特産物の販路拡張に貢献した。当時、粟崎村の木屋藤右衛門・嶋崎徳兵衛や三国与兵衛ら、銭五以上の豪商がおり、銭五だけが加賀の豪商ではなかった。銭五を有名にしたのは、河北潟の埋立新田2900石を計画・推進し、かえって農民・漁民から恨まれ、潟への投毒と密貿易を疑われ、一挙に瓦解した悲劇的結末のゆえである。

　日清戦争（1894〜95年）前後の国粋主義の台頭の気運に便乗した偉人伝・講談・芝居などで、銭五の冒険的密貿易と悲劇的最期が喧伝され、史実と混同されて誤解が広がった。戦前の銭五ブームは1933（昭和8）年にピークに達した。古い金石の町並みの北端に銭五公園があり、その年、ここにロダンのバルザック像とよく似た銭五銅像が建てられた。その脇に「ふる雨を　ふもとに見るや　夕紅葉」の銭五の句碑がある。なお銭五公園は、歌舞伎役者の初代中村歌右衛門の生誕地とも伝える。

　銭五公園に隣接する市立金石町小学校の一角で、1852（嘉永5）年、河北潟への投毒の主犯とされた銭五の3男要蔵と手代市兵衛が処刑された。五兵衛は逮捕されたとき80歳で、河北潟に毒物を流したという嫌疑を一貫して否認したが、3カ月後に厳しい取調べに耐えられず牢死した。この疑獄事件で逮捕された関係者は40人以上、死刑（獄門）2人・永牢5人・牢死6人・自殺1人という大事件となり、一代で築いた財産はすべて没収された。

が奉納した7枚を含む北前船絵馬11枚を所蔵する。

　粟崎八幡神社からさらに北に進むと、市立粟崎小学校に至るが、校庭の脇に豪商木屋藤右衛門の邸宅があった。木屋藤右衛門は、江戸時代後期において加賀藩最大の資産を誇る北前船の豪商で、全国の長者番付でもつねに上位にランクされており、持船は1785（天明5）年には29艘に達した。この華々しい成功は、18世紀中頃から始めた東北地方との材木海運や鉱山経営によるところが大きい。宝暦大火（1759年）で焼失した金沢城の再建などに力を貸したが、同時に城と町の復興に乗じ、莫大な資産を形成したものとみられる。1785

駅西から金石街道へ

日本海交流を示す金沢西郊の遺跡群

コラム

金沢港の周辺であいつぎ発見された対岸交流を裏づける古代遺跡群

　犀川と浅野川に囲まれた金沢平野の西部地域は、日本海を介した対外交流・交易のうかがえる遺跡が多く展開する。まず、1973（昭和48）年に県立金沢西高校の建設工事にあたり発見された戸水B遺跡は、その後の発掘調査なども含めて壺や甕などの口縁部に西日本で盛行していた凹線文を施した土器が出土した。このことから弥生時代中期末葉の土器の標式遺跡に設定されたことで著名である。続く古墳時代には、これより北へ約2km行った金沢港埠頭敷地周辺にあたる標高1m前後の平地に、3基の前方後方墳を含む合計30基以上の方墳からなる戸水C古墳群が確認されている。後世の削平により墳丘は遺存していないが、周溝などより土師器などが出土し、同前期の築造とみられ、臨海部における首長層の存在を示すものとして貴重である。古代では、犀川右岸に位置する金石本町遺跡を始め、その約500m南東に所在する畝田・寺中遺跡が注目される。

　金石本町遺跡は、7世紀初頭より動きがみられ、奈良時代初頭に最盛期を迎えるが、大型掘立柱建物を検出し、数百点にもおよぶ墨書土器や木簡などが出土している。

　畝田・寺中遺跡では、奈良時代を中心に河道の両岸に大型建物を含む掘立柱建物群や倉庫群などを検出し、木簡（郡符木簡）などを含む豊富な遺物の中に、「津」「津司」の墨書土器が確認された。さらに、これより約1.5km北東の大野川河口左岸の戸水C遺跡でも、「津」墨書土器の出土がみられ、港の存在を示す重要な発見となっている。この遺跡は、823（弘仁14）年に加賀国が越前国より分立した頃から平安時代前期に盛期をもつもので、大型掘立柱建物や多くの掘立柱建物・柵列などが検出された。出土遺物には、土師器・須恵器・獣脚付円面硯・施釉陶器・石帯などのほか、「依」や「上」「吉」などの墨書土器の出土も目立つ。また、戸水C遺跡の南約1kmに位置する畝田ナベタ遺跡では、倉庫や大型建物が整然と立ち並び、「東」や「東○」といった墨書土器や木簡に加え、青銅製帯金具が出土している。この帯金具は、金箔張りの宝相華唐草文で、現在のところ国内に類例がなく、文様や材質などからみると、中国大陸（渤海国）でつくられた可能性が指摘されており、対岸交流を裏づける。これらの古代遺跡から、在地郡司級豪族の政治支配をうかがうことができ、また、郡（さらには国）レベルで経営された港湾関連施設の存在を知ることができる。対外交流の拠点として、この地域は重要な役割を担っていた。なお、出土品の一部は、石川県埋蔵文化財センターで見学できる。

金石街道と宮腰町

コラム

城下町の外港と豪商たちの栄華

　金沢城下から日本海に向かって一直線に5kmほど続く金石街道（宮腰往還）ができたのは、1616（元和2）年のことである。現在は中橋町の北陸本線高架橋付近から4車線道路となっているが、明治時代は馬車鉄道が走り、その後は電車通りが並行して走り、金沢の外港として繁栄した金石港に向かう幹線道路であった。金石港（宮腰湊）は、近年、新しい金沢港が建設されたため、その役割を終え、今は小漁港にすぎない。

　金石町は、江戸時代初期より宮腰町とよばれ、前田利家の時代から町奉行がおかれた水陸交通の要衝であった。大野湊とともに北前船の基地として栄え、加賀藩の蔵米や材木、専売品の塩などの商売で城下町経済を支えた。遅れて幕末に町立てした大野町とは交通利権をめぐって対立が多かったので、1866（慶応2）年、「金石の交わり」を期待し、両町合併して金石町となったが、明治時代になって再び分かれ、現在に至る。

　江戸時代、宮腰町の戸数は約1500、人口5000人を擁した。町奉行の下で町年寄をつとめた中山主計家は、前田利家の金沢入城を助けた由緒ある海辺の土豪で、紙本著色前田利家画像（県文化）ほか数千点にのぼる中山家文書（県文化）を伝える。

　旧宮腰町の中心、通町にあった銭屋本店は大野湊緑地公園に移築され、「銭五の館」として公開されている。銭五の隠居所があった御塩蔵町から銭五誕生の地である越前町界隈、銭屋の茶室松帆謝のある専長寺（真宗大谷派）など、銭五ゆかりの地を散策すると、江戸の湊町の雰囲気を堪能できる。銭屋一族の処刑と零落を目の当たりにした銭屋の若い女中おてつが、一族の菩提を弔うために創建した海月寺（曹洞宗）には、3男要蔵の墓があり、若き日の室生犀星は、ここに1年ほど下宿した。本龍寺（真宗大谷派）には、銭五の墓のほか、松尾芭蕉の句碑がある。

銭五の館

年に加賀藩の行った「天明の御改法」に巻き込まれ、一時、資産没収などの被害にあったが、おもに福井藩など他国で大名金融を展開し、不動の地位を確立した。19世紀になって復活し、明治時代以降、銀行や保険会社などに出資した。

駅西から金石街道へ

内灘闘争

コラム

金は一年、土地は万年

　1952(昭和27)年から翌年にかけて、戸数約1000、人口約8000人の漁村内灘村が全国の注目を浴びた。内灘闘争である。米軍砲弾試射場として、内灘村の砂丘地を接収することに反対した運動である。

　内灘闘争は、日米安保体制下における反米軍基地闘争の先駆けであった。1951年のサンフランシスコ平和条約で占領状態は終わったが、同時に結ばれた日米安全保障条約のため、日本の独立や平和が脅かされる状態にあったことを象徴する事件であった。

　ことは、1952年9月、日本政府から石川県へ接収が伝達されたことに始まった。これに対して、内灘村長・村議会は反対を政府に申し入れ、石川県議会・金沢市議会でも反対を決議、県教組や県評、婦人団体、PTA協議会も反対を表明した。しかし、4カ月の期限、総額7500万円の補償金で、一旦、村は接収を受け入れた。砂丘地には鉄条網が張りめぐらされ、砲座・兵舎が建設され、運搬用の鉄板道路が敷かれて、1953年3月18日、試射が始まった。

　ところが、時限接収の永久化が問題となった。4月の参議院議員選挙では、自由党で吉田茂内閣の国務大臣林屋亀次郎に対して、「接収反対」を公約とした改進党の井村徳二が当選。5月15日、村では永久接収反対実行委員会が組織され、「金は一年、土地は万年」をスローガンに闘争が本格化し、その動きは県内外に広がった。6月10日には反対派と警官隊が県庁前で乱闘、6月14日の試射再開前日からは、着弾地付近の民有地「権現の森」で、107日間延べ3万人にもおよぶ壮絶な座り込みが開始され、これを労働者・学生が支援した。また、北陸鉄道労働組合は軍需物資輸送拒否を表明してストライキを行った。清水幾太郎・大宅壮一らの知識人も内灘を訪れ、兼六園では接収反対県民大会や基地反対国民大会が開かれ、国会でも議論が続いた。

　しかし、試射が再開されると闘争は膠着化し、村民の間に亀裂が生まれた。ついに、村当局は政府と妥協して接収を承認し、10月4日には「権現の森」から撤退、村実行委員会も解散した。こうして闘争は終結を迎えた。砂丘が村民に返還されたのは、1957年3月のことであった。現在は内灘町営権現の森公園内に、着弾地観測用トーチカが試射場の面影を残すのみである。

着弾地観測用トーチカ

③ 城下町南郊から松任・美川へ

寺町寺院群から南下，野々市周辺で守護富樫氏ゆかりの史跡，松任周辺で寺院や古代遺跡を歩き手取川河口の美川に足を伸ばす。

雨宝院と室生犀星記念館 ㉙㉚
076-241-5646／076-245-1108

〈M▶P.2.15〉金沢市千日町1-3 P／千日町3-22 P
JR北陸本線金沢駅東口バスターミナル
🚌平和町線ほか片町 🚶3分／🚶5分

犀星の少年時代の町並みを歩く

　金沢の繁華街片町から，犀川大橋（国登録）を渡りきると交番がある。この交番脇に，周囲の喧噪をよそに，銅葺きの宝塔がひっそりとたたずむ。ここが，詩人室生犀星ゆかりの千日山雨宝院（高野山真言宗）である。

　1889（明治22）年，旧加賀藩の足軽小畠家の私生児として生まれた犀星は，貰い子となり雨宝院で育てられた。明治維新後の金沢の町は，士族の没落と著しい経済困窮の結果，多くの孤児や貰い子・身売りが横行しており，雨宝院の住職のような人びとが孤児救済の一端をになっていた。雨宝院は，諸国行脚の僧が，1595（文禄4）年に当地の廃寺を再興したことに始まるという。この辺りの千日町という町名の由来は，雨宝院の山号による。

　雨宝院から犀川沿いに街路をたどると，三差路の広見に至る。ここで左手の広い道をしばらく進むと，室生犀星記念館がある。ここは犀星の生家跡であり，一帯は裏千日町とよばれた。江戸時代には，小幡家などの重臣の下屋敷地が広がり，陪臣たちが居住した。長町高等小学校を中退した犀星は，俳句に目覚め，新体詩人として活躍していた国府犀東が犀川の対岸の出身であり，「犀西」をもじって犀星のペンネームで，俳句から詩作へと転じた。記念館では，金沢の三文豪の1人，室生犀星の生涯や作風などを知ることができる。

雨宝院

城下町南郊から松任・美川へ

犀川の西，野町・千日町・白菊町界隈は，多感な少年期の犀星がすごした町並みが，今もよく残る。「東の郭」（現，ひがし茶屋街）に対し，「西の郭」とよばれた石坂新地も近い。「西」遊郭が公認されたのは1820（文政3）年のことだが，天保年間（1830～44）に再禁止，1867（慶応3）年から西新地として再興され，明治・大正時代にかけて盛り場として賑わった。近年，郭の風情を生かした町並みの修景がなされ，細い格子戸をもつ料亭などが軒を連ねている。西茶屋資料館では，この地を踏み台に文壇デビューし，小説『地上』で一世を風靡した島田清次郎に関する資料を展示する。

　室生犀星記念館から，白菊町の古刹瑞泉寺（真宗大谷派，もと押野上宮寺）の前を通り，大通りに出て広小路に戻る坂道の途中から，西新地の町並みがみえる。

鶴来道沿いの寺町 ㉛

076-241-3003（妙慶寺）
076-241-0888（妙立寺）

〈M▶P.2, 15〉金沢市野町1-1-12（妙慶寺）　P
JR金沢駅東口バスターミナル 🚌 金沢駅・工大線，四十万線ほか広小路 🚶 3分，または北陸鉄道石川線野町駅 🚶 10分（妙慶寺まで）

日本有数の寺院群を歩く 鶴来道と泉野寺町

　犀川大橋南詰から上流の寺町台地に向かうと，右手に急坂が分かれる。ここが蛤坂で，白山比咩神社のある鶴来町に至る鶴来道の起点である。坂の登り口に立つ木造3階建て（地下1階）の楼閣は，大正年間（1912～26）に建てられた山錦楼で，その先をあがると右手に，加賀藩2代藩主前田利長の家老をつとめた松平康定が開創した妙慶寺（浄土宗）がある。康定の子孫である康正は，幕末期，勤王派の家老として世嗣慶寧の立場を支持し長州藩との交渉にあたった。蛤御門の変（1864年）の際，慶寧は中立の立場をとり，無断で京を離れた。長州藩の敗走後，無断退京の責任を父斉泰から問われ，慶寧は謹慎，康正ら重臣は切腹した。これが加賀のいわゆる「元治の変」で，その結果，ひ弱な加賀の尊王攘夷派は壊滅した。妙慶寺は，元和～万治年間（1615～61）に形成された寺町寺院群のなかで，初期に設置された有力寺院であり，蛤坂は妙慶寺坂ともよばれた。

　鶴来道と寺町大通りが直交する蛤坂交差点の南東隅に石標があり，「右つるぎ道，左のだ道」と刻まれている。「つるぎ道」沿いの寺院群は泉野寺町，「のだ道」沿いの寺院群は野田寺町と分けてよばれ

三光寺

た時代もあった。その一帯には今も60を超える寺院が集中し、地方城下町の寺町としては、屈指の寺院群である。「寛文七(1667)年」の城下町絵図に、すでに寺院が約50カ寺集中しており、その姿は寛永年間(1624〜44)初期に成立したとされる。右の鶴来道を約100m直進すると、忍者寺として著名な妙立寺(日蓮宗)がある。妙立寺は、カラクリや仕掛けがおもしろく楽しめるが、歴代藩主の祈願所であった以外、歴史的に特筆すべきことはない。無論、忍者とも関係ない。拝観には事前予約を要する。この一帯に、これだけの規模の寺院群が現在も残ることに注目したい。寺院群の典型として周辺の小路も探索し、寺町の景観を堪能したい。

　妙立寺の南隣の三光寺(浄土宗)は、明治時代初期、加賀藩の士族民権派から分派した不平士族(三光寺派)の拠点となった所である。首領の島田一良らは、各地でおきる士族反乱に共鳴し、1878(明治11)年、東京紀尾井町で内務卿大久保利通暗殺を実行し、鬱憤を晴らした。時代遅れのテロ活動であるが、維新のバスに乗り遅れた加賀藩士の焦りを示す。

　鶴来道沿いに宝勝寺・国泰寺・龍淵寺・開禅寺などの禅刹が多いが、日蓮宗や真言宗・天台宗寺院も入りまじる。三光寺からさらに100mほど南下すると、六斗の広見に至る。広見は、城下町金沢の随所に設置された防火用地で、鍵型街路を利用した街の広場である。現在は祭り会場としても利用されるが、ここはその代表である。

　六斗の広見に面して、時宗の古刹玉泉寺がある。今は、境内におかれた泉野菅原神社に母屋をとられた格好で目立たないが、もとは加賀藩2代藩主前田利長の正室玉泉院(織田信長の4女永姫)の菩提寺である。江戸時代は広大な敷地をもち、門前ではしばしば施粥が行われたが、真宗王国の中の時宗寺院ということもあり、明治時代以後は寂れた。

野田道沿いの寺町 ❸

076-241-0874(松月寺)
076-242-2825(伏見寺)

〈M▶P.2, 15〉金沢市寺町5-5-22(松月寺) P
JR金沢駅東口バスターミナル 金沢駅・工大線,
四十万線ほか広小路 3分(松月寺まで)

城下町の外郭を守る寺院ロード野田寺町

広小路バス停でバスを降り,寺町台地をまっすぐ東にのびる寺町大通りに沿って,寺町寺院群をめぐってみよう。

鶴来道と交差する蛤坂交差点で,妙立寺に続く泉野寺町を右にみて直進すると,表通りの商店街の影になっているが,極楽寺・浄安寺・松月寺・伏見寺の甍が並ぶ。道路にはみ出すほどの巨樹がみえるが,これが松月寺(曹洞宗)のサクラ(国天然)である。その隣の伏見寺(高野山真言宗)は,「金沢」の地名伝説で著名な芋掘り藤五郎ゆかりの寺で,像高22cmと小振りだが,品格のある平安時代中期作の銅造阿弥陀如来坐像(国重文)を所蔵する。

寺町5丁目交差点を越えると,石材店に並び,無縁仏を供養する人骨地蔵尊で知られる大円寺(浄土宗),越中(現,富山県)から金沢に移ってきた法光寺(日蓮宗),そして立像寺と続く。立像寺(日蓮宗)は,越前府中(現,福井県越前市)から前田利長とともに加賀松任(現,石川県白山市),越中守山(現,富山県高岡市)・富山,金沢と移転を重ねた。「充洽園」の扁額が掲げられており,青年僧の訓育道場である充洽園がおかれ,日蓮宗近世教学の発祥地であった。境内には,6代目横綱阿武松緑之助の墓があり,建物も1638(寛永15)年の金沢移転当初の部材などがみられ,注目すべきものが多い。隣の本性寺(日蓮宗)には,加賀建仁寺流大工の祖山上善右衛門の墓がある。

反対側に渡ると,九谷焼の祖後藤才次郎の墓のある高岸寺(日蓮宗),長久寺・本因寺と甍が続く。本因寺の角を犀川方面に曲がると,金沢城を展望できる緑地があり,その下にW坂と通称されるジグザグの石段道が桜橋に至る。W坂は,江戸時代には石切坂とよばれ,坂の上に,石切専門の藩直属小者が住む組地,二十人石切町があったことによる名称で,今も往時の町割が残る。

寺町1丁目まで行くと,「大仏さまの六角堂」と親しまれている宝集寺(高野山真言宗)があり,境内に立つ観音堂などの建物は,江戸時代中期の様相をとどめる。すぐ北側には,五百羅漢で有名

な桂岩寺(曹洞宗)がある。1962(昭和37)年の火災で焼失したため,今は新造の羅漢が並ぶ。宝集寺から寺町1丁目交差点を越えた反対側には,祇陀寺(曹洞宗)がある。

野田山墓地 ㉝

〈M ► P. 2〉 金沢市野田町 P
JR金沢駅東口バスターミナル🚌野田線・大桑線金大附属学校自衛隊前🚶10分

市民墓地・軍人墓地と共存する開放的な大名墓所

　金大附属学校自衛隊前バス停から南東へ300mほど歩くと,高徳山桃雲寺(曹洞宗)がある。1600(慶長5)年,野田山墓地の墓守寺として,加賀藩2代藩主前田利長によって創建された。開山には初代前田利家の葬儀の引導師をつとめた,宝円寺住職象山徐芸を迎えた。寺の裏手の墓地に,大きな前田利家供養塔(五輪塔)が立つ。桃雲寺の先を右折すると,野田山墓地の入口に至る。入口手前に,1878(明治11)年の紀尾井町事件で大久保利通を暗殺した,島田一良ほか5人の墓碑が立つ。

　野田山は標高175.4m,その北東斜面が野田山墓地となっている。1587(天正15)年,前田利家が兄利久を葬ったことに始まるとされるが,利家が1599(慶長4)年に遺言により葬られたことは明確であり,以後,藩主前田家一族の墳墓が造営され,大名墓所として整備が進んだ。加賀藩主前田家墓所(国史跡)は,入口から約20分のぼった所にある。明治時代以降は神葬になったため,江戸時代の様相と幾分変化している。重臣の墓地を周囲に配したり,石廟を墳墓の前におくなど,仏式の供養施設がおかれたのが本来の姿と推定され,千世・幸などの利家子女の墓所にその名残りをみることができる。

　前田家墓所の周囲に,加賀八家を始めとする有力家臣の墓がつくられた。18世紀以降には,平士や有力町人にも墓の設置が許され,墓域は拡大した。維新後は,1884(明治17)年に金沢市の管理となり,市民の墓園となった。現在,墓数は5～6万基ともいわれている。

　前田家墓所から西へ300mほどくだると,石川県戦没者墓苑がある。その前身である陸軍墓地は,明治10年代より整備が進み,1893(明治26)年には,北越戦争(1868年)・西南戦争(1877年)の戦没者を合葬した「陸軍軍人合葬之碑」が建立された。その後,日清戦争(1894～95年)・日露戦争(1904～05年)・満州事変(1931年)・上海

城下町南郊から松任・美川へ

石川県戦没者墓苑

事変(1932年)の4基の合葬碑と支那事変戦没者忠霊塔が建てられた。また、ここにはロシア兵捕虜の墓がある。日露戦争で捕虜になり、金沢の地で病死した10人が眠る。

　戦没者墓苑のすぐ北方には、「尹奉吉義士暗葬之跡」碑が立つ。尹奉吉は、1932(昭和7)年、上海事変における上海方面軍司令官白川義則に投弾して死に至らしめた朝鮮独立運動家で、金沢市三小牛で処刑された。野田山墓地を抜けて東へ約2km行くと、芋掘り藤五郎の伝説で知られた三小牛に至る。三小牛地区内には、全国最多(約580枚)の和同開珎が埋納され、「三千寺」と書いた墨書土器が出土した山林寺院跡や三小牛サコ山遺跡・三小牛ハバ遺跡があった。

大乗寺 ㉞　〈M▶P.2〉金沢市長坂町ル10　P
076-241-2680　　JR金沢駅東口バスターミナル🚌平和町線・野田線ほか平和町
🚶30分

県内最古の曹洞宗寺院

　平和町バス停から金沢市立病院北側を通り、南西へ約1km行くと、山側環状道路(県道22号線)の長坂台小学校東交差点に至る。これを越え、まっすぐのぼれば野田山墓地だが、「大乗護国禅寺」の石柱から右手に入ると大乗寺参道である。

　大乗寺(曹洞宗)は、鎌倉時代後期、富樫家尚によって石川郡野々市(現、野々市市)に密教寺院として創建されたという。その後、越前永平寺(福井県吉田郡永平寺町)3世徹通義介を迎えて禅寺となり、1293(永仁元)年に開堂。曹洞宗の加賀国最初の聖地として瑩山紹瑾・明峰素哲らに継承され、守護富樫氏一族の菩提寺として、また室町幕府の祈願寺、戦国時代には勅願寺となった。1488(長享2)年の長享一揆の際には、一揆の総大将富樫泰高が陣をしいたとされる。近世初頭、寺基を金沢城下に移し、加賀八家で重臣筆頭の本多氏が大檀那となって、同家の下屋敷内(現、金沢市本多町

大乗寺仏殿

1丁目付近)に寺屋敷を構えたが，1697(元禄10)年，藩より現在地を与えられて移転した。

境内には，本多家累代の墓所があり，なかでも本多政均と十二義士の墓が注目される。政均は，明治維新直後の加賀藩執政として改革を進めたが，1869(明治2)年，反対派により城中二の丸殿舎の大廊下で刺殺された。犯人は処刑されたが，それを免れた者がおり，本多家家臣12人が仇討ちを遂げた。この事件は「明治の忠臣蔵」とも謳われ，松本清張の『明治金沢事件』を始め，幾つかの文学作品の素材ともなった。また1702年上棟の仏殿(附 棟札1枚，国重文)・法堂(含 祖堂，県文化)，本多家下屋敷(現，大乗寺坂下)から移築された1665(寛文5)年建立の総門(附大乗寺伽藍，県文化)，寛永年間(1624〜44)建立と伝える山門(県文化)などが立ち並ぶ。什宝物として道元筆の『仏果碧巌破関撃節』上・下(一夜碧巌集)・羅漢供養講式稿本断簡，また詔州曹渓山六祖師壇経，紙本墨書支那禅刹図式(寺伝五山十刹図)などの典籍，歴代住持筆古文書4通からなる三代嗣法書(いずれも国重文)，絹本著色徹通禅師画像・明峰禅師画像・千体仏画像，長谷川左近筆の紙本墨画十六羅漢図12幅，紙本金地著色耕作図六曲屏風(いずれも県文化)のほか，足利尊氏御判御教書などの古文書が多数ある。これらは定期的に寄託先の石川県立美術館で展示されている。

高尾城跡 ㉟

〈M▶P.2〉金沢市高尾町ウ31
JR金沢駅東口バスターミナル🚌額住宅線高尾南1丁目🚶15分

一向一揆に攻められた守護富樫政親の最期の地

寺町5丁目交差点から県道45号線を円光寺・光が丘方面に約3.5km進み，窪バス停から伏見川上流へ約1km行くと，下瀬橋周辺に山科の大桑層化石産地と甌穴(国天然)がある。第4期更新世(約150〜100万年前)の貝化石を多数含む地層(大桑砂岩層)と，河床に大小さまざまな壺状の穴が分布している。

高尾城跡遠望

　窪バス停から県道22号線を南下し、高尾南1丁目バス停手前から、石川県教育センターの標識を左折して山をあがると、高尾城跡に至る。1488(長享2)年、加賀国守護富樫政親が、一向一揆を中核とする「加賀一国之一揆」に包囲され、自刃した最期の地として知られる。

　1474(文明6)年、政親は本願寺門徒と結び、高田門徒と結ぶ弟の守護富樫幸千代を攻め、能美郡蓮台寺城(現、小松市蓮代寺町)を落として守護の地位に返り咲いた(文明一揆)。しかし、その後、本願寺門徒と確執があり、1487(長享元)年、室町幕府9代将軍足利義尚に従って近江(現、滋賀県)に出陣したものの、その兵糧米賦課に対する反発から、本願寺門徒を中心に「加賀一国之一揆」が結ばれた。あわてて帰国した政親は、高尾城にこもり、越前(現、福井県中・北部)・能登・越中(現、富山県)など、隣国の守護大名の支援を得ようとした。翌年、一揆は政親の大叔父富樫泰高を総大将とし、高尾城の北西約4kmの野々市に陣をしいて対峙し、6月、ついに城は陥落したのであった(長享一揆)。一揆に擁立された泰高はあらたに守護となり、加賀国は、「百姓ノ持チタル国ノヤウ」と形容される時代を迎えたのである。

　高尾城は、「ジョウヤマ」とよばれた標高約170mの山頂付近に築城されたと推定されるが、1970(昭和45)年、北陸自動車道建設のための土取場となり、研究者らの抗議によって緊急調査が行われた。しかし、遺構の大部分は破壊され、また地滑りの危険があるとの理由で削平されてしまい、南側の標高約162mが最高部として残された。その後、1984年の分布調査で、東側尾根伝いの標高約190mの「コジョウ」地区に、堀切などの遺構が確認された。なお、「ジョウヤマ」跡には、石川県教育センターが建てられている。また、南側の最頂部付近に見晴台があり、駐車場付近からのぼることができる。

高尾城跡から県道22号線を約１km南下し，七瀬川(額谷川)谷頭の南側尾根筋をのぼった所に，御廟谷(県史跡)がある。富樫氏累代の墓所と伝承されるが，富樫氏庶流の額氏にかかわるものとの説もある。地形の上段は「寺屋敷」と称され，下段に中世後期の五輪塔を中心とする３基の石塔が残る。

善性寺 ㊱
076-298-0740

〈M▶P.2〉金沢市四十万町リ153　Ｐ

JR金沢駅東口バスターミナル🚌金沢駅・工大線，四十万線四十万🚶５分，または北陸鉄道石川線四十万駅🚶10分

守護富樫氏の支援を受けた真宗寺院

　御廟谷から県道22号線に戻り約１km南下，四十万町東交差点で左折して県道45号線に入ると，すぐ右手に善性寺(真宗大谷派)がある。1427(応永34)年敬授の開創と伝え，もと真言宗寺院ともいう。1499(明応８)年，守護富樫泰高が法慶道場に，富樫本庄四十万村のうち，大仙寺(泰高の甥で，富樫政親の父成春の菩提寺)分の屋敷と山林を寄進した。この法慶は３代目といい，『蓮如上人御一期記』などにみえる弟子法敬坊順誓のことといわれる。寄進された土地・山林は，1504(永正元)年，泰高の孫稙泰によって安堵されるなど，富樫氏の支援を得て寺基をかため，1536(天文５)年に本願寺に斎を進めた教勝の頃，善性寺と号し，本願寺直末として活動した。

　寺宝として，蓮如が越前吉崎(現，福井県あわら市吉崎)で1473(文明５)年に開版した版本『三帖和讃並正信念仏偈』４帖(県文化)，蓮如の弟応玄蓮照が1491(延徳３)年に能美郡大杉(現，小松市大杉町)で筆写した紙本墨書正信偈註，1500(明応９)年に書写し法慶に与えた御文，富樫晴貞(晴泰)が描いたというウマの絵などを所蔵する。

喜多家住宅 ㊲
076-248-1131

〈M▶P.2〉野々市市本町3-8-11　Ｐ

JR金沢駅東口バスターミナル🚌野々市線野々市本町３丁目🚶１分，または北陸鉄道石川線野々市工大前駅🚶８分

北国街道の宿駅に立つ金沢商家の典型

　北国街道の宿駅であった野々市本町の町並みは，Ｌ字になっている。この旧街道(県道179号線)を通る野々市線バスに乗り，野々市本町３丁目で下車すると，喜多家住宅(国重文)はすぐ向かいにある。喜多家は，もと油屋を営み，幕末期，酒造業に転じた野々市の旧

喜多家住宅

家として知られる。現在の建物は，1891（明治24）年の大火で焼失した後，金沢材木町の醬油醸造などを営む田井屋の主屋を買い取り，移築したものである。キムスコ（木虫籠）で前面を覆う間口14mの主屋は，ゆるい勾配の屋根であるが，内部に入ると「通りニワ」の吹抜けが涼しげで，見上げると太くたくましい梁組が豪快である。潜り戸のある大戸や土縁付きの座敷，茶室にも注目したい。金沢の大型町屋の典型で，19世紀初頭の建造とみられる。

喜多家住宅の斜め向かいに，野々市市郷土資料館がある。かつて石川郡村井村樋詰にあった出口家の住宅を，1900（明治33）年に野々市市本町の魚住家が買い取り，移築したもので，「前平奥妻型」の大型の町屋風農家の一形式として特徴がある。創建は，安政年間（1854〜60）とみられる。現在は，野々市の民俗資料などを展示している。喜多家住宅から旧北国街道を東に300mほど行くと，野々市の肝煎をつとめたこともある，水毛生家住宅がある。幕末期以前の様式をもつ，妻入の洗練された民家である。

ここから200mほど行き交差点を右折して200mほど進むと，農事社跡の石碑がある。明治時代初期，この地で耕地整理や農具改良の技術研修が行われ，全国的にも早いとされる石川方式の耕地整理の芽がはぐくまれた。農事社は，1876（明治9）年，旧加賀藩士杉江秀直らが農業技術向上を目指して創設した団体で，のちに石川郡模範農場となり，耕地整理の先駆者として名高い上安原村（現，金沢市上安原町）の髙田久兵衛は，ここで学んだ。

富樫館跡 ㊳　〈M▶P.2〉野々市市住吉町・本町2
JR金沢駅東口バスターミナル🚌野々市線野々市本町3丁目🚶10分，または北陸鉄道石川線野々市工大前駅🚶15分

農事社跡の石碑から南へ約200m進み，野々市タクシー手前の路

地に入ると，住宅地の一画に富樫館跡の堀跡がある。南北朝時代初頭，加賀国の守護となった富樫氏は，北国街道と鶴来・宮腰湊を結ぶ横断路の白山大道が直交する野々市に，守護館を構えた。加賀平野中央部の市町であった野々市は，富樫館がおかれてから繁栄した。なお館跡の石碑は，石川線野々市工大前駅の脇に立つ。

富樫館の位置については，長らく特定できなかったが，近年の発掘調査により，野々市市住吉町の住宅地の一画で，館の外郭を囲ったとみられる深さ2.5m・幅6〜7mの堀の一部が確認された。このV字型の薬研堀の内側に土塁を構築し，120〜130m四方の土塁で仕切られた館があったことが推定される。また，近くの河川跡からは，大量の舶載陶磁器片が発見され，守護所の繁栄がうかがえる。現在は芝生を張り，堀跡遺構を1段低く表示している。

1488(長享2)年，長享一揆がおきると，富樫政親は守護所での防御をあきらめ，守護所から2kmほど東にある高尾城にこもって一揆軍を迎え撃とうしたが敗れ，自刃した。長享一揆の後，富樫泰高が傀儡の守護にすえられて守護所は再び再興されたが，一向一揆の隆盛にともない寂れた。しかし，1580(天正8)年の織田信長軍の北加賀侵入の際，野々市に拠った一揆衆と激戦があったと伝える。富樫氏が外護した禅刹大乗寺(金沢市長坂町)も，もとはこの守護所の北側に隣接してあったとされ，前田氏が金沢で城下町作りを始めると，大手口の尾坂門付近に移ったという。

住宅街に変貌してしまった加賀の守護館

東大寺領横江荘荘家跡 ㊴

〈M ▶ P. 2〉白山市横江町1726-21
JR金沢駅東口バスターミナル🚌上荒屋西行終点🚶12分，またはJR北陸本線野々市駅🚶25分

初期荘園研究の扉をあけた貴重な遺跡

上荒屋西バス停のすぐ左手に，上荒屋史跡公園がみえる。ここが，東大寺領横江荘遺跡の一部とみられる上荒屋遺跡(国史跡)である。土地区画整理事業にともない，1987(昭和62)年から5年がかりで発掘調査が行われた。大溝(運河)・船着場状遺構からは，近くの中屋川・安原川から犀川・日本海へとつながる交易道が判明し，初期荘園の立地に舟運の便が関係することが立証された。さらに，「綾庄」「東庄」などと書かれた大量の墨書土器・付札木簡・

東大寺領横江荘荘家跡

掘立柱建物跡群などから，初期荘園の経営実態や経営放棄の過程が明らかとなり，横江荘の広がりと9世紀中葉を最盛とすることも判明した。

上荒屋史跡公園の大溝の説明板を背に直進し，突当りで左折，常願寺団地を抜けた後，右折して西へ約500m行くと，東大寺領横江荘荘家跡(国史跡)に着く。1970(昭和45)年，鉄工団地造成工事にともなう発掘調査が行われ，日本で最初に初期荘園の管理機構の存在が確認された，学術的価値の高い遺跡である。また，昭和40年代の開発ラッシュにともなう遺跡破壊と保存問題で揺れた時代の記念碑的意義をもつ。東大寺領横江荘遺跡上荒屋遺跡出土品(県文化)は，現在，金沢市埋蔵文化財センターで所蔵する。

横江荘は，北陸に多く分布していた東大寺の初期荘園の1つである。8世紀末，桓武天皇皇女の荘園であったが，死後の818(弘仁9)年に，母(桓武天皇の妃)から東大寺へ施入された。掘立柱建物跡，多量の土器・木器が出土したが，土器の中に「三宅」と墨書された須恵器があったことから，荘園の管理事務所である荘家跡と推定された。掘立柱建物跡群の中心となる主屋は，間口10.5m・奥行5.3m，南側に幅3.3mの庇がつき，雨落溝を四周にめぐらしていた。遺構は史跡公園の中に保存・整備されている。また，白山市立松任博物館2階に主屋の部分復元と出土遺物が展示されている。

横江荘荘家跡を出て南へ300mほど進むと，石川広域農道に出る。右折して1kmほど行った所で北上し，北陸自動車道をくぐって，旭工業団地内の旭丘2丁目交差点まで進むと，左手の旭丘第5号公園に，四隅突出型墳丘墓についての解説案内板が立っている。この付近は，手取川扇状地の扇端部の湧水帯にあたり，縄文～古墳時代の複合遺跡の密集地帯である。大規模な墳墓群が検出されて注目を集め，旭遺跡群と総称された。四隅突出型墳丘墓は，倉部川

横江の虫送り

コラム 行

火炎太鼓に揺れる真夏の夜の稲

　虫送りは、全国各地の農村にみられた稲の害虫除けの呪術的行事で、実盛祭・実盛祈禱などともよばれる。「イナベットウ」という害虫の名が、武蔵の武士斎藤別当実盛と結びついたものらしい。平家方に属した実盛は、片山津温泉の近く、篠原の合戦の際、乗っていた馬が稲株につまずき、落馬し討ち取られたため、稲に恨みを残した実盛の霊が害虫になったという言い伝えによる。

　貞享・元禄年間(1684～1704)頃までに、加賀で虫送り行事が始まっていたことは確実で、白山市の横江の虫送りは、現在に至るまで中断の記憶・伝承がないとまでいわれるほど、伝統行事として継承されてきた。虫送り太鼓は、横江のほか、御経塚・押野・上荒屋・番匠など、近隣の太鼓が応援に加わるのが通例で、その数は10個を超える。

　毎年7月21日の19時30分、JA青年部(青年会)・こども会など、総勢300人にもおよぶ人びとが、横江の宇佐八幡神社から繰り出し、壮大な夏のイベントが展開される。「五穀豊穣稲虫送り」と書かれた紙旗が、隊列の各所に掲げられ、若者が背負う大太鼓を、仲間の数人が囲んで乱打しながら、虫送り道を行進する。藁松明二十数本・手さげの缶数十個に火がつけられ、稲田の上に火がかざされると、猛煙と熱さが隊列の人びとを襲う。視界は不良。人びとはむせかえる。

　クライマックスは、宇佐八幡神社に戻る途中の道に設けられた大アーチに点火されるときである。闇の中、火縄を走る炎が「虫送」の2文字を浮かびあがらせると、太鼓総出の競い打ちが始まる。沸きあがる大歓声に、みる者は圧倒され、魂が揺さぶられるような思いに囚われる。さらに、横江を先頭に、太鼓をかかえた若者たちが、つぎつぎに神社境内へ駆け込み、用意された藁山に松明を投げ込む。大篝火を囲んでの太鼓打ちの競演に、火の粉は舞いあがり、木立は震え、厳粛な火の神事の様相を呈する。猛火が収まる21時、虫送り行事は終幕を迎える。

横江の虫送り

（手取川の分流）の河岸段丘に位置し、舟運を使った日本海沿岸地域の交流と地域首長の出現をうかがわせる貴重な遺跡であったが、痕跡をとどめていない。

御経塚遺跡 ❹

076-246-0133（野々市市ふるさと歴史館）

〈M▶P.2〉野々市市御経塚町 P
JR野々市駅 🚶 8分

> 石川の縄文時代晩期の代表遺跡　特徴ある祭祀具や石斧が出土

　東大寺領横江荘荘家跡から南へ300mほど行き左折、石川広域農道を東へ1.5kmほど進むと国道8号線と交差するが、この交差点の手前右手に御経塚遺跡（国史跡）がある。現在は竪穴住居の上屋が1棟、ほかに竪穴住居や貯蔵穴などが復元され、御経塚遺跡公園として整備されている。

　御経塚遺跡は、縄文時代後期から晩期（3500〜2300年前）にかけての大規模な集落遺跡である。1954（昭和29）年に地元の中学生によって発見され、これまで30回近い発掘調査が行われている。調査の結果、集落の中心に祭祀などに使われた広場があり、その周囲には竪穴住居が並んでいたことがわかっている。また、金沢市新保本町のチカモリ遺跡の巨大木柱列と同じような穴が、環状にめぐらされた遺構も発見された。

　御経塚遺跡からは、1万点近くの土器や石器などが出土している。縄文時代晩期の土器型式である御経塚式土器、石鏃や打製石斧、翡翠製の玉のほか、御物石器・石棒など祭祀関連の遺物も多い。これらの遺物は石川県御経塚遺跡出土品として国重文に指定されており、公園の隣に立つ野々市市ふるさと歴史館で展示される。

　御経塚遺跡公園から石川広域農道を西へ約250m戻り、右折して北へ100mほど行った所に、御経塚の地名の由来ともなった経塚がある。経塚一帯の平地には十数基のシンデン古墳群（前期）があった。経塚の上には、1839（天保10）年造立の傅大子とよばれる石仏がおかれていたが、現在は野々市市ふるさと歴史館に展示されている。

チカモリ遺跡 ❹

076-240-2371
（金沢市新保本町埋蔵文化財収蔵庫）

〈M▶P.2〉金沢市新保5-47 P
JR金沢駅東口バスターミナル 🚌 上荒屋西行新保本町 🚶 5分

> 巨大木柱列の出土で注目された大規模集落遺跡

　御経塚遺跡公園から国道8号線を約800m北上し、御経塚北交差点で右折して東へ500mほど進むと、チカモリ遺跡（国史跡）がある。

　チカモリ遺跡は、縄文時代後期から晩期（3500〜2300年前）にかけての大規模な集落遺跡である。縄文時代晩期の八日市新保式土器の標式遺跡として知られていたが、1980（昭和55）年の発掘調査で、直

径80cmを超えるクリの木を縦に半分に割った巨大な木柱を直径7mの環状に並べた環状木柱列が、全国で初めて発見され注目を集めた。発見当初は、縄文時代にこのような高度な技術が存在するとは考えられておらず、弥生時代以降の遺構の可能性を指摘する声もあった。しかし、その後、鳳珠郡能登町の真脇遺跡においても同様の巨大木柱列が発見され、現在では、縄文時代の北陸には巨大木柱の文化があったことが定説となっている。

遺跡の中心と考えられる場所は史跡公園として保存され、環状木柱列(高さ2m)や方形木柱(高さ30cm)などが復元されている。なお、木柱列の上部構造は不明で、祭祀のための特別な建物という説やウッドサークル説など、さまざまな議論がある。

公園に隣接して、金沢市新保本町埋蔵文化財収蔵庫がある。1階には、チカモリ遺跡から出土した柱根57点(及び柱根片一括、県文化)が展示されている。直径80cmを超える大きな木柱根3点は保存処理されており、間近でみることができる。残りはプールに水中保存されており、上から覗き込むことができる。2階には、金沢市内の遺跡から出土した縄文時代から近世までの遺物が展示されている。

末松廃寺跡 ⑫

〈M►P.2〉 野々市市末松 🅿
JR北陸本線松任駅🚗10分、または北陸鉄道石川線乙丸駅🚗5分

和同開珎の銀銭出土 北陸最古の白鳳期の寺院

JR松任駅前から東へ向かい、松任警察所前交差点で右折、県道8号線を約2km南下する。三浦交差点で左折して1kmほど行くと、末松廃寺跡(国史跡)がある。白鳳時代に創建され、早くに廃絶した北陸最古の古代寺院跡で、七堂伽藍は完備していないが、東側に塔、西側に金堂がおかれた法起寺式伽藍配置をとる。建物初層の一辺が10.8mという大規模な塔については、五重塔・七重塔の説がある。大型の塔心礎は、古来、「カラトイシ」とよばれ、近くの大兄八幡神社の手水鉢として使われていた。

末松廃寺跡は、1937(昭和12)年の地元有志による発掘調査で、金堂と塔の跡が発見され、1939年、県内で初めて国史跡の指定を受けた。1961年、国内で2例目の銀銭の和同開珎が採取されたことで再び脚光を浴び、その2年後には石川考古学研究会、さらに1966年か

末松廃寺跡の塔心礎

らは、国立奈良文化財研究所の手で本格的な調査が行われた。これにより、7世紀後半に建立された金堂・塔遺構の全容が明らかとなり、1970年、地元関係者の尽力で、廃寺跡としては国内で3番目の史跡公園が完成した。

末松廃寺跡は、手取川扇状地開発の歴史における記念碑的な意味をもつ貴重な史跡で、周辺は末松遺跡の名で総称される7〜9世紀の複合集落遺跡の密集地である。この地域は、手取川扇状地の扇央東辺に位置し、氾濫原からは遠い。手取川の分流である安原川・郷用水系の流域で、水利の便がよく、開発が早くから進められた地域に属する。下流域には、初期荘園の遺構である東大寺領横江荘荘家跡・上荒屋遺跡がある。

末松廃寺の創建者は、特定されていない。北加賀の道君・南加賀の財部氏などの豪族が、候補に挙げられている。創建時の威容を保ったのはわずか半世紀ほどで、塔は9世紀末までに廃絶したと推定されている。8世紀初頭に倒壊した金堂跡には、玉石敷の寺院跡が残っており、廃後も地域の信仰の中心であり続けた可能性が高い。現在、付近に残る、「上林」「中林」「下林」の地名から、一帯は『和名抄』の拝師郷に比定されており、加賀斎藤氏の宗家林氏が在庁官人・拝師郷の郷司として、本拠をおいた地域と目されている。なお林氏嫡流は、承久の乱(1221年)で後鳥羽上皇方についたため、没落した。

末松廃寺跡で出土した瓦は、手取川の対岸、当時の郡境を越えた能美市辰口町湯屋窯で焼かれていた。史跡公園の入口近くに収蔵庫があり、瓦や高坏など、出土遺物の一部が保管されている。

末松廃寺跡の北西約1.5km、県立翠星高校と付近の県道一帯には三浦遺跡があった。古墳時代から平安時代にかけての複合遺跡で、下層(4世紀)・中層(9世紀)・上層(11世紀)の3層から出土した土

器は，北陸の古代土器編年研究の標式土器となっている。また，上層からは緑釉陶器・青磁・白磁が出土し，開発領主の出現を意味するという。

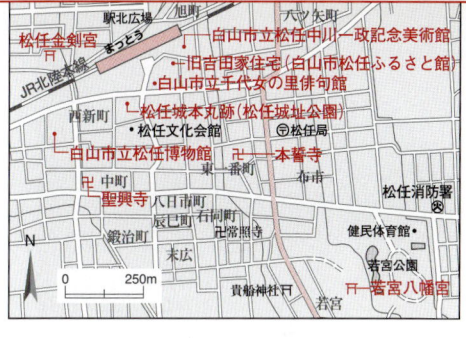

末松廃寺跡の南約1.2km，木津北交差点脇の守郷白山神社の社殿は，白山本宮の本地堂を神仏分離のために移したもので，白山本宮の神仏習合時代の名残りを伝える貴重な建造物である。拝殿内部には，藩の筆頭年寄本多政敏の揮毫になる「白山本地堂」の大きな扁額と「白山権現・天満宮」合祀の神号額が掲げられている。同社は，松任金剣宮が管理している。

松任駅周辺の史跡

松任城跡 ㊸ 〈M▶P.2, 71〉白山市古城町 P

JR松任駅 2分，またはJR金沢駅東口バスターミナル 松任線・千代野線松任 2分

一向一揆の猛将がたてこもった堅固な城跡

JR松任駅の南約120mの所に，ケヤキの大木がみえる。ここが松任城本丸跡で，2007（平成19）年10月に改称されるまで「おかりや公園」とよばれ親しまれてきたが，現在は松任城址公園として，市民の憩いの場になっている。「おかりや」の名は，若宮八幡宮の御仮屋がおかれたことに由来するという。松任城は，惣構が218m四方，本丸は東西44m・南北62m，周囲に幅27mの堀をめぐらせたと伝える。

中世には，在地領主松任氏の居館があったといわれ，加賀一向一揆の時代には，一揆勢の旗本（軍事的領袖）鏑木氏の拠点とされた。松任本誓寺宗誓の女婿鏑木右衛門大夫入道常専とその子頼信の2代，とくに頼信が上杉・織田両氏の加賀侵攻に対して頑強に抵抗したことは，よく知られている。松任城を「鏑木城」「蕪城」と別称するのは城主鏑木氏にちなむという。その後，本願寺の家臣若林長門が城主になったが，柴田勝家の攻囲に屈し，城は織田方の手に落ちた。代官・城代がおかれた時期を挟み，豊臣政権下の前田利長，ついで丹羽長重が松任城主であった。浅井畷の戦い

城下町南郊から松任・美川へ 71

松任城跡

(1600年)を経て、再び前田氏の支配下に戻り、廃城となった後、城跡には加賀藩の米蔵がおかれた。現在、城の痕跡は、町名と一部の土塁に残るのみである。

おかりや公園と白山市松任文化会館の間の道を西へまっすぐ進むと、正面に白山市立松任博物館がある。その前の金剣通りは、JR北陸本線の線路のすぐ北側にある、松任金剣宮の参道である。博物館の1階には、松任市(現、白山市)出身で人間国宝の刀匠隅谷正峯の作品と業績を紹介する常設展示室、2階には郷土の先達・歴史・民俗資料の展示室があり、部分復元された東大寺領横江荘荘家跡の主屋や、「三宅」銘墨書土器などもみられる。

旧吉田家住宅(白山市松任ふるさと館) ㊹
076-276-5614

〈M▶P.2,71〉白山市殿町56 Ⓟ
JR松任駅🚶2分

名石と灯籠が並び四季の花咲く紫雲園

JR松任駅南口の駅前緑地に、SLのD51展示場がある。道路の向かい側に、庭園名の「紫雲園」の扁額を掲げた銅板葺きの平唐門がみえる。そこが、白山市立松任ふるさと館の入口である。ふるさと館は、明治から昭和時代、倉庫・運輸・米穀・金融などの各種産業で財をなした資産家の吉田茂平旧宅の一部である。1912(大正元)年、山島村安吉(現、白山市安吉町)から現在地に移築され、1982(昭和57)年、松任市(現、白山市)が譲り受けて、一般公開した。旧吉田家住宅主屋、物置一・二、門は、国の登録有形文化財である。

主屋は、明治時代初期の加賀地方の農家建築を基調に、数寄をこらし、贅をつくした造りの和室・洋室からなる。名石の庭石・灯籠を配した築山池泉回遊式の庭園の一角には、松任出身の女流俳人加賀の千代女が、日韓文化交流に貢献した事績を記す千代女朝鮮通信使献上句碑が立つ。なお、隣接する白山市立千代女の里俳句館へは、

旧吉田家住宅

庭園から行くこともできる。

松任ふるさと館の斜め向かいには、白山市立松任中川一政記念美術館がある。中川一政は、文化勲章を受章した洋画壇の巨匠で、母親が松任出身。寄贈の油彩・岩彩・挿絵・陶器・書などの作品が展示されている。ふるさと館の中にも美術館の別館が付設されており、ふるさと館の前庭から美術館へは連絡地下通路で結ばれている。

本誓寺 ㊺
076-275-4976
〈M▶P.2,71〉白山市東一番町12 P
JR松任駅 10分

正面の大門は加賀藩重臣の上屋敷門

白山市立松任中川一政記念美術館前の交差点から南へ向かい、東三番町交差点を越え、さらに約250m南進する。袖卯建の脇に「福増屋幸右衛門居宅趾」の案内標示がある家の角を左折し、中村用水に架かる橋を渡ると、本誓寺(真宗大谷派)の門前に出る。

本誓寺は、もとは白山本宮末社の松任金剣宮の神宮寺であったが、親鸞に帰依して転宗したと伝えられている。山田光教寺とつながりをもち、享禄の錯乱(1531年)では加州三カ寺派に属したため、追放処分を受けた。のち、和田本覚寺の配下として活躍し、松任四カ寺の1つとして中核寺院の地歩を占めた。

正面の大門は加賀八家の1つ、長家の上屋敷門で、1800(寛政12)年に建てられた薬医門形式の切妻破風造・瓦葺きの広式門である。ケヤキの一本木から用材を採ってつくられており、1881(明治14)年頃、住職の松本白華が譲り受け、金沢市長町から現在地に移築さ

本誓寺

城下町南郊から松任・美川へ

れた。

　書家としても知られる松本白華は，1838（天保9）年に本誓寺で生まれ，真宗大谷派の宗政改革と布教・護法に活躍した学僧で，17歳のとき，遊学に出て，大坂で儒学を広瀬旭荘に学んだ。34歳で教部省出仕となり，東本願寺法嗣現如・石川舜台らと欧州宗教事情視察に派遣された。39歳で上海別院輪番となり，海外布教の推進にも貢献した。本誓寺に戻って以後は，門徒の教化，僧侶の教育に力をつくした。

　洋行記『白華航海録』を始めとする著作および収集図書は，書屋「白華文庫」に所蔵されていたが，現在は白山市立図書館に寄託されている。寺宝には，712（和銅5）年の長屋王願経（和銅経）の一部である『大般若経』巻第二百四十九（国重文），1473（文明5）年の版本『三帖和讃並正信念仏偈』4帖（県文化）がある。

　本誓寺の南東約600mにある若宮八幡宮は，春祭り（5月26日）に，県内唯一のお田植え神事が行われる。松任駅の西約200mにある松任金剣宮とともに，中世・近世の武将の崇敬が篤かった古社として知られる。

聖興寺 ㊻　〈M▶P.2,71〉白山市中町56　P
076-275-0161　　JR松任駅 🚶 3分

朝顔の一句にひかれて聖興寺まいり

　白山市立松任博物館から南へ約200m行くと，聖興寺（真宗大谷派）がある。1494（明応3）年の創建と伝えられ，別助音地の寺格を認められた古刹で，松任四カ寺の1つに数えられる。現在の本堂は，1898（明治31）年，東本願寺再建を指揮した木子棟斎を棟梁にして造営された。梵鐘は，棟方志功のデザインになる新鋳である。

　聖興寺は，女流俳人として著名な加賀千代女ゆかりの寺として知られ，山門の脇には「千代尼塚在此境内」の石標が立つ。本堂に向かって左手，鐘楼の後方に小庭園風の木立があり，その中に千代尼塚とよばれる句碑がある。1799（寛政11）年，千代女（素園尼）の二十五回忌に建立された碑で，辞世の句「月も見て　我はこの世をかしく哉」が刻まれている。すぐ横にある千代尼堂には尼姿の木像が安置され，茶室草風庵（ともに国登録）が隣接する。2棟とも，茅葺き屋根を銅板で重ね葺きして覆う特異な造りで，2006（平成18）

聖興寺

年の葺替えである。千代女が松任の表具師福増屋の娘として生まれたのは、松尾芭蕉の死から9年後、全国的にも俳諧の盛んな時期である。金沢の城下にも芭蕉門下の来訪が多く、彼女もすでに17歳の頃、蕉門十哲の1人各務支考の教えを受けたという。

本堂右手の遺芳館には、「朝顔の句画讃」などの墨跡や遺品が展示され、千代女を「女西行」と評した徳富蘇峰を始め、著名な訪客の色紙類も掲げられている。

千代尼塚は、金沢市泉2丁目の念西寺（浄土宗）にもある。千代女が剃髪後に一時起居したと伝えられる縁で、1811（文化8）年の三十七回忌につくられ、1957（昭和32）年に改修されたものである。

千代女の句碑・功績碑は、白山市松任ふるさと館や松任金剣宮・若宮八幡宮のほか、白山市内に数多く建てられている。2006年10月には、松任駅前に白山市立千代女の里俳句館が開館し、尼姿の立像や、直筆の掛軸など、ゆかりの品を展示している。

明達寺 ❹
076-275-0118

〈M►P.2〉 白山市北安田町1106 P
JR金沢駅東口バスターミナル🚌千代野線北安田南🚶4分、またはJR松任駅🚶20分

法隆寺夢殿そっくり加賀の地に八角円堂

北安田南バス停から60mほど戻り、交差点を渡って、道路左側のマツ・スギの木立が目立つ一角の方へ進む。北安田町案内板で左折して、小さな用水沿いに100mほど行くと、明達寺（真宗大谷派）に至る。明治から昭和時代にかけて活躍した仏教思想家・伝道者で、真宗大谷派の宗務総長をつとめた暁烏敏が生まれた寺である。

境内に立つ八角形の法隆寺夢殿を模した臘扇堂は、聖徳太子奉讃と、暁烏敏の終生の恩師清沢満之への敬慕の思いをあらわしたものである。臘扇は満之の号で、「冬の扇子（無用のもの）」を意味する。堂内には、満之と敏の像が安置されている。

暁烏敏は、清沢満之の東本願寺宗門革新運動に加わり、東京都本

城下町南郊から松任・美川へ

明達寺の臘扇堂

郷森川町（現，東京都文京区）で満之の指導の下，門下生約20人と共同生活を送った。浩々洞を結成し，雑誌『精神界』の編集に携わり，精神主義的な信仰回復運動を展開した。1916（大正5）年，加賀の三羽烏と称され，ともに俳人として著名な高光大船・藤原鉄乗と，金沢市内に愚禿社を結成した。さらに5年後には，明達寺内に香草社を設立して著述・出版を行い，『歎異抄』により念仏に基づく信仰生活を唱導し，教化活動や門弟の指導にあたった。

蔵書6万冊は，1949（昭和24）年，金沢大学に寄贈され，暁烏文庫と名づけられた。また，仏教界・思想界に与えた影響力の大きさから，顕彰会が1984年に設立され，松任市（現，白山市）は国内外から精神文化に関する懸賞作品（論文・実践記録）を募集・表彰するため暁烏敏賞を制定した。松任駅南口の緑地に，暁烏敏の立像と「十億の人に十億の母あるも我が母にまさる母ありなんや」の歌碑がある。

JR加賀笠間駅から西へ約2.2km，海沿いの石立町の住宅地の中に，石の木塚（県史跡）がある。町名の由来となった5本の立石状の遺構で，北陸道の屈曲点に位置し，手取川の旧河道（大慶寺用水）の河口に近い。浦島太郎伝説の史跡として知られ，祭祀の対象とされたこともある。鎌倉時代以前の築造とみられるが，由来と建立年代は特定するに至っていない。

石川ルーツ交流館（石川県庁跡）❹
076-278-7111

〈M▶P.2〉白山市美川南町ヌ138-1 Ｐ
JR北陸本線美川駅 🚶 6分

JR美川駅を出てすぐ左手，電車公園脇の「おかえりの径」を，線路沿いに500mほど歩くと，石川ルーツ交流館の正門前に出る。門内に入ると右手に，県政90周年を記念し建立された，「石川県廳趾」の石碑が立っている。2002（平成14）年開館の石川ルーツ交流館

では，旧美川町の歴史や文化，手取川流域を紹介し，美川町に1年足らずおかれたにすぎない県庁の正門と，初代県令内田政風（薩摩〈現，鹿児島県西部〉出身）の執務室の一部を復元・展示する。

石川県の呼称が生まれたのは，1872（明治5）年2月で，前年7月の廃藩置県に続く11月の改置府県で，302県が72県に改廃統合され，いわゆる朝敵・日和見の旧藩名が県名から姿を消す一連の動きの中であった。金沢県の管轄区域が旧加賀一国に縮小されたため，県都金沢の位置が県域の北にかたよるとの理由で，県央の石川郡美川町の奉行所跡に県庁が移され，県名も郡名にもとづき石川県と改められた。県域が旧能登・加賀2国に改定されたため，翌年1月に県庁は金沢に戻されたが，県名はもとの金沢県に復することなく，現在に至っている。美川移転の理由としては，明治時代初期の不穏な情勢を背景に，金沢の不平士族に対応した政治的作為と考える見方が有力である。

石川ルーツ交流館の右横手の坂をあがると，右手に藤塚神社がある。美川の中世の呼称，藤塚の名を冠した古社で，毎年5月22・23日の春祭りは，「おかえり祭り」として有名である。華麗な神輿を先導する13台の豪華な台車（曳山）が，勇壮なラッパの吹奏とともに美川の町をくまなく練り歩く。近世に，加賀第一の港として繁栄した本吉町時代の豊かな経済と文化の底力を示す，美川伝統の祭りである。御旅所の藤塚神社高浜宮殿の境内には，台車収蔵庫が立ち並び，正面扉には収蔵する台車の姿がカラーパネルで示されている。

呉竹文庫と旧本吉の町並み ㊾
076-278-6252

〈M▶P.2〉白山市湊町ヨ146　Ｐ
JR美川駅⬛20分

石川ルーツ交流館から川沿いの道に出て，美川大橋または並行する海浜自転車道の橋を渡り，手取川左岸の河川敷を上流に向かい，JRの鉄橋をくぐってそのまま進むと「呉竹の小径」に入り，呉竹文庫の門前に出る。舟運が利用された時代には，すぐ目の前の川岸に船着場が設けられていた。創設者熊田源太郎は北前船主・大地主で，篤学の読書人である。倉庫・金融・鉱山経営・北海道農場経営など，実業の諸分野で活躍し，そのかたわら，書籍や美術品の収集に努め，1922（大正11）年，私設図書館呉竹文庫を設立した。現在，

城下町南郊から松任・美川へ

財団法人として運営され，図書閲覧・収集品の展示などで一般に公開される。

建物は熊田家の旧邸宅の土蔵2棟を残し，和風建築で連結したもので，建築技術の面からも一見の価値がある。ケヤキを使った階段と書斎の室内装飾，土蔵扉の鏝絵，菊の間・白樺の間・茶室などの和室の造りには，目を見張らせるものがある。

呉竹文庫のある湊町(旧湊村)は，中世には今湊といい，時衆道場も開かれたが，手取川対岸の本吉(元吉)とともに，近世・近代初期には，北前船の寄港地として繁栄した。本吉は，日本最古の海商法規「廻船式目」のなかで三津七湊の1つに数えられた中世以来の日本有数の湊町である。しかし，強い浜風に災いされて，宝暦・安永・天保の大火で家屋の大部分を頻繁に焼失したり，土砂の堆積で河口港の機能が失われる悪条件に加えて，1891(明治24)・96年の手取川大洪水で甚大な被害を受け，さらに鉄道の発達，大型汽船の就航も重なり，海運業は衰退へと向かった。

美川町の名は，1869(明治2)年，本吉町と湊村の合併に際して，能美・石川両郡の1字をとってつけられた。右岸の旧本吉町では，承応から元禄年間(1652〜1704)までに成立した10町(南・中・北・新・永代・今・神幸・浜・末広・和波)の名称が，今も続く。旧本吉の町並みの面影を偲ぶ歴史探訪ルートが整備されており，JR美川駅前から大正通りを進み，五十鈴通りを歩くと，伝統的な町屋の名残りがみられる。大正通りの途中にある徳證寺(真宗大谷派)は，宗教哲学者鈴木大拙が美川小学校の教員であった頃に下宿した寺である。1947(昭和22)年鋳造の梵鐘に，彼の筆になる「Peace & Liberty」の文字がある。

美川から根上，小松市安宅にかけて，木曽義仲が通ったことに由来するとされる古道「木曽街道」の呼称が残っている。手取川河口右岸の美川大橋詰には，小説『地上』の作者島田清次郎の生誕の地碑がある。

④ 北郊から津幡・かほくへ

金沢北部の古寺・城跡を訪ね，津幡の宿駅から源平古戦場，宇ノ気・高松方面（かほく市）の史跡をたどる。

加賀様の参勤交代道中の出発点

小坂神社と大樋の松門 ㊿

〈M→P.2〉金沢市山の上町42-1／大樋町
JR北陸本線金沢駅東口バスターミナル🚌名金線山の上🚶4分／JR北陸本線東金沢駅🚶17分

　浅野川大橋から国道359号線を1kmほど北に進み，山の上交差点で右折，卯辰山に向かって200mほど進むと小坂神社である。鎌倉時代に，九条家領小坂荘の総鎮守として勧請された，春日大明神である。16世紀末以降，加賀一向一揆の影響で衰えたが，江戸時代になって加賀藩3代藩主前田利常が社領を与え，1636（寛永13）年に再興された。現在の本殿は四間社流造，1728（享保13）年に再建修復されたもので，寛永の部材も一部利用されている。拝殿は，1855（安政2）年の再建である。

　鳥居から拝殿までは急な石段が続くが，途中に松尾芭蕉の句碑などもある。鳥居から50mほど車道を行くと，家並みの間に春日山窯を指導した陶工青木木米の石碑がある。金沢の有力町人宮竹屋純蔵は，藩が提唱する国産奨励策に呼応し，文化年間（1804〜18）に春日山窯を開設したが，ここに京都の陶工青木木米が招かれ，2年ほど指導した。なお，弟子の本多貞吉は小松に若杉窯をおこし，九谷焼の再興につくしている。

　山の上交差点の北約50mで国道359号線は旧道と分かれるが，山側の曲がりくねった道が，かつての北国街道である。約1km歩くと，古い町屋が残り，旧街道の風情を楽しむことができる。この旧街道を300mほど進むと，「石川県十名所義経旧蹟鳴和滝」と刻まれた石柱がある。その小路を山に向かってまっすぐ約250m進むと

青木木米の石碑

北郊から津幡・かほくへ　79

大樋の松門

鹿島(かしま)神社に着き，脇に小さな滝水が残る。歌舞伎(かぶき)「勧進帳(かんじんちょう)」で有名な安宅(あたか)の関を過ぎた源(みなもと)義経主従が，この鳴和の滝の前で休憩したという伝承の地である。

旧街道をさらに直進すると，県立金沢桜丘(さくらがおか)高校に通じる坂道と交じわる小さな交差点に至る。この交差点の角にある１本のマツが，城下と郡方との境目をなした大樋の松門で，下口(しもぐち)の松門ともよばれる。富山・長野経由で中山道(なかせんどう)に合流する参勤ルートは下口往還(おうかん)，小松・米原(まいばら)から東海道(とうかいどう)に向かうルートは上口(かみぐち)往還というが，前田家の参勤交代191回のうち，181回までは下口往還を利用した。参勤交代の藩士たちは，大樋の松門から旅装束(しょうぞく)に着替え，帰国の際，ここで威儀を正して行列を整えたという。なお，北国街道の松並木は，JR森本駅から北東へ２kmほど線路沿いの旧街道をたどると，北森本町(まち)地内に一部が残り，松並木の旧金沢下口往還(県史跡)として保護されている。

持明院(じみょういん)の妙蓮(みょうれん) (51)

076-252-3827

〈M►P. 2〉金沢市神宮寺(じんぐうじ)3-12-15 P

JR東金沢駅 徒歩12分

夏の風物詩 蓮寺の妙蓮

大樋の松門から国道359号線の西側に渡り，市立鳴和(なるわ)中学校から西へ約400m行くと，蓮寺(はすでら)の名前で市民に親しまれている持明院(高野山真言宗(こうやさんしんごん))がある。もとは金沢駅近くの木ノ新保町(きのしんぼまち)にあり，白髭(しらひげ)大明神社の別当寺(べっとうじ)であった。

持明院は，空海(くうかい)(弘法大師(こうぼうだいし))が唐(とう)から持ち帰ったと伝えられるハスの見事な妙蓮池で知られる。一茎に2000〜3000枚もの花弁(かべん)をつけるハスは，国の天然記念物であったが，金沢駅周辺の環境悪化により，第二次世界大戦後，まもなく現在地に移転したため，指定が解除された。しかし，土壌改良などで妙蓮の復活につくし，８月の風物詩として今も多くの市民が訪れる(持明院の妙蓮生育地，県天然)。

境内には，加賀藩の鋳物師(いもじ)であった初代宮崎寒雉(みやざきかんち)の墓，５代藩主

前田綱紀に招かれ裏千家を開いた千宗室ゆかりの一草庵などがある。

長江谷の傅燈寺 52
076-251-6577

〈M▶P.2〉金沢市伝燈寺町ハ179　P
JR金沢駅東口バスターミナル🚌牧線伝灯寺🚶3分

中・近世の激動を生き延びた禅院

　浅野川大橋から国道359号線を約1.6km北上し，鳴和交差点で右折，金腐川沿いに長江谷を約4km遡ると，伝灯寺バス停のすぐ目の前に「旧三朝勅願傳燈護国禅寺」の石柱がある。かつて，大樋町の旧北陸道口に立っていたものである。石段をのぼると，傅燈寺(臨済宗)の境内に至る。今は本堂と庫裏をあわせた小さな堂舎があり，背後に境内山をもつ。水田が広がる北東側の河岸台地と南東側の谷あいのすべてが，かつての境内地であり，多くの塔頭が立ち並んでいたという。

　伝燈寺は，鎌倉時代後期，恭翁運良によって創建され，のち五山派となった寺院として知られ，1515(永正12)年，勅願寺となった。長江谷を含む小坂荘の領家であった関白二条尹房は，1539〜40(天文8〜9)年，一向一揆の組によって管理されていた当寺の知行をめぐり，本願寺10世証如とのやりとりのなかで，祖二条良基による開創を主張している。1573(元亀4)年，織田信長と内通を謀ったことで一揆勢に追われた富樫晴貞(晴泰)は，当寺で自害したと伝えられ，近世に供養塔が建てられた。近世初頭に一時衰微したが，3代藩主前田利常は千岳宗初を住職とし，1654(承応3)年，寺領を寄進し，臨済宗妙心寺派触頭として寺を再興した。

　開創伝承として，寺の前身である地蔵堂に一宿した運良が，夜，盗賊に襲われたものの，運良にかわって刀傷を受けた身代わり地蔵の話が伝わる。盗賊は運良の弟子至庵綱存となり，伝燈寺の2代目を嗣いだという。現存する石地蔵は当時のものではないが，毎年8月24日に開帳されている。また，元禄年間(1688〜1704)頃，鎮守白山

伝燈寺の前坂石段

北郊から津幡・かほくへ

神社の狛犬がオオカミを退治したという伝承もあり、隣接する牧町の三河神社にその木造狛犬が伝えられている。

境内には、津田氏・奥村氏など加賀藩重臣の墓塔が残存する。境内裏山にのぼってすぐの所に立つ、高さ2m60cm余りの大型五輪塔は、伝燈寺再興時の津田正勝（義忠）の墓である。裏山の最上部には、開山塔、2世仏眼禅師（至庵綱存）の塔のほか、江戸時代後期の経世家で加賀藩に招聘された本多利明の記念碑が、門人によって建てられている。什宝物として、江戸時代初期の紙本著色恭翁運良画像（石川県立美術館寄託）、「宝徳二（1450）年」の修理銘をもつ本尊の木造釈迦如来坐像、また鎌倉時代初期の珠洲焼如来形立像がある。

三谷の法華寺院 ㊹

真宗王国の中の法華の里

076-258-1541（本興寺）
076-257-5382（宝乗寺）

〈M▶P.2〉金沢市薬師町ロ75（本興寺）／車町ハ103（宝乗寺） P
JR北陸本線森本駅🚌名金線不動寺🚶7分／医王山線宝乗寺前🚶3分

北陸自動車道金沢森本ICから、国道304号線を富山県南砺市に向かって東進すると、不動寺町に至る。かつて、ここから富山県境までの山間部を三谷地区といった。明治時代に薬師谷・小原谷・直江谷が合併し、三谷村となったことに由来する。

この地区に日蓮宗寺院が八ケ寺集中するので「三谷の法華谷」ともよばれる。佐渡から京都に向かう日像が、羽咋妙成寺を開いた後、河北潟から森下川をのぼり河北郡の車村（現、車町）で布教したという。これにより、直江谷の領主井家庄太郎浄運の妻妙祐は、宝乗寺の開基檀那となった。これが加賀への日蓮宗弘通の初めであるという。のち本願寺8世蓮如の布教で浄土真宗が広まり、真宗門徒に囲まれながらも、一向一揆時代を通じて信仰を守り続けた。

不動寺バス停から森下川を渡り、南東へ約600m行くと本興寺に至る。寺宝としては、「文明四（1472）年」の銘がある日蓮坐像や、日像ゆかりの船の櫓がある。また、日像門流の加賀における取次寺院として、「永正九（1512）年」付の日俊と「元亀三（1572）年」付の日経の京都立本寺よりの『寺法書』を伝えている。梅雨の時季には、アジサイがみごとに咲き誇る。

不動寺町から国道304号線を約3km福光方向に進み，古屋谷町交差点で右折，二俣町に向かう県道211号線を約800m南下すると，宝乗寺がある。1339(暦応2)年の創建と伝えられ，金沢日蓮宗寺院のうちでもっとも古い。鐘楼堂には，初代宮崎寒雉作で「元禄六(1693)年」銘の梵鐘がある。宝乗寺七面大明神は，江戸時代から広く信仰され，金沢城下の日蓮宗檀家は大樋町からの法華道を通って参詣した。小川左衛門が寄進した朝鮮渡来の僧形八幡神像もある。境内の大スギは，「宝乗寺の森」として知られる。

松根城跡 ㊴

〈M▶P.2〉金沢市松根町・富山県小矢部市内山　P
JR森本駅🚌中尾線今泉　🚶25分

加越国境に代表的な織豊城郭をみる

　北陸自動車道金沢森本ICの北側，標高113mの丘陵先端部に堅田城跡がある。現在はこの丘陵の下を南北に国道159号線のトンネルが走っているが，西の河北潟に面して北国街道，南には森下川と小原道があり，越中(現，富山県)側から金沢に向かう山間部から平野部への要衝の地であった。晴れた日には，東に医王山，西に内灘の町並みがくっきりと望める。発掘調査によって，曲輪・堀切・畝形阻塞(畝状竪堀)がみつかっており，一向一揆勢の城跡ではないかと考えられている。また麓を流れる深谷川は，源義仲の軍が鬢髪を洗ったという伝説から，「ビンナ川」とよばれている。

　山側環状道路建設のため，堅田城跡の南麓で堅田B遺跡の発掘調査が行われ，1町四方の中世館跡も確認されている。ここで『般若心経』に続き，「弘長三(1263)年」と「建長三(1251)年」銘の巻数板も発見された。

　金沢森本ICから国道304号線を約2.5km東進し，宮野町交差点で左折，国道359号線に入る。約5km北上し，今泉から金沢国際ゴルフクラブへ向かうと，越中との国境(小原越)の地に松根城跡がある。一向一揆勢の洲崎兵庫の城であったと伝えるが，曲輪・土塁・空堀などの遺構が整備されており，砺波平野を一望できる。織田方の大名が建設した，高度な縄張りとみられる。のちに富山城(現，富山市丸の内)主佐々成政方の城となり，前田利家の朝日山城(現，金沢市加賀朝日町)と対峙した。

二俣の本泉寺 ㊿

〈M▶P.2〉金沢市二俣町子8 [P]
076-236-1004
JR森本駅🚌医王山線医王山農協前🚶2分

蓮如2男ゆかりの加州三カ寺の雄

　医王山農協前バス停から東へ約250m，越中との国境をなす山間の二俣集落の中心部に本泉寺（真宗大谷派）がある。本願寺5世綽如が越中に向かう途中に立ち寄った1390（明徳元）年を創建とするが，開基は6世巧如3男で井波瑞泉寺（富山県南砺市）の如乗である。8世蓮如は，1449（宝徳元）年から3年間滞在したという。蓮如2男蓮乗が2代，7男蓮悟を3代とする，蓮如ゆかりの寺である。長享一揆（1488年）の後，本泉寺は，小松波佐谷の松岡寺（現，小松市波佐谷町），江沼の山田光教寺（現，加賀市山田町）とともに加州三カ寺とよばれ，一向一揆による加賀支配を指揮した。やがて，金沢に近い若松（現，金沢市若松町）に進出し，蓮悟が勢力を振るった。

　寺宝として，江戸時代初期に描かれた紙本著色南蛮渡来図六曲屏風，版本『三帖和讃並正信念仏偈』4帖（ともに県文化）を所蔵し，境内には，1872（明治5）年築の手水舎（国登録），蓮如が浄土世界をイメージしてつくったといわれる九山八海の庭（県名勝）があるので，立ち寄っておくとよい。4月の蓮如忌には，「蓮如上人鏡の御影」「蓮如上人御頂骨」「母堂三種の形見」「御着衣・袈裟・念珠」「八万の法蔵御文」「つぶら児の名号」など，幾つかの宝物をみることができる。

　なお，二俣地区の特産である二俣和紙は，加賀藩御用達の高級和紙として発展し，今日も伝統が受け継がれている。二俣いやさか踊り（県民俗）も有名である。

旧津幡宿と弘願寺 ㊺

〈M▶P.2〉河北郡津幡町加賀爪59 [P]
076-289-2255
JR七尾線中津幡駅🚶10分

一向一揆を主導した河北郡の大坊主

　津幡宿は，越中に向かう北国街道が能登街道と分岐する交通の要衝にある。近世の津幡宿は，津幡・庄・清水・加賀爪の4カ村からなり，1599（慶長4）年の市日指定の触書で公認され，人馬で賑わった。今は，JR津幡駅が七尾線と北陸本線の乗り換え駅となっている。

　JR中津幡駅の南西約800m，津幡中央バス停付近が津幡宿の中心部で，蛇行して流れる津幡川に沿って西へ向かうと，オヤド橋があ

弘願寺

る。1584(天正12)年の末森合戦のとき，前田利家は津幡宿で軍議を行い，御旅屋(本陣)をおいたと伝える。橋の袂に大きな甍がみえる。ここが弘願寺(真宗大谷派)で，もとは北国街道を3kmほど北東に行った笠野盆地の鳥越村にあった。本願寺3世覚如の弟子玄頓によって，14世紀中葉に創建され，蓮如以前より真宗布教の最前線で活躍した有力寺院である。長享一揆(1488年)の際には，吉藤専光寺や木越光徳寺・磯部聖安寺とともに，「四山の大坊主」の1つとして，河北郡一揆を指導した。

弘願寺の旧地である津幡町鳥越の大国主神社付近には，全長70mにおよぶ土塁が神社を三方から囲っており，東西210m・南北330mの大規模な城郭寺院であったことが確認されている。一向一揆の時代の様相を，今にもっともよく伝える城郭寺院の代表遺構である。国道8号線(津幡北バイパス)の倉見トンネルを抜けた後，刈安北交差点を左折して，県道219号線に入ると約2kmで着く。近くに笠野鳥越城跡もある。

倶利伽羅峠の古戦場跡と手向神社 (57)

源義仲の武名を天下に轟かせた古戦場

076-288-1451(倶利伽羅不動寺山頂本堂)／076-288-1032(手向神社)

〈M►P. 3〉河北郡津幡町倶利伽羅リ2(倶利伽羅不動寺) P／倶利伽羅リ1(手向神社)

JR北陸本線倶利伽羅駅 徒歩60分

加賀・越中・能登の3国の境をなす三国山の南東にある天田峠が，加賀・越中の国境である。現在は，天田峠の北側を通る国道8号線のくりからトンネルを抜けると，富山県に出る。源平合戦の古戦場として知られる倶利伽羅峠は，天田峠の南西約1.2kmに位置し，かつての北国往還に沿って展開する。

JR倶利伽羅駅から県道286号線に出て，坂戸交差点まで行くと案内標示があるので，指示に従って1時間ほど歩くと倶利伽羅峠の古

戦場跡である。車で国道8号線から天田峠（県道286号線）に向かい，峠から2kmほど南下する道もある。『源平盛衰記』によれば，1183（寿永2）年5月11日の夜，都に攻めのぼる源義仲軍を迎え撃つため，北陸道に派遣された平維盛の軍勢は，義仲の策略，「火牛の計」による奇襲にひるみ，大敗を喫した。一方，大勝に勢いづいた義仲は，一気に都に入ったが，わずかな期間で勢力を失い，近江粟津（現，滋賀県大津市粟津町）で戦死した。

富山県側の猿が馬場とよばれる広場には，「義仲の　寝覚めの山か　月かなし」の松尾芭蕉の句碑が立つ。ここから地獄谷を見下ろすと，当時の混乱した戦場を彷彿とさせる。なお近年，津幡町竹橋から倶利伽羅峠に続く旧街道（北国街道倶利伽羅峠道，県史跡）が，地元の有志によって整備されているので，そちらを2時間ほどかけて歩くのもよい。また，倶利伽羅峠の頂上である国見山は，富山県小矢部市に属しており，JR石動駅からの交通の便がよい。

標高約277mの国見山の上には，五社権現がある。並び立つ戸室石製の社殿は，5代藩主前田綱紀によって，1677（延宝5）年に寄進されたものである。この五社権現こそが，この峠に古くからあった長楽寺の遺構とみる説がある。五社権現の南にある手向神社は，越中国司として赴任した大伴家持が，「砺波山　手向の神に　幣まつり」と詠んだように，8世紀以前から信仰されていた古い神である。「タムケ」は「トウゲ」に通じるので，峠に固有の信仰神であろう。五社権現の北側に足を運べば，不動明王で知られた長楽寺跡がある。中世には，真言宗寺院として多くの堂社を擁し，塔頭21カ寺を数えたという。1183（寿永2）年の戦いの際に，平氏軍の本陣がおかれたとも伝える。1836（天保7）年の火災で焼失し，明治時代初

倶利伽羅峠の古戦場跡

加賀郡牓示札

コラム

平安時代の「お触書」が出土

　1991(平成3)年から河北郡津幡町加茂・舟橋地区を通る、国道8号線(津幡北バイパス)建設予定地で発掘調査が行われた。1959(昭和34)年の舟橋川改修工事の際には軒丸瓦などが採集されたことから、「加茂廃寺遺跡」とされた地域である。その後の調査により、和同開珎銀銭・「英太」銘の墨書土器が出土して注目され、弥生時代から室町時代にかけての複合遺跡と判明し、今では加茂遺跡とよばれている。なかでも、奈良・平安時代の北陸道跡が確認され、その北陸道に掲げられたお触書(牓示札)が2000(平成12)年に発見され、全国的に注目を集めたことは特筆しておきたい。

　加賀郡牓示札(国重文)は、縦約23.3cm・横61.3cmの板で、文字の墨は残っていないが、墨の防腐作用により27行、349の文字が浮き彫りのように残ったものである。内容は、農作業時間や贅沢の禁止、用水の維持管理をしない百姓の処罰、5月末までに田植えを終えることの奨励、逃亡者の捜索、勝手な養蚕の禁止など8カ条にわたる。国から郡へ命令をくだし、郡の実務役人は村をめぐり、命令を路頭に掲示し、口頭で教え諭し、違反した者は厳しく取り締まることなども書かれ、当時の文書行政の様子がよくわかる。様式は太政官符に匹敵する漢文体の通達文書そのものである。「嘉祥二(849)年」の年号が明記されたこの牓示札の発見は、平安時代前期の村支配の様相や、口頭と高札による命令伝達の方法、古代の駅家の実態が具体的に示された点で、画期的なものである。

期の神仏分離令で長楽寺は廃寺となり、不動明王などの仏像は金沢市寺町の宝集寺に移された。今は、「大門」「不動堂」「西ノ坊」などの地名が残るのみとなった。1949(昭和24)年、長楽寺跡に不動寺が建てられた。今では初詣を始め、多くの参詣者を集めるが、長楽寺と直接の関係はない。

上山田貝塚 ㊽　〈M▶P.2,88〉かほく市上山田
JR七尾線宇野気駅 🚶40分

北陸では珍しい縄文時代の大型貝塚

　JR宇野気駅から南東へ1.5kmほど行くと、上山田貝塚(国史跡)がある。1931(昭和6)年、地元の開業医久保清によって、県内で最初に発見された縄文時代中期の貝塚である。標高約20mの台地斜面に形成された貝塚からは、シジミやタニシ、カキといった貝殻以外に、北陸地方の縄文時代中期中葉の標式となっている上山田式土

北郊から津幡・かほくへ

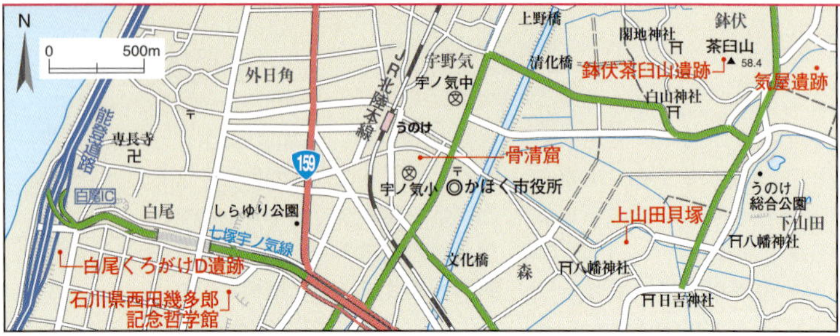

かほく市役所周辺の史跡

器を始め，石器・骨角器・獣魚骨などが出土している。また，母親が幼児を背負ったような装飾がみられ，母子像ともいわれる人体装飾付筒形土製品(県文化)もみつかっている。保存状態も良好で，当時の生活状況などを知るうえで貴重な遺跡である。

これより北東へ約1.2km行った，通称高畠とよばれる標高約30mの台地上で，上山田貝塚の発見の翌年，同じく久保清によって縄文時代後期の気屋遺跡(県史跡)が発見された。ここからの出土土器も，北陸地方の縄文時代後期前葉の標式とされている。

気屋遺跡から西へ約1.5km行った標高約60mの丘陵上には，鉢伏茶臼山遺跡がある。これまでの発掘調査の結果，竪穴住居跡や焼土面，これらをめぐる環濠や階段状遺構などが確認され，弥生時代後期の高地性集落の様相をうかがい知ることができる。

さらに北西に約２km進んだ塚越台地上には，５基程度からなる宇気塚越古墳群がある。1973(昭和48)年の工業団地造成工事の際，現状保存が予定されていた２号墳が損壊してしまうという事態がおこったが，現在は，古墳時代初頭に築かれた全長約18mを測る前方後円墳の宇気塚越１号墳(県史跡)が保存・整備され，小さな公園となっている。

石川県西田幾多郎記念哲学館 (59)

076-283-6600

〈M►P. 2, 88〉かほく市内日角井１
P
JR宇野気駅🚶25分

西田哲学の生まれ故郷を訪ねる

JR宇野気駅西口から南西へ約850m行くと，国道159号線の内日角北交差点に至る。右折して能登有料道路白尾ICに向かって西へ進むと，左手の砂丘の上にガラス張りの石川県西田幾多郎記念哲学館がみえてくる。砂丘の麓にある駐車場から，アカシアの原生林の

中を抜ける思索の道、さらに階段庭園を抜けると哲学館の前に至る。哲学館では、旧宇ノ気町出身の世界的哲学者であり、西田哲学とよばれる独自の思索体系を確立した西田幾多郎を顕彰している。『善の研究』で知られる西田は、四高出身で四高教授もつとめ、故郷で人材育成にもつくした。館内には映像を使い、哲学とは何かを解説するコーナーが設けられており、哲学のことがよくわからない人でも十分楽しめる展示となっている。2階および地下には西田の原稿や書などが展示され、その生涯や思想に触れることができる。5階には展望ラウンジがあり、日本海や河北潟など雄大な景色を眺望することができる。建築家安藤忠雄が「考えること」をテーマに設計した建物であり、天窓から陽が差し込む瞑想の空間「ホワイエ」など、建物自体を楽しむこともできる。近く哲学館敷地内に移築・公開される予定である西田幾多郎の書斎(国登録)は、西田が京都帝国大学時代の居宅にあったものを、1974(昭和49)年に宇ノ気町に一度移築したもので、室町時代の禅僧 寂室の詩に基づき、「骨清窟」と名づけられている。

大海西山遺跡 ⑩

〈M ▶ P.2〉 かほく市瀬戸町 P
能登有料道路高松IC🚗15分

砂丘地帯の高地性集落をみる

能登有料道路白尾ICに隣接して、巨大な緑色の竜頭を模した建物が目に入る。このドライブインの建設にあたって、1990(平成2)年、砂丘下深くに遺存していた弥生時代後期から古代とみられる白尾くろがけD遺跡の発掘調査が行われた。それまでにも内灘町からかほく市白尾辺りにかけて、砂丘の所々で、「くろがけ」とよばれる黒色の有機質土層の露呈がみられ、縄文土器・土師器や石器が採集されており、「くろがけ遺跡」の1つとして知られている。

能登有料道路高松ICの東約4km、通称ニシヤマとよばれる舌状丘陵の北端部には、弥生時代後期の高地性集落として知られる大海西山遺跡(県史跡)がある。1983(昭和58)年、地元の特産紋平柿をつくるための畑地造成工事にともなう事前調査で確認され、1987(昭和62)年度より3カ年度にわたり、発掘調査が実施された。この結果、最大幅約11m・深さ約6mを測る環濠が確認され、竪穴住居や掘立柱建物の存在も明らかとなった。一部は保存され、大海西山

北郊から津幡・かほくへ

弥生の里公園として整備されている。

　かほく市北部の旧高松町と羽咋郡宝達志水町南部の旧押水町の宝達山麓一帯に，高松・押水古窯跡群が分布する。7世紀から10世紀前葉にかけて操業した須恵器窯が，70基程度みつかっている。現在，宇ノ気川上流域の桂川に面する若緑グループ，大海川上流域の桂川に面する黒川・元女・箕打グループ，大海川支流の野寺川に面する野寺・八野グループ，前田川流域を中心とする紺屋町・正友・坪山・冬野などにみられる押水南部グループなどの単位が確認されており，製品は能登南部近郊はもとより，加賀北部などに供給されている。

大聖寺・小松と加賀南部

Daishōji Komatsu Kaga-nanbu

北前船の里資料館（旧酒谷家住宅）

秋常山古墳

① 錦城山（大聖寺城跡）
② 長流亭
③ 実性院
④ 全昌寺
⑤ 菅生石部神社
⑥ 山田光教寺跡
⑦ 片山津玉造遺跡
⑧ 篠原の古戦場
⑨ 北前船の里資料館
⑩ 片野の鴨池
⑪ 鹿島の森
⑫ 山中温泉・医王寺
⑬ 山代温泉・薬王院温泉寺
⑭ 狐山古墳
⑮ 法皇山横穴古墳
⑯ 九谷磁器窯跡
⑰ 小松城跡
⑱ 小松天満宮
⑲ 多太神社
⑳ 浅井畷古戦場
㉑ 串茶屋と遊女の墓
㉒ 安宅関跡
㉓ 波佐谷松岡寺跡
㉔ 粟津温泉・大王寺
㉕ 那谷寺
㉖ 尾小屋鉱山跡
㉗ 石部神社・加賀国府跡
㉘ 河田山古墳群
㉙ 能美古墳群
㉚ 灯台笹遺跡
㉛ 旧鶴来町と金劔宮
㉜ 白山比咩神社
㉝ 安久濤ケ淵と七ヵ用水合同取水口
㉞ 舟岡山遺跡と舟岡山城跡
㉟ 御仏供スギ
㊱ 鳥越城跡
㊲ 笥笠中宮神社
㊳ 尾添白山社
㊴ 石川県立白山ろく民俗資料館
㊵ 林西寺・白山本地堂
㊶ 白山禅定道と山頂奥宮

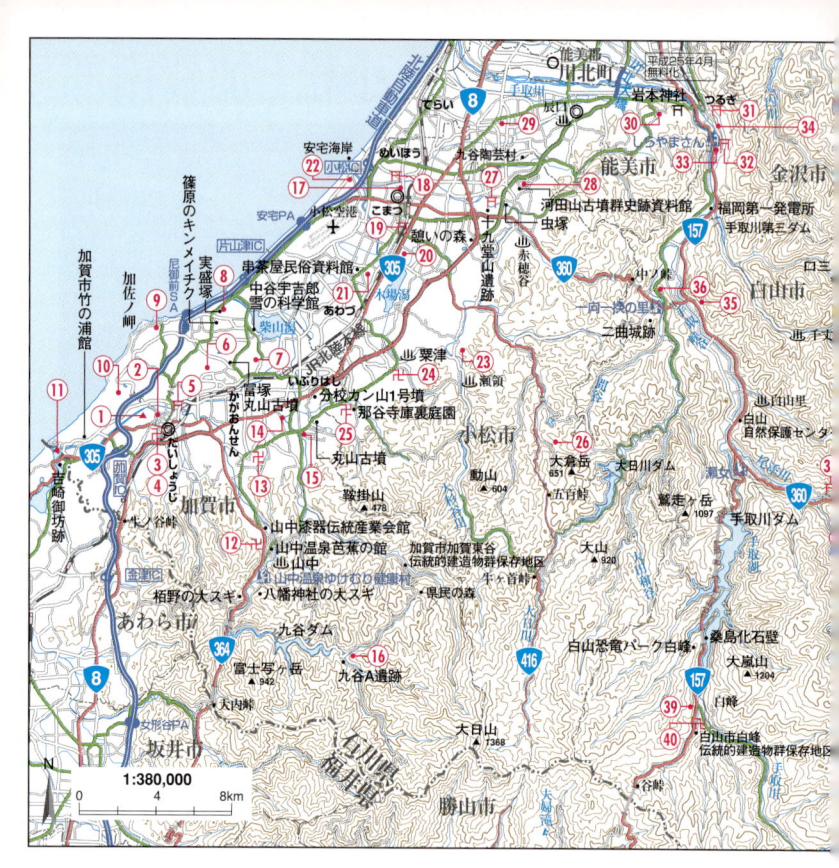

大聖寺・小松と加賀南部

◎大聖寺・小松と加賀南部散歩モデルコース

大聖寺城下町コース　　JR北陸本線大聖寺駅_10_専称寺_10_願成寺_5_山の下寺院群_3_石川県九谷焼美術館_10_錦城山(大聖寺城跡)_5_長流亭_15_菅生石部神社_10_加賀市歴史民俗資料館_10_JR大聖寺駅

鴨池・橋立コース　　JR北陸本線大聖寺駅_15_山田光教寺跡_10_加賀市鴨池観察館_10_加賀市北前船の里資料館・加賀橋立(重要伝統的建造物保存地区)_20_JR大聖寺駅

山中・九谷コース　　JR北陸本線大聖寺駅_20_医王寺_15_八幡神社の大スギ_10_栢野の大スギ_20_九谷磁器窯跡_30_JR大聖寺駅

篠原古戦場・那谷・山代コース　　JR北陸本線加賀温泉駅_10_片山津玉造遺跡_5_首洗池_5_篠原の古戦場・実盛塚_5_中谷宇吉郎雪の科学館_15_那谷寺_5_法皇山横穴古墳_5_狐山古墳_10_薬王院温泉寺_10_JR加賀温泉駅

小松市北部コース　　JR北陸本線小松駅_15_小松市立博物館_5_小松城跡_5_葭島神社_5_来生寺_5_小松天満宮_15_安宅の関跡・安宅住吉神社_20_JR小松駅

小松市南部コース　　JR北陸本線小松駅_5_建聖寺_5_多太神社_10_御幸塚古墳_15_遊女の墓_6_JR小松駅

小松市郊外コース　　JR北陸本線小松駅_10_浅井畷古戦場_15_波佐谷松岡寺跡波佐谷城跡_10_石川県立尾小屋鉱山資料館_20_河田山古墳群史跡資料館_15_灯台笹遺跡_5_能美市立博物館_10_和田山・末寺山史跡公園_15_吉光の一里塚_20_JR小松駅

白山麓コース　　北陸鉄道石川線鶴来駅_10_鶴来別院_10_金劔宮_5_白山市立鶴来博物館_10_舟岡山遺跡_10_舟岡山城跡_5_白山比咩神社_3_浄養寺_3_阿久濤ケ淵・七カ用水合同取水口・水神社_15_御仏供スギ_10_鳥越城跡_5_白山市立鳥越一向一揆歴史館_10_佐羅早松神社_20_笥笠中宮神社_3_尾添白山社(白山下山仏社)_30_石川県立白山ろく民俗資料館_3_林西寺・白山本地堂_40_北陸鉄道鶴来駅

大聖寺と江沼の文化財

大聖寺藩10万石の城下町を散策し、江沼臣一族の古墳や群集墳、九谷焼の発祥地や北前船で繁栄した港町を歩く。

錦城山（大聖寺城跡） ❶

〈M▶P.92,97〉加賀市大聖寺地方町 P
JR北陸本線大聖寺駅 🚶15分

織田軍と一向一揆勢の戦い 大聖寺城をめぐる攻防

JR大聖寺駅の駅前通りを北上、大聖寺南町交差点から国道305号線に入り、約500m西進すると熊坂川に至る。川沿いを北へ進むと市立錦城小学校に至るが、後方に聳える丘陵が、中世から近世初期に大聖寺城がおかれた錦城山である。「大聖寺」の地名は、江沼郡における白山系寺社勢力（天台宗）の拠点である白山五院の１つ、大聖寺が所在していたことにちなむ。大聖寺の名を付す城の記事は、南北朝動乱期から散見され、狩野氏や津葉氏が拠った大聖寺城は錦城山の南西に隣接した丘陵上にあったと伝える。1575（天正３）年、織田軍が越前（現、福井県中・北部）で一向一揆を打倒し、加賀に侵入して江沼・能美２郡を占領した際、錦城山には戸次広正が配され、従来の津葉城を拡張して大聖寺城が築かれた。

1580年、加賀一向一揆が織田軍に制圧されると、大聖寺城には拝郷家嘉が配置された。家嘉は賤ヶ岳の戦い（1583年）に際し、柴田勝家に味方し戦死。その後、羽柴（豊臣）秀吉は溝口秀勝を当地に封じたが、1598（慶長３）年、小早川秀秋の越前・南加賀移封にともない、茶の湯や能楽をたしなむ風流人で家臣の山口宗永（正弘）が大聖寺城に入り、江沼郡を支配した。1600年、関ヶ原の戦いに際し、宗永は小松城（現、小松市丸の内町）の丹羽長重とともに石田三成らの西軍に加担し、徳川方についた金沢城主前田利長軍の攻撃を受けた。江沼郡松山を出立した２万5000人の前田軍に対し、1200人の山口軍は善戦およばず敗北、宗永は自刃した。宗永の首は旧大聖寺川福田橋のそばに埋められ

大聖寺藩主前田家系図

```
         ┌利常
      ┌2 利明─┬3 利直─┬4 利章─┬5 利道─┬6 利精─┬7 利物─┬9 利之─┬10 利極─┬11 利平─┬13 利行─┬14 利鬯
   1 利治              │                      │（富山9代）│         │ 8 利考 │         │ 12 利義 │
                                              └利幹                                                
```

数字は世嗣の順序、‖は養子を示す。

大聖寺城跡（本丸天守東より）

たと伝えられ、首塚が残っている。その後、前田利家の家臣太田但馬らが城代としておかれたが、1615（元和元）年の一国一城令で廃城となった。

　東側から2条の谷が切れ込む標高60m余りの丘陵は、大きく3つの尾根に分かれ、天然の地形をいかした多くの曲輪が巧みに配されている。錦城小学校裏手の忠霊塔広場左方から山道をのぼると本丸に至るが、山上は意外に平坦で、本丸・二の丸・三の丸・西の丸・鐘が丸・東丸の順に約30分程度で散策できる。

長流亭 ❷
0761-72-0551（江沼神社）　〈M▶P.92,97〉加賀市大聖寺八間道55 P　JR大聖寺駅 🚶20分

「7万石の殿様の別荘と『日本百名山』の文化館」

　天下分け目の関ヶ原の戦いを前に、徳川方についた前田利長は北国方面での軍功を賞され、南加賀2郡（江沼郡・能美郡）の加増を受けて、120万石の大名となった。1639（寛永16）年、加賀藩3代藩主前田利常は隠居して小松城（現、小松市丸の内町）に移り、嫡子光高に80万石、利次に富山10万石を、利治に大聖寺7万石を与え、3藩分立の体制がとられた。こうして大聖寺藩が成立し、1660（万治3）年、2代利明のとき、江沼郡全域と隣接する能美郡6カ村が領域として確定した。利治と利明は、市ノ瀬用水を延長した矢田野新田や鉱山の開発、大聖寺川の治水事業などを積極的に行った。しかし、1821（文政4）年、体面にこだわる同藩の申し出により、10万石への「高直し」が行われたこともあり、藩財政は困難の連続であった。

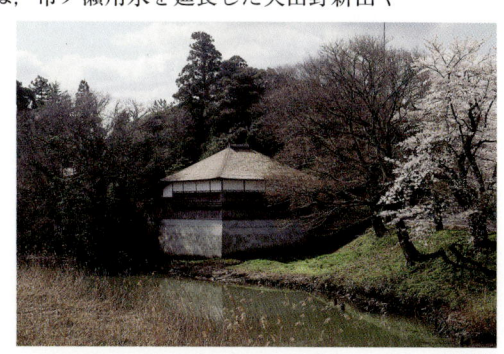

　錦城山の麓にある市立錦城小学校から江沼神社に

長流亭

大聖寺と江沼の文化財　　95

かけての一帯が、旧大聖寺藩庁の跡である。江沼神社は菅原道真と藩祖前田利治をまつっており、兼六園を参考にしたといわれる池泉回遊式庭園は旧藩庁の庭園を引き継いだものである。また、旧大聖寺川に面した長流亭(国重文)は、1709(宝永6)年、3代藩主利直が茶の湯や宴会などに利用する休息所として造営したもので、川端御亭ともよばれる。寄棟造・杮葺き、6畳半の座敷2室からなり、周囲を畳敷きの廊下が取り巻く。北西の廊下からは、直接、釣り糸を垂らすことのできる造りである。簡素な造りのなかで、欄間の透彫りにみられる豪華さ・巧みさが際立つ。なお、長流亭を見学する場合は、江沼神社まで往復葉書、または電子メールで申し込む必要がある。

旧大聖寺川を越えた大聖寺番場町には、『日本百名山』で著名な当地出身の作家深田久弥に関する資料を公開する深田久弥山の文化館がある。館の建物は、1910(明治43)年に建設された、絹織物工場山長織物会社の木造2階建ての事務所・石蔵(生糸保管庫)・門を利用したもので、川沿いの巨木群とともに一見の価値がある。

実性院と全昌寺 ❸❹

0761-72-1104／0761-72-1164

〈M▶P.92,97〉加賀市大聖寺下屋敷町29 Ｐ／神明町1 Ｐ

JR大聖寺駅 🚶8分／🚶7分

歴代藩主の菩提寺 城下町の寺院群

JR大聖寺駅前の信号を左折し、熊坂川を越えると、石堂山から南西に連なる丘陵に行き当る。

城下町外郊にあたる当地には、藩政初期に、曹洞宗・浄土宗・日蓮宗の寺院が創建または移築され、山の下寺院群とよばれている。『大聖寺藩史』では、有事に備えて藩が意図的に寺院を集めたものと評している。

寺院群の最南端に位置する実性院(曹

実性院のハギ

大聖寺駅周辺の史跡

洞宗)は，大聖寺藩主前田家の菩提寺で，寺号は藩祖利治の法号による。本堂を始めとする建物は，いずれも江戸時代後期の建築であるが，禅宗寺院の典型的な伽藍配置を偲ぶことができる。ハギの名所として知られ，築山池泉式の庭園も静かな雰囲気を醸し出している。裏手の階段をのぼると，歴代藩主や家臣の墓が所狭しと並んでいる。

　寺院群の中央に位置する全昌寺(曹洞宗)は，もとは山代にあったが，大聖寺城主山口宗永の帰依を得て，大聖寺郊外の岡村に移された。その後，大聖寺藩成立後の1644(正保元)年，現在地に移された。1689(元禄2)年には，『おくのほそ道』の旅の途中，松尾芭蕉と曽良が宿泊しており，両者の句碑が建てられている。1867(慶応3)年以来，藩士や町人の寄進により，京都の仏師の手で製作された木造五百羅漢像が著名である。

　全昌寺の西約50mの宗寿寺(日蓮宗)には，大聖寺城下西端の関町にあった大聖寺藩の関所門が移築されている。また，南東約150m

大聖寺と江沼の文化財　97

の蘇梁館は，1840(天保11)年に建設された橋立の北前船主久保彦兵衛邸の一部を移築・復元したものである。さらに北東約150mの石川県九谷焼美術館では，古九谷や再興九谷の彩色磁器を展示するほか，コンピュータ端末で高精細デジタルデータが閲覧できる。

また，城下町の内部には，願成寺(真宗大谷派)や専称寺(浄土真宗本願寺派)のように，15世紀前期の『親鸞上人絵伝』を伝える浄土真宗の寺院が存在する。願成寺蔵の『親鸞上人絵伝』には「応永二十六(1419)年」の裏書があり，県内最古のものである。また，専称寺蔵の絹本著色『親鸞聖人絵伝』4幅 附宝徳元(1449)年裏書(県文化)は，石川県立美術館に保管されている。

なお，加賀市周辺の史跡・旧跡をめぐる際には，JR加賀温泉駅を起点に，市内の名所や観光施設を周遊する「キャン・バス(CANBUS)」を利用すると便利である。「海まわり」と「山まわり」の2系統の路線があり，約30分おきに運行している。

菅生石部神社 ❺
0761-72-0412
〈M▶P.92,97〉加賀市大聖寺敷地ル乙81-2 P
JR大聖寺駅 ★20分

勇壮な御願神事の社
天神信仰で歴代藩主が外護

JR大聖寺駅前の信号を右折，加賀市役所前を経て北東へ約700m進むと，大聖寺東町の丁字路に出る。左折して約600m北上し，大聖寺川を越えると菅生石部神社の神門があらわれる。

古くから江沼低湿地の地主神であった菅生石部神社は，鎌倉時代には加賀国二宮の地位を得ていた。しかし，鎮座地である加賀国福田荘が京都北野天満宮領となり，北野天神を勧請して菅生天神と称し，近世以降は敷地天神と称した。藩政期には，歴代大聖寺藩主の保護を受けて社殿が修造され，領民の信仰を集めた。

神社の入口に立つ神門は，1824(文政7)年，大聖寺・加賀藩の大工棟梁を

御願神事

動員して造立された、総ケヤキ造り唐様の門である。社宝には、1561(永禄4)年の正親町天皇宸翰御詠草(国重文、石川県立美術館保管)、江戸幕府2代将軍徳川秀忠の娘珠姫(天徳院)が、加賀藩3代藩主前田利常に輿入れした際に持参したとされる蒔絵角赤手箱附文章1巻(国重文、東京国立博物館保管)などがある。

毎年2月10日の例祭日には、勇壮な御願神事(大聖寺のゴンガン、県民俗・国選択)が行われる。午前10時、白装束の若者数十人が境内になだれ込み、拝殿前におかれた2m余りの青竹数百本をいっせいに取り上げ、境内で所構わず打ちつける。その後、大蛇に擬した長さ25m・重さ15kgの大縄を引きまわし、大聖寺川の敷地橋から投げ込んで神事は終了する。参詣者たちは、割られた青竹を持ち帰り、これで箸をつくって食べれば歯痛が治まるなど、無病息災の効果があると信じられている。

山田光教寺跡 ❻ 〈M▶P.92,97〉加賀市西山田町 Ｐ
JR大聖寺駅 30分

加州三カ寺の1つ 江沼郡一揆を指導

加賀国は、「一向一揆」の国として知られている。大聖寺近郊には、本願寺8世で15世紀に教線を広め、本願寺中興の祖とされる蓮如の4男蓮誓が入った山田光教寺があった。加州三カ寺の1つで、一家衆(本願寺住職の近親者)寺院として、江沼郡の真宗門徒を統率した。しかし、1531(享禄4)年、本願寺教団および一揆内部の抗争(享禄の錯乱)に敗れ、蓮誓の子顕誓が越前(現、福井県中・北部)に亡命した後、廃絶した。

菅生石部神社から県道145号線を東へ1.5kmほど進み左折、丘陵をのぼり、加賀市中央公園入口と松が丘団地間の信号を約500m直進すると、光闌坊という道場があり、この一帯が山田光教寺跡である。「蓮如上人旧跡」碑が立つ。現状を表面観察した結果、東西200m・南北150mの範囲に、城館的な構えをもった寺跡があったとみられ、土塁跡などがかすかにみられるという。現在は、江沼門徒の遺跡として巡拝する者もいる。

片山津玉造遺跡 ❼ 〈M▶P.92〉加賀市片山津町
JR北陸本線加賀温泉駅 5分

JR加賀温泉駅から片山津温泉に向かう県道147号線の冨塚交差点

から北東側の集落に入ると、古墳時代中期から後期に築造されたとされる冨塚丸山古墳がある。直径約65m・高さ約8.5mの円墳とされるが、東側に方形の造り出しをもった帆立貝式の前方後円墳の可能性も考えられている。また墳頂部には、凝灰岩でできた横穴式石室材、または石棺の一部と考えられる切石が散在するほか、甲や刀の出土が伝えられている。

さらに県道147号線を北へ約1km進むと片山津本町交差点があり、ここより西側の台地上に向かって行くと、片山津玉造遺跡の標柱を目にする。これまでの発掘調査の結果、古墳時代の管玉や勾玉といった玉類、鍬形石などの装飾用石製品が出土し、住居と作業場を兼用した竪穴建物跡が確認されている。このような工作集団の集落の状況を知り得たことは、全国的にも貴重な成果といえる。なお、復元された竪穴建物が加賀市中央公園内にあり、内部も見学できる。

ここから南東へ約1km行った八日市川流域の田園に広がる猫橋遺跡は、縄文時代から中世に至る集落遺跡である。とくに弥生時代後期初頭の土器や木製品が多量に出土しており、出土遺物から山陰地方との関連性がみられるなど、この時期を代表する遺跡である。

篠原の古戦場 ❽ 〈M▶P. 92〉加賀市篠原新町 🅿

北陸自動車道片山津IC🚗5分

篠原の古戦場は、柴山潟と日本海に挟まれた砂丘地にある。1183(寿永2)年、平家の北陸追討軍は源義仲軍に倶利伽羅峠の戦いで敗れ、6月1日、安宅・篠原と敗退を続けた。義仲軍には、林・富樫・倉光・匹田・安江・井家・土田・武部・日置氏など、加賀・能登の武士団が参加していた。平家軍と義仲軍の最後の激戦地となった篠原では、倉光成澄が平家方の備中国(現、岡山県西部)住人妹尾兼康を生け捕って功を挙げているが、この合戦でもっとも有名なエピソードは、勇猛な老武者斎藤実盛が信濃(現、長野県)の武士手塚光盛に討たれた物語であろう。

実盛は、武蔵国長井(現、埼玉県熊谷市)の住人で、源義朝の郎従として保元・平治の乱(1156・59年)を戦っている。平治の乱に敗れた後、平氏に仕えた。『源平盛衰記』に「没年七十三」とみえる。実盛は負け戦さの中で死を覚悟し、髪と髭を墨で染め、錦の直

実盛塚

垂に黒糸威の鎧を身に着けて戦いに臨んだ。義仲は、実盛の首をみて幼少の旧恩を思って涙し、手厚く葬ったという。

篠原の古戦場から南へ約300m行くと、首を葬ったという実盛塚があり、松尾芭蕉が実盛を詠んだ「むざんやな　甲の下の　きりぎりす」の句碑が立つ。東方約1.2kmの手塚町には、染めた墨を洗い流したといわれる首洗池がある。なお、海沿いの安宅から美川に抜ける道を、地元では木曽街道とよぶ。

実盛塚の南西約400mには、篠原のキンメイチク(国天然)がある。マダケの変異種で、1876(明治9)年、マダケの林中に偶然発生した。幹枝ともに黄金色で、節間には緑色で幅広の縞がある。さらに、南約300mの宮地町には宮地廃寺とよばれる古代寺院跡があり、礎石とみられる巨石が今も残っている。

首洗池から柴山潟に向かって行くと、中谷宇吉郎雪の科学館がある。世界で初めて人工的に雪の結晶をつくった雪の研究者として有名な加賀市出身の科学者中谷宇吉郎の業績や、雪氷を科学的に展示・紹介している。なお、柴山潟周辺では、縄文時代の貝塚や弥生時代の集落跡などの遺跡が発見されている。

北前船の里資料館 ❾
0761-75-1250

〈M ► P.92〉加賀市橋立町イ乙1-1　P
JR加賀温泉駅🚌加賀周遊バスキャン・バス(海まわり)北前船の里資料館🚶1分

北前船を牽引した橋立は、日本一の富豪村

JR大聖寺駅から県道19号線を北へ約5km、日本海に面した漁港が橋立である。江戸時代中期から明治時代中期にかけて、北海道と瀬戸内・大坂を往復し、北海道産の魚肥(ニシンなど)・瀬戸内の塩・大坂の木綿など、各地の産物を売買した買積船を北前船とよぶが、橋立は、大聖寺川河口の塩屋・瀬越とともに北前船主の根拠地として知られている。1695(元禄8)年、大聖寺藩は橋立浦に船番所をおき、1796(寛政8)年には37人の船主が船頭会を組織し、船主た

大聖寺と江沼の文化財

橋立の町並み（山崎通り）

ちの申し合わせを「船道定法」として定めていることから，18世紀には，かなり活発な活動が展開されていたようである。

橋立は，1916（大正5）年，月刊誌『生活』に「日本一の富豪村」として紹介されている。現在，橋立町中心部は，加賀橋立として国の重要伝統的建造物群保存地区に指定され，町並み保存がなされており，北前船主の屋敷を存分に散策できる。

1876（明治9）年に建てられた北前船主酒谷長兵衛邸は，加賀市北前船の里資料館として公開されている。船箪笥や遠眼鏡などの道具類や文書，船頭の衣装類，橋立町出水神社・塩屋町鹿島神社・大聖寺瀬越町白山神社などの加賀市内各社に奉納された船絵馬，江戸時代から明治時代の引札類のほか，北前船の経済活動や文化的影響を物語る多彩な展示がなされている。また，出水神社に隣接する北前船主屋敷蔵六園は，酒谷長一郎家住宅を公開するもので，主屋などが国の登録有形文化財となっている。庭園には，能登滝石や佐渡紅石など，北前船が運んだ全国の銘石が配されて，見応えがある。

なお，伝統的建造物群のなかにある忠谷家住宅（国重文）は，天保年間（1830〜44）の建物で，橋立を代表する船主住宅と評価されているが，見学はできない。

片野の鴨池 ❿

0761-72-2200（加賀市鴨池観察館）

〈M▶P.92, 97〉加賀市片野町　P
JR大聖寺駅🚶50分，またはJR加賀温泉駅🚌加賀周遊バスキャン・バス（海まわり）鴨池観察館🚶1分

伝統的な坂網猟で知られるラムサール条約で低湿地を保護

大聖寺市街地の北西端，大聖寺川に架かる下福田橋を渡り，大聖寺下福田町に出る。瀬越・塩屋方面に続く農道を横断し，片野町に続く道を進む。砂丘地への上り坂に入り，トンネルを抜けてしばらくくだると，周囲を雑木林に囲まれた片野の鴨池（県天然）が西方に広がる。ラムサール条約に登録された，約2.3haの大池と湿地・水

北前船交易から鉄道輸送へ

コラム

日本海をかける北前船 鉄道網の広がりで衰退

　全国一の大藩である加賀藩では、膨大な年貢米を金沢など藩内ですべて売却することが困難であった。そのため、1639（寛永16）年以降、「天下の台所」大坂へ米を輸送し、換金した。こうして江戸時代を通じて、最大30万石もの米が、宮腰（現、金沢市金石）・伏木（現、富山県高岡市伏木）などから西廻り航路を経て回漕された。

　一方、蝦夷地（現、北海道）の魚肥や東北地方の材木なども、日本海海運により輸送された。とくに綿花や菜種など、消費作物の栽培を主とする畿内の農業にとって、蝦夷地のニシン肥料は不可欠とされ、ここに北前船活躍の土壌が生み出された。さらに小松の外港である安宅港からは、梯川・今江潟・木場潟・柴山潟水系を利用して物資が輸送されるなど、河川や湖沼も交通路としていかされた。江戸時代の水上交通は、まさに物流の大動脈であったといえる。

　明治時代は、国内の輸送体系が鉄道中心に再編される時期である。1872（明治5）年、新橋・横浜間が開通すると、運行の安全性・定時性・スピードなど、鉄道の有用性が認識され、鉄道建設への期待が高まった。1880年政府は、琵琶湖東岸から北陸の要港敦賀を目指し鉄道建設に着手し、翌年、前田家など北陸3県の旧藩主らが、滋賀県柳ヶ瀬と富山間を第一期線とする東北鉄道会社創設願を政府に提出した。しかし政府は、難工事が予想される敦賀・福井間（木ノ芽峠越え）の建設を後回しにするよう指示したため、福井県の発起人が離脱し、1884年計画は挫折した。

　1888年以降は、北陸3県の地主・商人資本による北陸鉄道会社設立計画が進められたが、政党対立を主とする発起人の不和や景気悪化からくる株金払込みが不調なため、1891年に頓挫した。

　その後、日清対立を背景に軍事的緊張が高まるなか、政府による幹線鉄道建設、鉄道の一元的管理が求められ、1893年以降、政府の手で北陸線建設が行われ、1898年には金沢市に鉄道が到達した。

　北陸線の敷設は、原料・製品輸送の便を改善し、福井・石川県で輸出羽二重業が飛躍的な発展を遂げるなど、大きな経済効果を生み出した。一方で、水上交通の地位は大きく低下し、船による輸送は、北海道・東北・山陰など鉄道未開通地域や外国との間に限定されるようになった。

　明治維新以降、大手汽船会社に対抗し、活動してきた北前船主の利益も、明治時代中期には減少に転じた。北海道函館に拠点を移し、北洋漁業に転進した橋立の西出孫左衛門家のように、江沼郡船主の多くは、活動の拠点を北海道の函館・小樽、大阪に移したり、より収益性の高い分野を求めて業種転換を図っていった。

大聖寺と江沼の文化財　103

田からなる約10haの低湿地である。

　刈り入れが終わった冬季は，水を張ることで大池と一体となった水面が生まれ，9月下旬頃から数千羽のガンやカモが越冬のために飛来する。最盛期は，11月下旬から2月中旬で，ガン・カモをねらい，オオタカやオジロワシも姿をあらわす。池の東畔，望遠鏡が備えられた加賀市鴨池観察館には，日本野鳥の会の指導員が常駐し，来館者に解説を行っており，鴨池の自然に関する展示の見学や資料・図書などの利用もできる。

　なお，片野の鴨池周辺では，坂網（長い柄にV字形の枠をつけ網を張る）を投げあげてカモを捕獲する坂網猟法と用具（県文化）が，江戸時代以来，受け継がれており，鴨料理は大聖寺を代表する郷土料理となっている。

鹿島の森 ⑪
0761-73-8812（加賀市竹の浦館）

〈M▶P.92〉加賀市塩屋町　P
JR大聖寺駅🚌吉崎線終点🚶5分

北前船基地の塩屋・瀬越県境に位置する照葉樹の森

　大聖寺川は，豪雨や融雪期に氾濫を繰り返したため，江戸時代以来，複雑に屈曲する河道の改修が繰り返され，1933（昭和8）年には大聖寺町北部を迂回・短縮する新川が掘削された。また，かつて河口には「竹ノ浦」とよばれる深い入江（潟）があり，1698（元禄11）年の絵図には，塩屋・瀬越・吉崎村に囲まれた東西1km・南北0.5kmの潟が描かれていた。河口の塩屋港と約1km上流の瀬越は，橋立と並び，船主を輩出した北前船の三大根拠地であった。

　藩政期に，「堀切湊」とよばれた塩屋は，大聖寺の外港であり，大坂への廻米など江沼郡内の物流の窓口であった。塩屋番所には潤奉行がおかれ，物資出入りの統制を行った。塩屋と大聖寺敷地橋の間には川舟が往来し，他国からの物資を郡内に移入する一方，郡内の産物を塩屋港に輸送した。西野小左衛門を始め，船主を輩出したが，今日では当時の繁栄を偲ぶものはほとんどみられない。

　大聖寺川に面する瀬越は，広海二三郎・大家七平の2大船主の根拠地として知られる。ともに，明治時代にいち早く汽船を取り入れ，海運業を継続した一家として知られる。瀬越町北側の松林には町民の墓地が広がるが，なかでも石柵で囲われた両家の墓地がひときわ異彩を放つ。また大聖寺川瀬越橋脇には，高塀をめぐらせた大家家

の広大な屋敷・倉庫が残されており，町並みからも往時の賑わいが伝わる。大家家の北東約350mの所にある，旧瀬越小学校を活用し，体験教室や地域の物産販売を行う加賀市竹の浦館には，瀬越白山神社に奉納された船絵馬の一部が展示されている。

　大聖寺川の河口は石川・福井両県境にあたるが，大聖寺川と北潟湖に囲まれた塩屋町の鹿島の森(国天然)は，かつて竹ノ浦にあった島が陸続きになったものである。標高約30m，周囲は約600mで，鹿島神社の社叢をなすがゆえに，タブ・シイ・ツバキ・ニッケイなどの照葉樹が伐採されずに残り，昼なお暗い密林を形成している。

　鹿島の森から北潟湖を隔てた南岸は，1471（文明3）年，浄土真宗中興の祖である本願寺8世蓮如が，道場「吉崎御坊」を築いた所であり（現，福井県あわら市吉崎），東西両本願寺吉崎別院などがある。

山中温泉と医王寺 ⑫
0761-78-1230

〈M▶P.92〉加賀市山中温泉薬師町リ1　P
JR北陸本線金沢駅東口バスターミナル🚌加賀温泉方面特急バス終点🚶10分，またはJR加賀温泉駅🚌山中温泉行終点🚶10分

　「山中節」と漆器の里で知られる山中温泉は，江戸時代前期には「湯本十二軒」を中心に，50余りの宿が軒を連ねる中世以来の温泉地であった。江戸時代後期に記された『山中温泉縁起絵巻』（医王寺所蔵）では，天平年間（729～749）に名僧行基が発見した湯を，鎌倉時代初期に能登の地頭長谷部信連が再興したと伝える。また，蓮如が湯治をしたとする「御文」から，文明年間（1469～87）には，湯の里として知られていたようである。

　水無山中腹にある医王寺（高野山真言宗）へ行くには，温泉街から階段をのぼり，国道364号線を越える。「お薬師さん」と称され，薬師如来を本尊とする。建物は第二次世界大戦後に再建されたものだが，多くの文化財を伝える。とくに，九谷焼の創始者

医王寺

大聖寺と江沼の文化財

後藤才次郎が寄進したとされる陶製金剛童子立像(国重文)は，小ぶりながら，若さと逞しさを感じさせる逸品である。

山中温泉は，『おくのほそ道』の旅の途中，松尾芭蕉が8泊9日にわたり滞在した場所としても知られる。温泉街の中心地には，明治時代後期に建てられた扇屋旅館の建物を利用した山中温泉芭蕉の館があり，芭蕉ゆかりの品を展示するとともに，山中漆器に関する展示も行っている。また，大聖寺川鶴仙渓に沿った遊歩道の周辺には，明治時代後期に全国の俳人により建てられた芭蕉堂，木地師の祖とされる惟喬親王をまつる東山神社，芭蕉の句碑などがある。こおろぎ橋のかたわらにある無限庵御殿(県文化)は，近代石川県の政財界をリードした横山章(加賀八家の1つで横山家一門)が建てた書院を，大正時代中期に金沢から移築したもので，当時の木造技術の粋を集めた普請である。

伝統産業の山中塗は，越前(現，福井県中・北部)から大聖寺川最上流の真砂集落に移り住んだ木地師により始まるとされる。木地挽きの技法が下流の村々に伝わり，元禄年間(1688～1704)には山中温泉で生産が始まり，1838(天保9)年には会津若松(現，福島県会津若松市)から蒔絵師が招かれて蒔絵の技法が広がった。医王寺境内には，蒔絵師「会津屋由蔵之碑」が建てられている。県無形文化財に指定されている山中木地挽物の技術は，川北良造(人間国宝)を中心にした保存会が，伝統のろくろ挽き技法を守っている。なお，漆器の製法などに関しては，温泉街から北へ700mほど行った所にある山中漆器伝統産業会館を訪ねるとよい。

山代温泉と薬王院温泉寺 ⓭
0761-76-1155

〈M▶P.92〉加賀市山代温泉四区18-40甲
JR金沢駅東口バスターミナル🚌加賀温泉方面特急バス山代温泉西口🚶5分，またはJR加賀温泉駅🚌山中温泉行山代西口🚶8分

庶民的な湯の町として知られる山代温泉は，南加賀最大の温泉地である。温泉街の中心地である総湯の南側には，温泉の鎮護とされる薬王院温泉寺(高野山真言宗)がある。『温泉寺縁起』では，8世紀に行基が温泉を発見し，薬師如来をまつる温泉寺を開き，10世紀

薬王院温泉寺

末,花山上皇の北陸巡幸に際し温泉を再興,温泉寺に荘園を寄進し,薬王院と号させたと伝える。また,1163(長寛元)年成立の『白山記』では,温泉寺・大聖寺・柏野寺・極楽寺・小野坂寺を「白山五院」と称し,加賀国における白山信仰の要と位置づけており,平安時代末期には江沼郡内有数の勢力を保っていたことがわかる。

本堂脇の慈光観音堂に納められている木造十一面観音立像(県文化)は,大聖寺の慈光院の本尊であったが,1600(慶長5)年,山口宗永滅亡に際し,当寺に移されたものという。平安時代初期の作風を伝える,堂々たる一木造である。また,本堂地下の収蔵庫には曼荼羅・仏像・絵馬などがあり,これらを拝観したい場合は庫裏に申し出る必要がある。さらに万松園に続く裏山には,南北朝時代のものとされる薬王院五輪塔(国重文)があり,11世紀後半,当寺に在住した明覚の供養塔と伝えられる。明覚は,比叡山延暦寺(滋賀県大津市)で学び,とくに悉曇学(梵字の音韻学)の研究をきわめ,「五十音図(あいうえお)」の創始者ともいわれる。

温泉寺のすぐ南には,北大路魯山人が1915(大正4)年に滞在した旧吉野屋旅館別荘を公開する魯山人寓居跡いろは草庵がある。総湯から温泉通りを北へ約400m進み右折し,県道11号線を約300m行くと,九谷焼窯跡展示館がある。文政年間(1818～30)から1940(昭和15)年まで使用された登り窯(九谷磁器窯跡,国史跡)が,覆屋により保護され,当時の状態を保っている。九谷町の九谷A遺跡の右岸で発見された再興九谷の吉田屋窯が廃された後,吉田屋が山代のこの地で再興九谷を焼いたものである。こうした関連により,九谷磁器窯跡の史跡追加指定地となった。また敷地内には,1940年につくられた登り窯を公開する窯小屋,九谷焼の製作工程などを紹介する展示棟がある。展示棟は,築約200年を経た建物で,明治時代以降,工房兼住宅として使用されてきた。なお,絵付け体験も行っている。

大聖寺と江沼の文化財

狐山古墳と法皇山横穴古墳 ⓮⓯

〈M▶P.92〉加賀市二子塚町 P／勅使町
JR北陸本線動橋駅 🚗5分／🚗15分

動橋川沿いの豪族墓と横穴の群集墳

　JR動橋駅から南へ約2km行くと、二子塚古墳群がある。前方後円墳2基以上を含め、37基の古墳が確認されている。現在、墳丘を残すのは、全長約54m、群中最大の前方後円墳である狐山古墳1基のみである。国道8号線桑原交差点の南西約700mに位置する狐山古墳(国史跡)は、1932(昭和7)年、土取り工事により、後円部から凝灰岩製箱式石棺の一部が露出し、壮年男子の骨とともに、中国製の画文帯神獣鏡・銀製帯金具・金銅製丸玉・甲冑・直刀など多くの副葬品が発見された。その後、周濠などの調査時に人物埴輪・円筒埴輪も確認され、5世紀中頃の江沼の首長墓と考えられている。なお、石室は覆屋で保護され、外からでも一部を見学できる。

　狐山古墳から動橋川右岸沿いに南東へ約1.5km遡ると、法皇山横穴古墳(国史跡)がある。法皇山は標高約30mの凝灰岩の山で、花山上皇にちなんで名づけられたというが、定かではない。横穴古墳77基が確認されているが、実数は200基を超えるともいわれている。内部は前室と玄室が設けられ、側壁から天井の形状は家・ドーム・アーチ形など多様で、奥行も4～6mが主であるが、なかには10mを超すものもあり、大人が立って入れる。

　副葬品は、須恵器の高坏・提瓶・壺のほか、鉄鏃・直刀・金環・銀環・ガラス玉なども確認されている。横穴群の密集度は高いが、3～4基を単位とした規則的な分布もみられ、古墳に財や労力をかけなくなった6世紀後半から7世紀末にかけてつぎつぎに築かれた、在地有力層の一族墓や家族墓と考えられる。現在も横穴に入るこ

法皇山横穴古墳

とは可能で，4～11月は現地の収蔵庫で副葬品が公開されている。

　法皇山横穴古墳の北東約1km，栄谷町と宇谷町の境にある丸山古墳も13基からなる横穴古墳群である。その北西約150m，栄谷町の白山神社境内には，かつては手水鉢に転用されていたのであろうか，古墳時代の刳抜式石棺の身がおかれている。

　法皇山横穴古墳から県道39号線を約350m北上すると，勅使交差点のすぐ北東にみえる大きな甍が願成寺である。もとは天台宗であったが，のちに浄土真宗本願寺派に転じた。1712(正徳2)年におこった正徳の大一揆のとき，大聖寺藩全域の村々の代表者が当寺の堂に集まり，傘連判の誓約書を作成したことでも知られている。

　願成寺から約1.7km北上し，国道8号線に入り，北東へ約1.2km行くと，分校町には新家理与門の石碑がある。理与門は，1871(明治4)年におこった正徳の大一揆と並ぶ大聖寺の一揆，みの虫騒動の首謀者で，ただ一人牢死した。胴みのを着て蜂起した農民の姿から，「みの虫騒動」とよぶ。

　新家理与門の石碑の南西約600m，国道8号線沿い南側には，大堤を挟んで2つの丘陵上に分校カン山古墳群・分校チャカ山古墳群がある。カン山1号墳は，県内では前方後円墳出現期の古墳で，中国鏡である方格規矩鏡が出土しており，前方後方墳が主体の加賀において，いち早く畿内勢力と結びついた首長墓として注目されている。なお，チャカ山はやや険しいが，大堤の方から散策できる。

　願成寺の北約1.2km，動橋川の支流那谷川の北側に，松山城跡がある。地元で城山とよぶ丘陵には，通称大山・御亭山の2カ所の城跡が残る。1567(永禄10)年，加賀一向一揆と越前(現，福井県中・北部)の朝倉氏との和睦のとき，一揆側の城として廃された。また，1600(慶長5)年，大聖寺城攻めのため，金沢を発した加賀藩2代藩主前田利長は，三道山(能美市)から松山城に陣を移した。その場所は，大山と御亭山の間で，「ダイジンノ」とよばれている。

九谷磁器窯跡 ⓰ 〈M▶P.92〉加賀市山中温泉九谷町
北陸自動車道加賀IC🚗40分

　山中温泉から国道364号線を大聖寺川に沿って約3km遡ると，栢野の菅原神社境内に栢野の大スギ(国天然)がある。4株のうち，最

大のものは，根周り11.6m・樹高45m，樹齢約2300年といわれる。その対岸，菅谷の八幡神社には，八幡神社の大スギ(国天然)がある。根周り7.6m・樹高38.5m，樹齢約2280年といわれている。

　栢野の大スギから2kmほど南下すると，我谷ダムに至る。左折して県道153号線を東に2kmほど進むと九谷ダムがあり，さらに5kmほどで九谷に着く。かつてこの地には，蓮如の子山田光教寺蓮誓が九谷坊を開き，近世には重罪人を鉱夫として使役した金山があった。現在，九谷村は九谷ダム完成によって住む人はいないが，1994〜2003(平成6〜15)年，県道付け替え時に九谷A遺跡の発掘調査が行われ，大聖寺川左岸地区から，17世紀中頃の色絵磁器を焼成したとみられる絵付窯を備えた工房跡や，色絵磁器を含む九谷磁器と窯道具が検出された。右岸地区からは，再興九谷の窯である吉田屋窯で焼かれた陶磁器や窯道具とともに，「文政七(1824)年」銘の鉢が出土した。これまで文献資料によって，吉田屋窯の操業時期は1824年7月から約1年間といわれてきたが，これを裏づける資料が出土したことになる。

　大聖寺川右岸，古九谷大橋の南東約300mの所には，1971(昭和46)年に発掘調査が行われた九谷磁器窯跡(国史跡)がある。九谷焼は，九谷村で良質の陶石が発見されたことから，大聖寺藩初代藩主前田利治が後藤才次郎を肥前(現，佐賀県)有田に技術習得のために遣わし，1655(明暦元)年頃，九谷の地に窯を築き，田村権左右衛門を指導して色絵磁器生産を開始したといわれている。窯跡からは「明暦二年」銘の大皿が出土しており，操業時期を裏づけている。九谷の地で磁器生産が行われたのは，わずか50年余りで，1710(宝永7)年頃には生産が絶えてしまったと考えられている。近年，古九谷は肥前有田で生産されたという古九谷伊万里説が有力であるが，九谷磁器窯跡や九谷A遺跡の調査結果をみる限り，江戸時代前期に九谷の地で色絵磁器が生産されていたことは確実である。今後どのような色絵磁器が生産されていたかが課題となろう。

　九谷から北上した山間部に点在する荒谷・今立・大土・杉水の4集落は炭焼きの山村集落独特な景観を残すことから，加賀市東谷伝統的建造物群保存地区(国重伝建)の名称で近年選定を受けた。

2 小松と能美平野

小松城を起点に天満宮や古戦場、三重塔と紅葉で知られる那谷寺などを訪ね、梯川上流から手取川南岸の古墳群へ足を伸ばす。

小松城跡 ⑰

〈M ▶ P. 92, 113〉 小松市丸の内町　**P**（芦城公園）
JR北陸本線小松駅 🚶 20分、または 🚌 市内循環線市役所前 🚶 1分

加賀藩3代藩主前田利常の隠居城
梯川下流デルタの芦城

JR小松駅西口から約600m北上し、左折して約300m行くと、小松市役所の手前に芦城公園がある。芦城公園に北接する県立小松高校敷地の一帯が、加賀藩3代藩主前田利常の隠居城であった小松城跡である。1871（明治4）年に廃城が決まり、翌年から取りこわしが行われたため、現在、城跡に残っているのは、小松高校の運動場西隅にある本丸櫓台と本丸石垣の一部のみである。二の丸の鰻橋門が園町の来生寺長屋門として移築され、貴重な遺構として往時を偲ぶことができる。また、兎御門扉・葭島御殿兎門扉が金沢市の成巽閣に、二階御亭入口扉が小松市立博物館に所蔵されている。

小松城の築城時期や当初の姿については、はっきりしたことはわかっていないが、16世紀後半に一向一揆の砦として築かれたと考えられている。しかし、加賀一向一揆の制圧をはかった織田信長の部将柴田勝家軍により落城し、賤ヶ岳の戦い（1583年）で勝家が敗死し、羽柴（豊臣）秀吉が権力を握ったのちは、村上頼勝が丹羽長秀・長重や堀秀政らの与力大名となり、小松城を拠点に能美郡を支配した。しかし、村上氏は1598（慶長3）年、越後本庄（現、新潟県村上市）へ転封され、その後は、丹羽長重が小松城主となったが、関ヶ原の戦い（1600年）の後に改易され、前田氏の支配する城となり、城代として前田長種らがおかれた。

小松城は、1615（元和元）年の一国一城令により一旦は破却されたが、1639

小松城本丸櫓台

小松と能美平野

(寛永16)年,隠居した前田利常が江戸幕府に申請し,当城を隠居城とする許可を受けた後,修築を行い,翌年に入城した。利常に従う藩士たちも小松に移住し,城下町が整備されていった。利常によって大々的に修築された小松城の姿は,1652(承応元)年の「加州小松城之図」(金沢市立図書館加越能文庫)などから知ることができる。

本丸(現,県立小松高校運動場西隅)の東に二の丸(現,同高校校舎地)を築き,これを三の丸(現,芦城公園)や葭島・琵琶島・中土居などで取り囲み,梯川の流れをせきとめて3重に水路をめぐらせ,湖水のようにして城郭を守った。これにより,「小松の浮城」「芦城」などの別称が生まれた。本丸櫓台は天守台ともよばれ,金沢の戸室山や小松の蓮代寺・鵜川などから運ばれた石材を用い,切り込み接ぎの石垣が丹念につくられている。

1645(正保2)年,利常の跡を継いだ光高が先立って没し,光高の子でわずか3歳の綱紀が5代藩主になると,利常は後見役として藩政全般をとり行った。そのため,小松城は17世紀半ばの20年ほど,加賀藩の実質的な政庁として重要な役割をはたした。「改作法」など一連の藩政改革も,小松城が実施本部となっていた。しかし,1658(万治元)年,利常が没した後,多くの藩士は金沢へ戻り,城代・城番が管理する体制となった。そして,明治の廃城を迎えた。

1872(明治5)年,金平にあった徒刑場が三の丸跡地に移転し,小松懲役場となった。その後,懲役場は名称をかえながら1903(明治36)年まで監獄として存続する。この間,服役者を使って石垣をこわし堀を埋め立て,樹木を伐採するなど,小松城跡地を農地に改変する作業が行われた。監獄が廃止された後,小松町が国から跡地の永久貸与を受け,日露戦争(1904〜05年)の戦勝記念として公園を造成した。これが芦城公園である。

現在,芦城公園内には,小松市立博物館などの文化施設がおかれている。小松市立博物館には,人文と自然の2つの常設展示室がある。人文展示室には,小松城関係の資料・遺物が展示されており,津波倉神社に伝えられてきた鎌倉時代の木造獅子頭(国重文),波佐谷松岡寺の幟旗など一向一揆関係資料,九谷焼,白山麓西谷の人生儀礼用具1827点(国民俗)など民俗資料もみることができる。また,

黒川紀章の設計による小松市立本陣記念美術館は，小松市出身の本陣甚一が収集した梅原龍三郎・中川一政らの油彩画を始めとした美術品を収蔵している。小松市立博物館と道を挟み，小松市立宮本三郎美術館がある。1886（明治19）年に建てられた木造石張り倉庫を活用した美術館で，小松市出身の洋画家宮本三郎の遺族から寄贈された「婦女三容」などの作品を所蔵している。なお，出生地の松崎町には，分館として宮本三郎ふるさと館がある。なお，矢田野エジリ古墳出土埴輪（国重文）およびJR小松駅東側で発見された弥生式土器群の石川県八日市地方遺跡出土品（国重文）は，小松市埋蔵文化財センターで所蔵する。

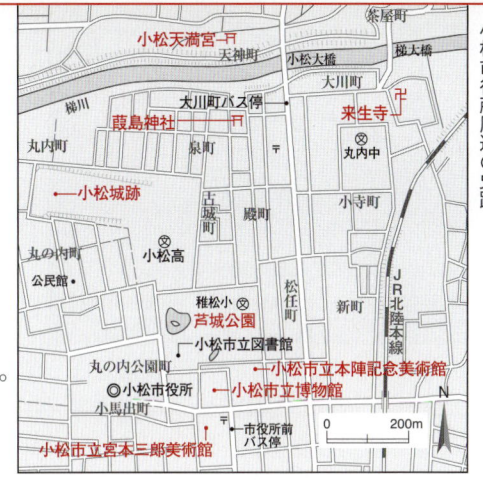

小松天満宮 ⑱
0761-22-2539　〈M ▶ P. 92, 113〉 小松市天神町1　P
JR小松駅🚌寺井線大川町 🚶 2分

前田家の祖先神をまつる天満宮は小松城の守護神

大川町バス停から北に進み，梯川に架かる小松大橋を渡れば，左手に小松天満宮（祭神菅原道真・前田利常）の社叢がみえてくる。加賀藩3代藩主前田利常が，その死の前年，1657（明暦3）年に京都北野天満宮から梅林院能順を招いて別当として創建，社領100石，月次連歌料30石を寄進した。以後，歴代藩主の崇敬だけでなく，庶民の天神信仰にも支えられ，今も「梅林さん」「天神さん」として親しまれている。

前田家では利常の時代から，とくに菅原道真が祖先であることを強調したので，天満天神信仰が盛んである。前田家の素朴な天神信仰は，戦国時代まで遡る。1639（寛永16）年から小松城に隠居していた利常は，4代光高が金沢城内に東照宮を勧請した際，天海から，前田家の氏姓を徳川家と同じ源氏にしてはどうかと誘われたが，利常はこれを断り，菅原氏としての家系を確立させた。小松天満宮

小松と能美平野　113

小松天満宮は，その決意のほどを明瞭に示すモニュメントである。なお，前田家が江戸幕府の許可を得て勧請した金沢東照宮は，本殿と幣殿・拝殿を石の間でつなげる権現造となっていない。一方の小松天満宮は，京都の北野天満宮を4分の1に写し取った八棟造で，本殿と幣殿・拝殿が石の間で結ばれる正統な権現造となっている。こうした違いは，将軍家に対し，前田家の独立性を表明したものとみることができよう。

本殿(国重文)は，桁行3間・梁間2間，銅板葺き・入母屋造で，内部は黒漆と透彫りの彩色欄間で荘厳される。拝殿(国重文)は，桁行7間・梁間2間の入母屋造で，正面には千鳥破風，3間の向拝に軒唐破風がつく。拝殿には幣殿(国重文)がつき，石の間(国重文)を介して本殿につながる。神門(国重文)は，朱塗の四脚門で，堂々とした風格をもつ。いずれも1657年の創建当初の建物で，建仁寺流大工棟梁山上善右衛門嘉広の代表作である。那谷寺(小松市)・妙成寺(羽咋市)・瑞龍寺(富山県高岡市)の諸遺構と並び，加賀建仁寺流初期の建築物として注目される。

境内参道脇の坪野石製十五重石塔は，創建期，近世前期に造立されたものといわれる。また，初代別当の能順は近世連歌の第一人者であり，社宝として，能順が霊元天皇より下賜されたと伝える琴棋書画沈金文台・花鳥沈金硯箱(ともに国重文)がある。そのほか，1453(享徳2)年の『宗砌千句』や1499(明応8)年の『宗祇独吟百韻』など室町時代の連歌書，1656(明暦2)年の『百韻連歌』や1696(元禄9)年の『能順独吟』など，小松天満宮で興行された連歌書(小松天満宮連歌書15点，県文化)を所蔵することも特筆される。1605〜07(慶長10〜12)年に白山本宮で万句興行が行われた後，連歌の中心は小松天満宮に移った。

小松天満宮の位置は，小松城からみて鬼門(北東)の方角にあたる

お旅まつりと子供歌舞伎

コラム 祭

町民あげての子どもが主役の伝統芸能

　5月中旬に，4日間の日程で行われるお旅まつりは，350年以上の伝統を誇る小松市民の一大イベントである。市街地の中心を流れる九龍橋川を挟んで，北側の3町（菟橋神社の氏子町，京町・中町・材木町）と南側の5町（本折日吉神社の氏子町，西町・龍助町・八日市町・大文字町・寺町）が，それぞれ曳山を出し，当番町の2町が曳山の舞台で子供歌舞伎の上演を行う。

　市制50周年の1990（平成2）年に始まった「曳山八基曳揃え」は，市役所前，またはJR小松駅前に8町の曳山が勢揃いし，勇壮である。1999年開始の「全国子供歌舞伎フェスティバルin小松」とともに，祭りの新しい顔となっている。

　お旅まつりは，菟橋神社（諏訪社）と本折日吉神社（山王社）の春季例大祭の神賑行事で，1651（慶安4）年に始まったとされる。両社の神輿が御旅所小屋（御仮屋）に遷り神事を行い，本社に戻る際に，獅子舞をともないながら氏子の町内をまわったことから，「お旅まつり」の名で親しまれるようになった。祭礼に曳山が加わったのは1766（明和3）年のことで，子供歌舞伎は，近江長浜（現，滋賀県長浜市）の曳山祭の影響を受けて始まったとされる。曳山の数は19世紀前半には10基となったが，1930（昭和5）・32年の大火で松任町と東町の曳山が焼失した。

　小松の曳山は高楼式とよばれ，台車の上に舞台と楽屋をおき，その上を屋根が覆う。舞台は，花道をせり出せるよう床下に板を収納し，左右の縁側も出し入れできるように工夫されている。総重量は3〜5tにも達し，これを支える車輪は乾燥を避けるため，九龍橋川や泥田に埋めるなどして保管されてきた。

　曳山の舞台で上演される子供歌舞伎は，お旅まつりの華である。女児が美麗な衣装をまとい，浄瑠璃にあわせ，けなげに芝居をする様は，みる人びとの心を打つ。もともとは，曳山狂言あるいは子供狂言とよばれ，明治時代中期までは，おもに男児が役者になっていた。日清・日露戦争（1894〜95年・1904〜05年）後に，国家主義的風潮が高まるなかで，男児芝居に批判が出て，金沢などから芸妓見習いを役者に雇って上演するようになった。主として女児のみが役者になるのは，第二次世界大戦後である。

　8基の曳山は，1965（昭和40）年に小松市指定文化財（建造物）となり，1999年にはお旅まつりの曳山行事が，県指定無形民俗文化財となった。曳山は祭礼が終わると解体して保管されるが，龍助町のみがそのまま曳山保存庫で保管している。

小松と能美平野

ことから、前田利常は鬼門封じのために天満宮を配置したとみられる。また、金沢城本丸と小松城本丸を結ぶ線上に位置するともいう。隠居した利常が、前田家とその領国の安泰を願って造営した社といえる。

小松天満宮の対岸には、葭島神社がある。三間社流造・柿葺きの本殿（県文化）は、近世後期のものと推定されている。葭島神社は、1642（寛永19）年に小松城内の葭島にあった稲荷社を前身とし、1644年、現在地に移転し、その3年後、山伏行蔵坊が別当として奉仕したので、五穀寺稲荷（山伏寺）ともよばれたが、明治時代になって現社名になった。葭島神社から東へ300mほど行くと、園町に来生寺（真宗大谷派）がある。長屋門は、もと小松城二の丸東口にあった鰻橋門を移築したもので、小松城の建物遺構として貴重である。

多太神社 ⑲　〈M ▶ P. 92〉小松市上本折町72　P
0761-22-4089

JR小松駅🚶15分、または🚌市内循環線上本折🚶2分

実盛ゆかりの神社「むざんやな甲の下のきりぎりす」

JR小松駅西口前から駅前大通り（通称れんが通り）商店街を300mほど直進し、龍助町交差点で左折して800mほど歩くと、三差路があり、多太神社の鳥居と参道に出合う。多太八幡・八幡別宮ともよばれ、『延喜式』式内社であるという。13世紀に、近在の能美荘が京都石清水八幡宮領となってから、その末社となり、中世には相当の勢力を誇っていた。

『平家物語』や謡曲『実盛』で知られる斎藤別当実盛の遺品である兜1頭・袖・臑当（国重文）を所蔵することから、「兜の八幡」とよばれ、市民に親しまれている。1183（寿永2）年、源義仲が恩ある実盛を討ったのは、小松からさらに南に下った篠原（現、加賀市篠原新町）であったが、義仲は願文を添え、実盛の遺品を当社に

多太神社

奉納したと伝える。松尾芭蕉もこの兜にいたく感動し,「むざんやな　甲の下の　きりぎりす」と詠んだ。参道には,芭蕉の句碑や実盛像,兜の記念碑などが立ち並んでいる。なお,句碑では上五を「あなむざん」と刻んでいる。初案の言葉をいかしたものであろう。

中世には,時宗の14世遊行上人太空が,潮津(現,加賀市潮津町)で実盛の亡霊を念仏によって救済したエピソードから,世阿弥は能「実盛」を上演した。また歴代の遊行上人は,実盛の兜を所蔵する当社に立ち寄り,実盛を供養している。1912(大正元)年に境内で出土した15世紀中頃の中国・朝鮮からの渡来銅銭8542枚は,時衆によって営まれた実盛忌に献納・埋納された古銭と考えられている。

当社が位置する本折地区は,奈良時代末期の西大寺領荘園,本堀荘の比定地である。室町時代後期には,絹織物業者が集まり市町(三日市)を形成しており,中世加賀の特産物である加賀絹の生産地の1つとみてよい。

浅井畷古戦場 ⑳

〈M ▶ P.92〉小松市大領町　P
JR小松駅🚌市内循環線B線・粟津B線大領🚶10分

関ヶ原の戦い直前に前田家と丹羽家が衝突

大領バス停から東へ300mほど進み,右折して,木場潟に向かってさらに300mほど行くと,松林の中に浅井畷古戦場(県史跡)がある。関ヶ原の戦いの直前,1600(慶長5)年8月9日に,徳川家康方についた金沢城主前田利長と石田三成方についた小松城主丹羽長重の軍勢が,激戦を繰り広げた地である。

前田利家の死後,家督を継いだ利長は,徳川家康から謀反の疑いをかけられ,生母芳春院(まつ)を江戸城に人質に差し出し,関ヶ原の戦いでは徳川方につくことを余儀なくされた。家康の要請により,伏見城救援のため京に向かい出陣した利長は,大聖寺城(現,加賀市大聖寺地方町)の山口宗永を攻め落として越前(現,福井県中・北部)に入ったが,急遽,金沢城に戻ろうとした。理由については諸説あるが,金沢城が攻撃されるとの偽情報により兵を返したという説が,近年は有力である。

利長軍が木場潟の西を進軍し,能美郡の三道山(三堂山)に向かう途中の浅井畷で,殿をつとめた長連龍の部隊を丹羽長重の家老

小松と能美平野

浅井畷古戦場

江口三郎右衛門率いる軍勢が、雨の中、夜襲をかけた。利長は援軍を送るが、首級36を討ちとられ、また丹羽長重方も討死13人、負傷者75人を出すという激しい戦いとなった。

現在、松林の中には9基の石塔が立つが、この戦いで討死した長連龍の将士9人の供養塔である。いずれも江戸時代に建てられたもので、もっとも古いのが、1660（万治3）年の堀内一秀の石塔である。その後、利長は丹羽長重と和睦し、関ヶ原に赴こうとするが、参陣前に徳川方の勝利に終わり、結局、間に合わなかった。しかし、大聖寺城攻略や越前平定などの戦功により、山口宗永および丹羽長重の所領であった江沼・能美の2郡をあらたに獲得し、加越能3カ国の領有を認められることになった。

この古戦場は、関ヶ原の戦いの北陸での前哨戦として、また前田利長が加賀・能登・越中（現、富山県）120万石の領有を確立した戦いの地として重要な史跡である。

串茶屋と遊女の墓 ㉑

0761-43-0434（串茶屋民俗資料館）

〈M▶P.92〉小松市串茶屋町 P

JR小松駅🚌粟津A線ほか串茶屋🚶3分

藩境にできた遊郭今もはかない遊女の墓

串茶屋バス停で降りた一帯が、江戸時代から明治時代中頃にかけて繁栄した遊郭街串茶屋である。北国街道の粟津から小松に抜ける道筋にあり、もともとは串村に属していたが、1793（寛政5）年に一村建てになった。往来の人びとが足を休める茶屋が一里塚のかたわらにでき、加賀藩3代藩主前田利常が小松城に隠居した後、那谷寺の再興や街道の整備に努めた際、小松町の職人などが頻繁に往来するようになったので、遊女をおいたといわれる。1660（万治3）年に大聖寺藩領になると、藩から郭として公認された。

串茶屋の遊郭がもっとも繁栄したのは、文化・文政年間（1804～30）で、20軒の遊郭が軒を連ねた。木屋甚三郎が建てた春雲楼がた

御幸塚古墳と三湖台古墳群

コラム

加賀三湖付近の古墳群

　串茶屋の遊女の墓から東へ300mほど行くと，全長約30mの前方後円墳である御幸塚古墳があらわれる。ここから南にかけての丘陵地は三湖台とよばれ，古墳時代後期の古墳の密集地帯である。御幸塚古墳を含むこの地域の古墳群を，三湖台古墳群という。三湖とは，今江潟・柴山潟・木場潟の3つの潟湖を指す。今江潟は，1967(昭和42)年の干拓工事で完全に姿を消してしまった。

　三湖台古墳群では，前方後円墳6基を含む30基ほどの古墳が確認されているが，宅地開発の進展により，それらのほとんどが現在はみることができない。そのなかで，御幸塚古墳は墳形をかろうじてとどめている貴重な古墳である。1897(明治30)年に発掘が行われ，この地域独特の埋葬施設である箱形粘土槨から鉄刀や須恵器の坏・壺などが発見されている。

　御幸塚の地名は，花山上皇の今江行幸伝承にちなむものである。この古墳から北の小松市立今江小学校一帯が，戦国時代には一向一揆の城塞となり，越前(現，福井県中・北部)の朝倉氏との間で激しい攻防が行われた。朝倉氏滅亡後の1576(天正4)年，織田信長の命令で北陸制圧を行っていた柴田勝家軍の先鋒佐久間盛政が，南加賀の一揆勢を撃破して御幸塚城を落城させ，勝家軍はここを拠点として加賀一向一揆の撲滅を図った。

　JR北陸本線粟津駅近くの矢田野エジリ古墳は，御幸塚古墳と同じく6世紀に築造された，全長約30mの前方後円墳である。早くから開発が行われ，墳丘や埋葬施設は削られて，まったく残っていなかったが，1988(昭和63)年に調査が行われ，周溝から約1万点にのぼる埴輪片や須恵器などが出土して大きな話題になった。埴輪の中には，馬子を従えた騎馬人物像2点が含まれており，ここ以外ではみることのできない貴重なものである。この像を含む埴輪30点および約5000点の破片は，1997(平成9)年に矢田野エジリ古墳出土埴輪として国の重要文化財に一括指定され，現在は小松市埋蔵文化財センターに収蔵されている。

いへんな評判をとったらしく，ほかの遊郭も競って新築し，遊女も江戸吉原や京都島原をまねた衣装と，琴・三味線・舞踊などの芸事や和歌・俳句などの高い教養で客をもてなした。

　バス停近くの串茶屋会館の横には串茶屋民俗資料館があり，遊女の髪飾りや調度類・書状などが展示されている。酒屋であった能登屋の離れを利用したもので，奥の間では加賀藩の絵師佐々木泉景が

小松と能美平野

遊女の墓

描いた雲龍の天井画をみることもできる。

　資料館から東へ300mほど行くと、右手に標柱があり、南へ200mほどのぼると墓地があらわれる。墓地の奥、東南の一画に遊女の墓40基が集められており、心中事件をおこした幾瀬川や品川らの墓も残る。なかでも、品川と金沢の町人徳兵衛の心中話は有名になり、現在も串茶屋の正八幡神社で毎年7月15日に行われる祇園祭の輪踊り（やっちん踊り）に、盆踊り唄「ヤンレ節口説」として唄われている。品川の墓は2基あり、それぞれ楼主木屋甚三郎と彼女のパトロンであった大和屋が築いたものである。

　串茶屋町の北西約2km、日末町の聖徳寺（真宗大谷派）は遊女の檀那寺であった。当寺には、985（寛和元）年に源信が著した後、996（長徳2）年に書写された『往生要集』中（国重文）がある。現存する写本のうちでは、もっとも古い貴重なものである。

安宅関跡 ㉒
0761-22-8896（安宅住吉神社）

〈M▶P.92〉 小松市安宅町タ17　P
JR小松駅🚌安宅線関跡前🚶5分

義経・弁慶主従の逃避行　謡曲「安宅」と「勧進帳」の舞台

　関跡前バス停から北側の海岸へ向かうと、左手に安宅住吉神社がある。この神社の背後に茂る松林の砂丘上に、安宅関跡（県史跡）の石碑があり、海岸に向かって、与謝野晶子の歌碑や弁慶・源義経と関守富樫の像などが建てられている。

　安宅は梯川の河口にあり、古代から交通の要衝として発達した。789（延暦8）年と推定される長岡京跡出土木簡に、安宅駅がみえるのが史料上の初見で、奈良・平安時代において、北陸道の宿駅として駅馬が配置され、官人たちの交通に利用されてきた。中世、加賀の海岸線を走り、北上した道を浜通りとよぶが、梯川の河口付近には橋が架けられ、安宅は梯川の河口の要津として、渡河の要地として栄えた。鎌倉時代末期の安宅には、白山宮に水引幕を上納した紺掻（染物業者）が居住しており、南北朝時代には禅宗寺院の聖

安宅関跡

興(こうじ)寺が繁栄していた。江戸時代には、加賀藩の米蔵が設けられ、大坂への米の回漕(そう)や特産品の積出港、北前船の寄港地として発展し、船問屋の倉庫が河口に並んだ。

謡曲『安宅』は、山伏に変装して奥州(おうしゅう)に落ち延びようとした源義経一行が、安宅の関の関守富樫(とがし)に咎められた際に、弁慶が機転をきかせて難を逃れた逸話を描いた秀作である。『安宅』をもとにした歌舞伎(かぶき)『勧進帳(かんじんちょう)』では、義経とわかりながらも弁慶の主君を思う心意気に打たれ、関所を通す関守富樫が印象深く描かれている。ここに語られる内容はもとより史実ではないが、文学作品に記された庶民の義経・弁慶に寄せる思いや、富樫の人情への共感を偲ぶ史跡として訪ねてみるのもよいだろう。

義経が活躍した時代、すなわち源平の合戦(治承・寿永の乱)(じしょう)(げんぺい)においては、安宅は、1183(寿永2)年5月に源義仲と平氏軍との戦場(へいし)となった。『源平盛衰記(じょうすいき)』には、義仲に従った加賀の武士たちが、安宅橋の橋板を引き落として、平氏の大軍と激戦を交わしたことが記されている。倶利伽羅峠(くりから)の戦いや篠原の合戦とともに、平氏の敗走を決定づけた戦地の1つとしても、安宅を忘れることはできない。

波佐谷松岡寺跡(はさだにしょうこうじあと)㉓

〈M▶P.92〉小松市波佐谷町(まち) P
JR小松駅🚌大杉線波佐谷(おおすぎ)(だに)🚶10分

加州三カ寺の1つ
能美郡門徒の拠点

波佐谷バス停から大杉谷川に架かる波佐谷大橋を渡り、道路に沿って右手に200mほど行くと左側に公民館があり、その裏手が波佐谷松岡寺跡と波佐谷城跡である。公民館裏側の道を左に行くと右手に標識があり、そこから山道をのぼると、松岡寺本堂跡や波佐谷城の土塁(どるい)および石垣跡などをみることができる。

松岡寺は、本願寺8世蓮如の3男蓮綱が建立(こんりゅう)した一家衆(いっけしゅう)寺院であり、若松本泉寺(わかまつほんせんじ)(現、金沢市若松町(まち))・山田光教寺(やまだこうきょうじ)(現、加賀市山田町(まち))とともに「加州三カ寺」とよばれ、15世紀末、加賀一向一揆

小松と能美平野　121

松岡(旧古屋)の坊舎跡

を指導した。蓮綱が,兄の本泉寺蓮乗の招きで加賀に入ったのは,1478(文明10)年以降のことと考えられている。当初は,郷谷川の支流である光谷川上流の池城に坊舎を構えたが,のちに下流の古屋に移り,さらに西へ谷を越えて大杉谷川流域の波佐谷に移ったらしい。波佐谷は谷間に開けた小集落であるが,北には軽海郷の穀倉地帯が広がり,川を遡れば越前(現,福井県中・北部)へ抜ける要地であった。蓮綱はここに拠点を構え,能美郡の山間部で生活する「山の民」を本願寺門徒に組織し,教線の拡大をはかった。

　1488(長享2)年の長享一揆で,松岡寺がどのような役割をはたしたかは不明だが,この後に成立した「百姓ノ持チタル」国の集団指導体制の頂点に立ったのが加州三カ寺であり,なかでも本泉寺と松岡寺が中心となり,一揆の統制にあたった。しかし,1506(永正3)年の越前朝倉氏との戦いで一揆側が敗北し,越前から藤島超勝寺(現,福井市藤島町)と和田本覚寺(現,同市和田)が加賀に亡命してきたことにより,加州三カ寺を頂点とした指導体制に亀裂が入ることになった。これが表面化した事件が享禄の錯乱であり,加州三カ寺派と超勝寺・本覚寺派による一揆を二分した激烈な戦いが,1531(享禄4)年に行われた。

　戦いは,加州三カ寺と蓮如の10男実悟が入っていた清沢願得寺(現,白山市鶴来清沢町)が同心して,超勝寺を討伐しようとして始まった。超勝寺実顕と本覚寺蓮恵は山内(手取川上流の河谷地帯)に逃れ,加州三カ寺派は守護富樫稙泰と結んで山内を封鎖した。これに対して,超勝寺・本覚寺派は山内衆(山内の門徒集団)の支援を受けて松岡寺を焼討ちし,蓮綱と子の蓮慶,孫の実慶・慶助ら一門を捕虜にした。本願寺も超勝寺・本覚寺を支援し,白山宮の長吏澄祝も加勢したため,加州三カ寺派はしだいに追いつめられた。

願得寺・本泉寺などがつぎつぎと焼き払われ，本泉寺蓮悟・願得寺実悟らは能登などに亡命を余儀なくされた。加州三カ寺派は，越前・能登・越中の守護勢力の加勢を得て挽回をはかろうとしたがうまくゆかず，結局，松岡寺蓮綱は山内で死去，一門も脱出に失敗し，自害した。

この戦いの後，加賀一向一揆は超勝寺・本覚寺が本願寺の意を受けて統括するようになり，加州三カ寺は退転してしまった。松岡寺の跡地には，能美郡の旗本宇津呂丹波が波佐谷城を築き，一向一揆の砦としたが，1580(天正8)年に柴田勝家方に落とされ，宇津呂丹波・藤六の首が安土城(現，滋賀県蒲生郡安土町)に送られたという。

松岡寺退転後，波佐谷の一向宗徒は本願寺直参となった。石山合戦(1570〜80年)で，本願寺11世顕如が織田信長と和睦した後，これに従わなかった子の12世教如が，各地の門徒に向けて徹底抗戦するよう，檄を飛ばした。波佐谷町公民館には「手の内の御書」とよばれる，このときの教如の書状が保管されている。宛先は波佐谷惣中・粟津惣中となっており，波佐谷の人びとが命をかけて信仰を守る門徒として，教如から期待されていたことがわかる。

なお，本願寺10世証如の代に，残された松岡寺の一族は赦免され，実慶の子顕慶が能登の松波(現，鳳珠郡能登町)に入り，松岡寺が再建された。旧寺地である古屋は，松岡寺にちなんで松岡と地名が改められたという。現在，松岡の坊舎跡とされる場所には石碑が立つ。また，小松市立博物館には松岡寺に伝わったとされる幟旗があり，「松岡寺」と記された刺繍痕が確認できる。

粟津温泉と大王寺 ㉔
0761-65-1217

〈M▶P.92〉小松市粟津町787　P(台数少ない)
JR北陸本線金沢駅東口バスターミナル🚌加賀温泉方面特急バス粟津温泉🚶2分，またはJR小松駅🚌粟津A線・粟津B線粟津温泉🚶2分

泰澄ゆかりの温泉　守り本尊は薬師如来

粟津温泉バス停は，温泉街の中心にある。加賀温泉郷の1つ粟津温泉は，泰澄が夢告により霊泉を発見し，弟子の雅亮に薬師像と観音像を与えて，湯の管理をさせたと伝承する。18世紀中頃には，総湯と法師湯の2つの温泉に，5軒の湯治宿があった。1〜2文の

小松と能美平野

入湯料の徴収が許され、1799（寛政11）年には21カ条の湯元心得が掲げられた。明治時代初期には、浴場2、旅館18、浴客は年間5万人と記録する。火傷・疥癬・胃病に効能がある。

温泉街らしい町中の小道を山側に100mほど進むと、右手に総湯、左手に能登屋旅館がある。突き当りの石段をのぼると、薬師如来を本尊とする温泉の守護堂、大王寺（高野山真言宗）に至る。泰澄ゆかりの薬師如来であるが、現存の像は明治時代に小松城内の養福院から移されたものである。大王寺の左手の一段上に白山神社があり、ここを起点に、「祈り小径」という散策路が設けられている。西国三十三カ所を模した石仏が、山道に沿って安置されている。

粟津温泉の温泉南交差点から県道156号線に出て、戸津町の方に出ると、越前（現、福井県中・北部）の真宗門徒の中心にあった藤島超勝寺の頓円が、1413（応永20）年、この地に営んだ戸津御坊跡がある。現在、小松市内にある本蓮寺の創建の地といってもよい。林の超勝寺跡もこの近くにあり、能美郡の真宗門徒にとっては、この地域は、蓮如以前から影響力のあった地域といえよう。

戸津御坊跡から西へ続く県道両側の丘陵地帯は、戸津古窯跡群・南加賀古窯跡群が密集し、古代・中世は焼物生産の拠点であった。前者では平安時代末期に至る須恵器・土師器の窯が60基、後者では約180基が確認されている。珠洲焼と並ぶ加賀古陶の生産地としても重要な遺跡である。

那谷寺 ㉕　〈M▶P.92〉小松市那谷町ユ122　P
0761-65-2111
JR金沢駅東口バスターミナル🚌加賀温泉方面特急バス那谷寺🚶5分、またはJR小松駅🚌粟津A線終点🚶5分（1日2〜3便）、JR加賀温泉駅🚌加賀周遊バスキャン・バス（山まわり）那谷寺🚶5分

加賀建仁寺流大工の傑作三重塔も本堂も前田利常が再興

粟津温泉から県道11号線を約2.5km南下し、那谷町交差点を左折し直進すると、那谷寺（高野山真言宗）の山門がみえてくる。本尊の千手十一面観音立像は、白山を開いた泰澄が、境内にある岩屋で夢想し、刻んだものと伝える。「那谷」とした由来は、西国三十三カ所の巡拝を終えた花山上皇が、ここに観音像を安置したことにちなみ、三十三カ所の1番札所紀伊国那智の「那」と33番札所美濃国

谷汲の「谷」をあわせて命名したと，芭蕉の『おくのほそ道』でも紹介されている。

古代・中世には白山信仰の拠点であり，白山中宮3カ寺の1つとして『白山記』にみえ，当時は岩屋寺ともよばれていた。中世には本泉坊・華王院・福蔵坊・明王院などの塔頭があり，白山中宮の大衆の一員として，1176(安元2)年の安元事件に参加した社僧もいた。

南北朝時代は，足利尊氏方につき，能美郡軽海郷の中宮八院に支配権をおよぼしたとみられ，その頃に入ってきた京都醍醐寺金剛院流の真言密教を取り入れ，京都賀茂神光院を本寺とする真言宗寺院となった。

戦国時代末期に廃れていたのを再興し，今日みられる堂舎を整備したのは，加賀藩3代藩主前田利常で，高野山出身の定憲を住職とした。

1639(寛永16)年に小松城に隠居した利常は，1640年から那谷寺の再建に取りかかり，建仁寺流の流れを汲む大工棟梁山上善右衛門嘉広を招き，1649(慶安2)年にかけて，本堂(大悲閣)・三重塔・護摩堂・鐘楼などをつぎつぎに建造し，不動院・華王院に寺領100石を寄進した。

最古の建造物は，山門を入ってすぐ左手にある書院及び庫裏(国重文)で，1635(寛永12)年の作とされる。旧不動院の建物である。これに付属する庫裏庭園(国名勝)は，小堀遠州の指導を受け，幽玄さの中にも典雅な落ち着きがみられる。その隣の琉美園は，釈迦三尊を連想させる大岩壁(三尊石)の下に泉水を配置した庭園で，紅葉を映す季節は拝観者で賑わう。書院の南側にある普門閣は，大日川上流の新保村(現，

那谷寺の重要文化財

名　　称	年　　代
書院・庫裏(旧不動院)	1635(寛永12)年
本堂唐門	1649(慶安2)年
本堂本殿	1649(慶安2)年
本堂拝殿	1649(慶安2)年
三重塔	1642(寛永19)年
護摩堂	1642〜44年
鐘楼	1644(寛永21)年

那谷寺

小松と能美平野

小松市新保町)にあった豪農春木家(幕府直轄領代官の与力)の家屋を移築したもので、白山麓の旧家の堅固な構造をみることができる。

本堂は岩窟内の本殿、岩窟入口の唐門、その前面にある懸造の拝殿からなる。隣の岩山は行者の修行道である。岩窟の中の本殿をぐるりと1周すると、那谷寺にきたという実感にひたれる。唐門、本殿（附厨子）、拝殿ともに、国の重要文化財である。その南西の高台に立つ三重塔(国重文)は、高さ約11mと小ぶりである。塔の随所にみられる彫刻も丁寧であり、心柱は2階から上に立っている。塔からくだる石段の岩陰に、松尾芭蕉の「石山の　石より白し　秋の風」の句碑がある。近江(現、滋賀県)の石山寺の石よりも那谷寺の岩山は、白くみえたのである。石段をおりて行くと、護摩堂や鐘楼(ともに国重文)に至る。いずれも、近世初期の加賀の名工たちの遺作である。

約6万坪という広大な境内には、奇岩や岩窟や樹齢100年以上のマツ・スギ・カエデがあり、とくに紅葉の名所として知られている。また那谷寺は、1712(正徳2)年、大聖寺藩を揺り動かした正徳の大一揆がおきた舞台としても有名である。台風後の減免処置が、村々の要求とあまりにもかけ離れていたため、藩領のほとんどの村が立ち上がり、那谷寺などに分宿していた藩の見立て役人に強訴をかけ、十村(大庄屋に相当する村役人)宅への打ちこわしへと発展していった。

尾小屋鉱山跡 ㉖

0761-67-1122(石川県立尾小屋鉱山資料館)

〈M ▶ P. 92〉小松市尾小屋町カ1-1　P
JR小松駅🚗25分

県内最大の鉱山
大正時代に2度の大争議

小松市の中心部から県道4号・22号線を経て、国道416号線を約12km南下した所で左折し、国道をはずれると尾小屋鉱山跡に着く。『改作所旧記』には、1682(天和2)年に尾小屋鉱山の採掘を示す記事があり、開坑は藩政期に遡る。採掘が本格化するのは、加賀八家の1つであった横山家が、1880(明治13)年に経営に参加してからである。翌年、横山家は鉱業権の一切を買収し、鉱山名を隆宝館尾小屋鉱山とした。

尾小屋鉱山の経営は、1904年の横山鉱業部の創設を機に、明治時代末期から大正時代に急速に発展した。銅生産量は最盛期の1920

尾小屋鉄道の機関車

(大正9)年には2276tを記録した。これは全国第8位の生産量で、1930年代までは、栃木県足尾・茨城県日立・愛媛県別子などにつぐランクの鉱山であった。

一方、大正時代の尾小屋鉱山では、賃上げと待遇改善を求めた労働争議が、1920年・1922年の2度にわたって発生した。とくに1922年のストライキは、一時は溶鉱炉の火も消すという、戦前における県内最大規模の労働争議となった。

この後、尾小屋鉱山は急速に衰退し、昭和恐慌が深刻化する1931(昭和6)年には、日産コンツェルン傘下の日本鉱業株式会社に買収された。日本鉱業による経営は、第二次世界大戦後も続いたが、1962年には北陸鉱山株式会社に売却され、1971年には全山が廃山となった。

石川県立尾小屋鉱山資料館には、鉱脈・採鉱・選鉱・精錬技術のほか鉱山関係資料が展示されている。資料館裏手の尾小屋マインロードは、全長600mの坑道をいかした展示施設で、ジオラマ(人形)で採掘の様子を再現している。

資料館の駐車場の下には、尾小屋鉄道で使用された機関車と旅客車両が展示されている。尾小屋鉄道は、尾小屋鉱山の鉱産物や鉱山労働者・住民の必需品を輸送するため、1919(大正8)年に開業された軽便鉄道で、新小松駅と尾小屋の間約16kmを結んだ。尾小屋鉄道も鉱山と運命をともにし、1977(昭和52)年に全線廃線となった。

なお、尾小屋鉱山大谷支山金平は、明和年間(1764～72)に開坑された金山であった。加賀藩士矢田広貫が描いた紙本著色「加州金平鉱山絵巻」(県文化)は、石川県立歴史博物館に所蔵されている。

石部神社と加賀国府跡 ㉗

〈M▶P.92〉小松市古府町カ169 P
JR小松駅🚌国府線古府🚶8分，または北陸自動車道小松IC🚗15分

府南社で祈禱した国司藤原為房

旧国府村は加賀国府の遺称地であり，現在の古府町・小野町などに広がる標高約15mの古府台地とその周辺に，国府が存在したと推定されている。加賀国は，823(弘仁14)年，越前国(現，福井県中・北部)から加賀郡と江沼郡を分割し，立国された最後の国である。しかし，国府(国衙)の位置については，まだ確実に特定されていない。

古府台地の北端，古府廃寺とされる十九堂山遺跡からは10世紀前後の瓦などが出土しているが，国府や国分寺との関連を決定づける遺物や遺構は確認されていない。古府台地の南端，舟見山にある石部神社は，『延喜式』神名帳にみえる能美郡8座の1つで，加賀国府の南にまつられていたことから府南社といわれ，加賀国総社・石部総社明神ともよばれていた。加賀守藤原為房の『為房卿記』には，1091(寛治5)年に加賀国に赴き，府南社において雨乞いの祈禱や大般若経の転読をとり行ったことが記されている。

石部神社の北東約500m，県道22号線(加賀産業道路)の埴田南交差点には虫塚がある。1839(天保10)年，この辺りはウンカ虫害で大凶作に見舞われた。埴田村の十村役三郎右衛門は，駆除した大量の虫を埴田村・岩淵村に埋め，虫の発生・被害状況・対処法・経緯などを記すこの石碑を建てた。なお，県道22号線沿いの北約200mの市立国府小学校へ入る交差点には，加賀藩3代藩主前田利常の灰塚があり，13代藩主斉泰が1878(明治11)年に建てた石碑が残る。

県道22号線を南下し梯川を渡ると，国道360号線と合流す

石部神社

浄水寺跡

コラム

埋もれていた古代の山寺 いろいろな墨書土器に注目

浄水寺跡は、梯川左岸の小松市八幡地内に位置する。対岸には加賀国府の推定地がある。国道8号線小松バイパス八幡ICのやや南西、標高約65mに通称キヨミズ山があり、その緩斜面は地元では「キヨミズデラ」の跡地と伝承され、雨乞い信仰の民俗祭礼が伝えられてきた。1984（昭和59）年、バイパス工事にともなう発掘調査の際、8世紀後半から15世紀後半まで続いた山寺の遺構が確認され、出土した墨書土器から、その山寺の名称が「浄水寺」であることがわかった。

浄水寺は、官寺のような定形の伽藍をもつ寺ではなく、斜面に平坦面を造成して仏堂や坊舎的な建物を複数設け、井戸・溝・参道などを配していた。とくに池の前面の仏堂と考えられる11世紀初頭頃の大型礎石建物は、京都清水寺のように、斜面に張り出して立つ懸造（舞台造）の可能性が指摘されている。宗教用具のほか、平安時代では「前院」「南坊」「吉来」などの墨書土器、内・外面に地獄と極楽を描き分けた戯画土器、中世では多くの輸入陶磁器のなかには中国湖南省で焼かれた水注も確認されている。

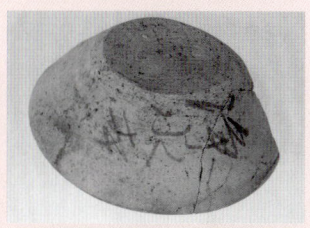

「浄水寺」と墨書された土師器の碗

る軽海西交差点に至る。ここから国道360号線沿いを、南東へ約3km行った原町は、『平家物語』で平清盛に寵愛された加賀国出身の白拍子、仏御前の出生地と伝承されている。世阿弥の謡曲『仏原』は、白山禅定を志す僧が、仏原で仏御前の亡霊に出会うという物語である。現在は国道360号線沿い、原町に入ってすぐ右側に仏御前の墓とされる供養塔が立つ。また、軽海西交差点から県道22号線を約2km南進し、国道8号線と合流する八幡ICの南西約300mに「憩いの森」があり、白山麓西谷の民家（国民俗）が移築・復元されている。

河田山古墳群 ㉘

0761-47-4533（河田山古墳群史跡資料館）

〈M ▶ P. 92〉 小松市国府台3-64 🅿

JR小松駅🚌国府線河田🚶10分、または北陸自動車道小松IC🚗15分

虫塚から県道22号線を約1km北上し右折すると、梯川中流北岸

小松と能美平野

河田山12号墳

> 朝鮮半島系の石室
> 国造級もしくは渡来人の墓

の平野部に面した見晴らしのよい丘陵上に，61基の古墳群が確認された。河田山古墳群である。現在は，団地造成されて国府台と名づけられ，古代の加賀国府があったとされる地域を見渡すことができる。

　古墳群のうち，54基は古墳時代前・中期の造営で，とくに終末期の横穴式石室を備えた3基の方墳は注目される。また12号墳（一辺15m）は，丁寧に加工された凝灰岩を積み上げる切石積み横穴式石室をもち，際立っている。天井のアーチ形は全国に例がないもので，朝鮮半島南部の王墓に系譜がたどれることから，渡来系の有力者の墓，もしくは朝鮮半島と直接関わりをもてるような国造級の人物の墓などの可能性が考えられている。また石材は，近隣の里川町や鵜川町で切り出された軟質の角礫凝灰岩と推定される。

　なお，12号墳の石室は基盤ごと古墳公園に移築され，墳丘が復元されている。また，古墳公園に隣接する河田山古墳群史跡資料館は，河田山からの出土品のほか，33号墳の切石積み横穴式石室が復元されており，広く古墳時代を理解できるように工夫されている。

能美古墳群 ㉙

0761-58-6404（能美市立歴史民俗資料館）

〈M▶P.92〉能美市和田町・末寺町 Ｐ（和田山・末寺山史跡公園）
JR金沢駅🚃金沢寺井線寺井公園前🚶3分，またはJR北陸本線寺井駅🚗10分

> カガノクニの王墓
> 北陸最大級の前方後円墳

　河田山古墳群から北へ約3.5km行くと，手取川南岸の東西約2km・南北約1.2kmの範囲に独立丘陵が点在する。能美古墳群である。東から西山・秋常山・末寺山・和田山・寺井山と続く5つの古墳群の総称であり，このうち寺井山は，享和年間（1801～04）に「神代の古器・古兜」などが掘り出されたとの記録も残る。

　能美古墳群は，旧加賀国のほぼ中央に位置し，弥生時代終末期から古墳時代全時期を通して築かれた，前方後円墳2基・前方後方

3基を含む,推定70基以上からなる県内最大の古墳群である。

　和田山・末寺山古墳群(国史跡)は,能美古墳群の中心にあり,史跡公園として整備され,4～6世紀の代表的な古墳(方墳・前方後方墳・前方後円墳・円墳)をみてまわることができる。和田山5号墳は,5世紀中葉に築造された全長約54mの前方後円墳で,2つの粘土槨には,眉庇付冑・短甲・刀・剣・鏃・槍・鍬・鋤など,おびただしい鉄製武器・農工具が副葬されていた。和田山23号墳は,5世紀後葉の直径約22mの円墳で,周溝に須恵器の高坏約50点が整然と並べられ,その上に甑を載せた透かしのある特殊器台や台付壺がすえおかれていた。

　和田山・末寺山古墳群の東約1kmの所には,秋常山古墳群(国史跡)がある。秋常山1号墳は墳丘斜面に葺石が施された,古墳時代前期(4世紀)末頃の全長約120mを超す北陸最大級の前方後円墳である。史跡公園として順次整備が進められ,周辺を散策でき,後円部の形状や大きさを実感できる。

　そのほかの古墳や古墳群からも,六鈴鏡(和田山1号墳),四神四獣鏡・鈴付銅釧(和田山2号墳),馬鐸(西山9号墳)などの貴重な副葬品が出土している。これらの一部は,和田山・末寺山史跡公園の麓の能美市立歴史民俗資料館に展示されている。

　なお,和田山・末寺山史跡公園の一部は,中世の和田山城跡で,古墳群と複合する。築城は,一向一揆の頃の和田本覚寺とも,藤島超勝寺ともいわれ,天正年間(1573～92)には織田方の部将安井左近がおかれたとされる。また,江戸時代に三道山(三堂山)とよばれた寺井山は,一部を残して宅地造成されたが,かつては三道山町の丘陵部と一体であった。1600(慶長5)年,大聖寺城(現,加賀市大聖寺地方町)攻めに金沢を発した加賀藩2代藩主前田利長は,三道山に陣

秋常山1号墳

小松と能美平野

をしき、小松の丹羽長重に備え、岡島一吉・不破大学らに守らせている。

和田山・末寺山史跡公園の北西約1.2kmには吉光八幡神社があり、さらに北西へ約300m行った用水沿いには、旧北国街道の吉光の一里塚（県史跡）がある。手取川の渡である粟生宿と寺井宿の間にある、県内に残る唯一の一里塚で、現在は塚の上にエノキが植えられている。

旧国道8号線の和田山付近では、毎年5月の連休期間中に九谷茶碗まつりが催される。幕末の陶工斎田道開が、出身地である佐野村（現、能美市佐野町）で開窯したことに始まり、明治時代には寺井の九谷庄三が創出した金襴手が九谷焼の主流となり、海外にも大量に輸出された。以降、旧寺井町は九谷焼の町となる。佐野神社の東の泉台町には能美市立九谷焼資料館があり、九谷焼の歴史や製造工程、名品の鑑賞ができる。

灯台笹遺跡 ㉚ 〈M▶P.92〉能美市灯台笹町
北陸鉄道石川線鶴来駅🚗5分、またはJR寺井駅🚗15分

県内初の旧石器発見遺跡

手取川中流の南岸に、能美丘陵が展開する。北陸鉄道鶴来駅から西進して天狗橋を渡り、県道4号線をさらに約900m行くと、岩本バス停がある。ここから約150m丘陵部に入れば、十一面観音を神体とする岩本神社に至る。白山七社の1つで、1163（長寛元）年頃の成立とされる『白山記』には、白山本宮四社の1つ「岩本宮」と記され、本地仏は地蔵菩薩とされている。『義経記』には、奥州に向かう源義経一行が、「岩本の十一面観音」で夜を明かし、白山本宮に向かったと記される。現在、境内には義経通夜の記念碑が建てられている。

岩本神社の西約600mの丘陵地には、今から約1万5000年前の灯台笹遺跡がある。県内では希少な旧石器時代の遺跡のうち、最初に発見されたことで知られる。1968（昭和43）年、県内初の旧石器遺跡発掘調査が行われた遺跡でもある。ナイフ形石器や掻器など十数点が確認され、その後、北陸先端科学技術大学院大学建設にともなう能美丘陵東遺跡群の発掘調査でも、旧石器時代の遺跡が複数発見され、東日本から持ち込まれたと考えられる黒曜石のナイフ形石器

灯台笹遺跡

も確認されている。旧石器時代の人びとが，灯台笹周辺の手取川に面したなだらかな丘陵地全域にわたり，活動していたのであろう。

　灯台笹町の西隣，宮竹町の宮本家コレクションは有名である。大伴家持が官符発行の責任者として自署している，宝亀三(772)年五月廿日付太政官符，平安時代末期の歌学者藤原清輔が書き写した『古今和歌集（清輔本）』，鎌倉時代の代表的絵巻紙本著色天狗草紙（園城寺巻），西行の私歌集の１つで鎌倉時代の筆写本である『山家心中集』，鎌倉時代中期頃の写しとされる『後撰和歌集』上巻（片仮名本），関白藤原忠通家で行われた歌合で，その判者藤原基俊の自筆本である『関白内大臣家歌合』がある。これらは，いずれも国の重要文化財で，石川県立美術館に保管されている。

　灯台笹バス停から県道４号線を西へ約６km行った能美市立博物館では，能美市の歴史や民俗に関する展示が行われている。

③ 白山麓と手取谷

手取川扇状地の扇の要に位置する鶴来町を起点に、白山本宮や白山信仰の遺跡をたどる。豪雪地帯独特の建造物もみておきたい。

旧鶴来町と金劔宮 ㉛
076-272-0131

〈M ▶ P. 92, 134〉白山市鶴来日詰町午1　P
北陸鉄道石川線鶴来駅 徒10分

白山七社の雄、金劔宮その門前町鶴来と加賀菊酒

　霊峰白山とその山系に蓄えられた膨大な積雪は、恵みの水となり、加賀平野をうるおす。手取川は加賀平野を流れる最大の河川であり、手取谷を流れ落ちた後、旧鶴来町付近で大きく左に曲がり、加賀平野へと流れ出る。扇状地の扇央部にあたる鶴来は、古来、白山麓や手取谷の山の民と加賀平野の里の民とが産物を交換する経済の結節点であり、人びとが集住する在郷町であった。「平成の大合併」により、白山市に合併され、鶴来町の名は消えた。

　金劔宮は鶴来町の守護神であり、かつて鶴来を「剣」と表記したこともあった。北陸鉄道鶴来駅から県道45号線を南に折れ、200mほど行くと、町の中心部に着く。低い町屋が立ち並び、在郷町らしい風情が楽しめる。この町の特色ある産業は、刃物鍛冶、獅子頭製作、林業・酒造業などである。室町時代以来、とくに加賀菊酒の産地として著名で、今も「菊姫」や「万歳楽」などの看板を掲げる造り酒屋がある。

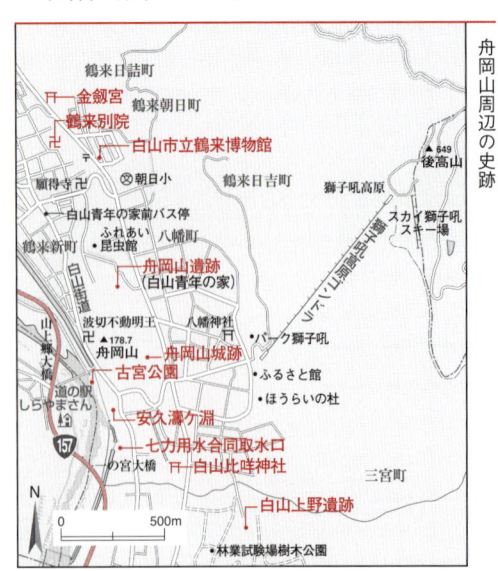

舟岡山周辺の史跡

　県道179号線の鶴来本町交差点から約200m南進し、左折すると突き当りに、大きな甍の鶴来別院（真宗大谷派）がある。さらに北へ約200m行くと金劔宮の参道に出る。参道をまっすぐ山手に向

かうと，地元の医者で勤王家として知られる小川幸三の旧居跡があり，県道103号線の地下道を越えると，金劔宮の境内に至る。

鶴来の町は，この金劔宮の門前集落から発展し，中世には守護所のあった野々市(現，野々市市)を経て日本海の宮腰津に至る白山大道が重要な役割をはたした。近世には金沢と鶴来道で結ばれた。町並みは，金劔宮下にある清沢町の集落から白山比咩神社下の三宮町の集落まで，約2kmにおよぶ街路に沿って帯状に細長く展開する。

金劔宮は，白山七社のうち，本宮四社の1つであったが，白山本宮(現，白山比咩神社)とは，中世を通じて勢力を張り合い，何度も相論を繰り返し，その都度和解し，共存の道を探ってきた。毎年10月上旬の土・日曜日に挙行される「ほうらい祭り」でみられる勇ましい獅子舞や盛大な造り物から，神輿をかついで強訴した往時を想像するのもよい。なお，金劔宮社叢ウラジロガシ林(県天然)も，注意してみておきたい。

金劔宮のある鶴来日詰町や，南隣の鶴来朝日町および清沢町辺りは，かつて清沢とよばれた地である。戦国時代に加賀一向一揆を指導した加州三ヵ寺派の本泉寺蓮悟(蓮如7男)は，現在の鶴来別院付近に清沢坊(願得寺)を創建し，養子に迎えた実悟(蓮如10男)を住職とした。しかし，1531(享禄4)年の享禄の錯乱で，清沢坊は金劔宮とともに，超勝寺や白山本宮によって焼討ちされた。

金劔宮から県道103号線を南へ約300m行くと，白山市立鶴来博物館があり，白山信仰や一向一揆の時代のことをわかりやすく学べる。また，享禄の錯乱以後の混乱期に，埋蔵されたと推定される約2万枚の古銭が，1937(昭和12)年，鶴来別院の境内で出土した。こうした出土遺物も，同館で所蔵している。

白山比咩神社 ㉜　〈M ▶ P. 92, 134〉白山市三宮町ニ105-1 P
076-272-0680　　北陸鉄道鶴来駅🚃河原山線・白峰線ほか一の宮🚶10分

早春に，車で加賀平野の国道157号線を走ると，純白のたおやかな峰が視野に飛び込み，惹きつける。底部に行くほど広がりがあって，安定感がある。一方で，頂上付近は白銀の峰々が寄せ集まり，みごとな三角形をつくる。太古より平野に住む人びとも，川や海で

白山麓と手取谷

白山比咩神社社頭

白き神々の座 霊峰白山の信仰拠点

生業を立てる人びとも，この白山(はくさん)の姿を畏敬の念をもち，霊峰として仰ぎみたに違いない。「白き神々の座」と，形容されるゆえんである。JR加賀温泉駅から松任(まっとう)駅の間の車窓から，白山連峰を眺めるとき，その秀麗な姿をしばし堪能できる。

白山比咩神社(祭神菊理媛(きくりひめ)・伊弉諾尊(いざなぎのみこと)・伊弉冉尊(いざなみ))は，奈良時代に，「越の大徳(こしのだいとく)」とよばれた泰澄(たいちょう)が開いた，白山信仰の加賀における最大の拠点である。白山は，加賀・越前(えちぜん)・越中(えっちゅう)・美濃(みの)(現，石川県南部，富山県中・北部，岐阜県)の4国にまたがり，信仰拠点もそれぞれの山麓で独自に展開し，加賀・越前・美濃の三馬場(ばんば)が形成された。その結果，明治時代末期には全国で約2700もの白山社が確認されるまでになり，白山信仰が全国に広がったことを知ることができる。

三馬場のうち，加賀馬場の拠点をなすのが当社である。平安時代から江戸時代まで，泰澄伝説を受容し，天台(てんだい)宗系の神仏習合(しゅうごう)が行われ，白山寺(しらやまでら)と白山宮(しらやまのみや)が併存し，僧侶と神主が共存して宗勢を広めた。古代・中世には荘園(しょうえん)や免田(めんでん)を多数もち，比叡山延暦寺(ひえいざんえんりゃくじ)(滋賀県大津(おお)市)の権威を背景に，政治・経済面でも大きな勢力をもっていた。加賀馬場における白山信仰は，白山本宮，すなわち当社を中心とする本宮四社(当社・金劔宮・岩本(いわもと)宮・三宮(ぐう))と中宮(ちゅうぐう)三

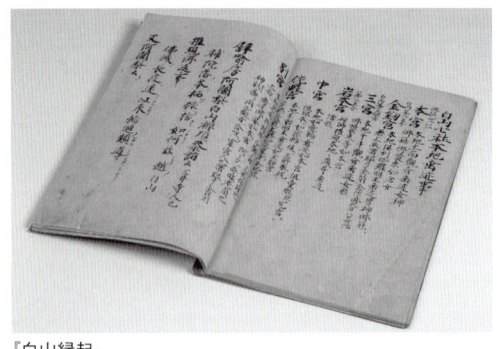

『白山縁起』

136　大聖寺・小松と加賀南部

安元事件

コラム

比叡山にのぼった白山の神輿
後白河上皇に強訴

大規模な武士団の成長がみられなかった加賀・能登において，白山は多くの衆徒を擁し，精神的にも大きな紐帯をもった一大勢力であり，比叡山延暦寺（滋賀県大津市）の末寺として，中央政権にもその影響力をおよぼした。『平家物語』の北陸におけるプロローグともいえる安元事件は，まさにその象徴である。

1175（安元元）年，後白河院の近臣西光（藤原師光）の子藤原師高は，加賀守に任じられると，弟師経を目代として加賀に送り込んだ。師経は，国衙領支配の強化を目指し，白山中宮八院の１つ涌泉寺に踏み込んだ。涌泉寺の寺地は，1195（建久６）年に寄進されたもので，この頃は公領であったものを，白山の権威で占有していたにすぎなかったと考えられる。『平家物語』によると，鵜川涌泉寺（現，小松市遊泉寺町付近）の湯に，目代師経のウマを入れて洗ったことから，事件はおこる。白山中宮八院三社惣長史である智積・覚明らを張本として，合戦がおこり，師経方は涌泉寺を焼き払った。

師経は，白山勢力を甘くみていた。白山は中宮勢力を中心に兵を挙げ，国衙を取り囲んだが，在地の武士団が師経側についた形跡はない。師経は京へ逃げ帰るしかなかった。

しかし，白山勢力はそれだけでは納得せず，国司師高・目代師経の配流を訴えて，比叡山延暦寺に神輿をかつぎあげた。その後，親平氏的立場をとる天台座主明雲を中心とした延暦寺勢力と後白河院との対立へとかわり，師高・師経の配流，明雲の解任となった。そこへ，鹿ケ谷の陰謀（1177年）がおこり，西光を含めた院の近臣たちの反平氏クーデタが発覚する。師高・師経は事に連座し，それぞれ配流先で殺された。「この年の冷夏（無暑気）は白山神のなすところ」，と世の人は噂したと『百錬抄』に記されている。

社（中宮・佐羅宮・別宮）の白山七社という，ゆるやかな宗教的結合を通して，加賀・能登に展開していった。全盛の頃は，本殿・拝殿のほか，講堂・法華常行堂・新十一面堂・五重塔など40を超える堂塔が並んでいたという。現在の三間社流造の本殿（県文化）は，1768～70（明和５～７）年に再建されたものである。

泰澄の来歴は，『泰澄和尚伝記』などに詳しいが，実在を疑う説もある。当社所蔵の白山縁起（国重文）は，『白山記』とも称される著名な古文書で，加賀馬場白山本宮を拠点とする白山信仰の正統

性を裏づけるものである。泰澄によって白山信仰がおこった来歴を記し、白山七社などの来歴も記す。『白山縁起』の成立は1163(長寛元)年頃とされるが、その後の書写により改訂されたとみられ、15世紀前半に現存の形になったと推定される。

中世には加賀国一宮とされ、比叡山延暦寺の末寺となった白山本宮は、加賀平野の在地武士や有力農民・商工民を衆徒・神人として囲い込み、勢力を拡大した。しかし、本願寺8世蓮如による浄土真宗の教線拡大、曹洞宗や日蓮宗の布教などによって、中世後期には凋落に転じた。1480(文明12)年には、安久濤ケ淵の岩盤上にあった本宮が焼失し、三宮のあった現在地に遷った。1554(天文23)年の白山噴火とともに、凋落を象徴する事件であった。これを再興したのが前田利家であり、加賀藩歴代藩主は当社を祈禱所として手厚く外護した。

宝物館では、室町時代中期の絹本著色白山三社神像を始め、室町時代末期の沈金彫手箱、鎌倉時代の木造狛犬・木造獅子狛犬・黒漆螺鈿鞍、鎌倉時代末期から南北朝時代の紙本墨書『三宮古記』・紙本墨書『白山宮荘厳講中記録』・『神皇正統記』(いずれも国重文)、1605〜07(慶長10〜12)年に行われた白山万句懐紙など、一級品の宝物が閲覧できる。さらに、所蔵の鎌倉時代から江戸時代の古文書は、総数766点(白山比咩神社文書、県文化)にのぼり、平安時代から室町時代の刀剣なども陳列される。なお、刀工として著名な京都粟田口の吉光の銘剣(国宝)、備前(現、岡山県南部)長船の長光銘の太刀(国重文)は、ともに石川県立美術館に寄託されている。これらの刀剣は、5代藩主綱紀が寄進したものである。

裏参道には、明治時代初期まで本地堂や長吏屋敷が立ち並び、白山寺の中心をなす景観が残っていたが、神仏分離政策によって撤去され、社だけとなった。本地堂は、白山市木津町の白山社社殿として移築され、今も残る。

安久濤ケ淵と七カ用水合同取水口 ㉝

〈M▶P. 92, 134〉 白山市白山町レ67-1（古宮公園） P
北陸鉄道鶴来駅 河原山線・白峰線ほか一の宮 1分（古宮公園）

> 白山本宮の故地は加賀平野をうるおす用水門

　白山本宮は、1480（文明12）年まで、手取川の濁流がぶつかる安久濤ケ淵の岩盤上（北陸鉄道加賀一の宮駅〈2009年11月廃止〉の西側）にあった。この地で泰澄は、白山の女神（十一面観音の化身）の夢告を聞いたという。現在は古宮公園となっており、富樫用水の取水口をつくった枝権兵衛の顕彰碑や七カ用水合同取水口などがある。

　鶴来に近い坂尻村（現、白山市坂尻町）の肝煎枝権兵衛は、石灰や菜種油も商う商人的地主であった。権兵衛は、加賀藩の産物方役人小山良左衛門が計画した富樫用水の拡充と運河化は、農業用水の確保だけでなく、舟運の発展につながると考え、安久濤ケ淵の岩盤に隧道を刳り抜き、新しい取水口を設置する計画に協力した。藩の助成金だけでなく、用水を利用する流域の農村からも人足や経費を負担させ、1865（慶応元）年に始めた工事は、1869（明治2）年に竣工した。当初は、期待したほどの水量が得られず、村人には不評であった。しかし、1896年の手取川大洪水の際、手取川から取水する他の用水取水口がことごとく破壊され、大きな被害を受けたのに、富樫用水は被害が少なく、隧道による取水口の威力を証明してみせた。その結果、1903年、石川県では他の用水の取水口もここに一本化し、より頑丈な取水口と隧道を完成させた。これが手取川七カ用水の合同取水口であり、現在も改良されながら一部を活用している。

　明治時代以降、枝権兵衛と小山良左衛門は加賀平野の水の神として顕彰され、古くからあった水神社（白山水戸明神社）とともに、今も崇敬を集めている。

舟岡山遺跡と舟岡山城跡 ㉞

〈M▶P. 92, 134〉 白山市八幡町 P
北陸鉄道鶴来駅 河原山線・白峰線ほか白山青年の家前 10分

　白山青年の家前バス停から、南西へ10分ほどのぼった舟岡山（178m）の中腹に、舟岡山遺跡がある。一部は、石川県立白山青年の家の敷地内にあたる。1948（昭和23）年に行われた石川考古学研究会の

白山麓と手取谷

発会記念調査に始まり、これまでの数回にわたる発掘調査の結果、縄文時代中期の炉跡などが確認された。現在、3棟の竪穴住居が復元され、内部も見学できる。石川県の考古学の黎明期に調査された記念すべき縄文遺跡である。

上空を見上げると、色とりどりのパラグライダーがみえる。背後の後高山(しりたかやま)(649m)付近に展開する獅子吼(ししく)高原は、第二次世界大戦後、スキー場やハングライダー飛行サイトとして開発され、今はパラグライダーが中心となっている。かつては後高山の風吹(かぜふき)峠を越え、内川(うちかわ)ダムの下に沈んだ山村と鶴来は行き来していた。しかし、もはや語る人も少なくなっている。

白山青年の家の南側に舟岡山の山頂があるが、青年の家の裏手の山道を白山比咩神社側に向かって散策すると、平坦面や切岸(きりぎし)・土塁(るい)・石垣などをみることができる。これが舟岡山城跡である。詳しく踏査するなら、山の南西部に急崖があるので、スカイ獅子吼パラグライダースクールへの進入路付近の交差点から登山路をあがると近い。急崖に沿って最高所まで行くと、随所に石垣を残す曲輪(くるわ)が確認できる。おもな曲輪跡は、現在、7つ確認されている。もとは一向一揆方の若林長門(わかばやしながと)が詰めていた山城と伝えるが、鳥越(とりこえ)城との関連も含め、不明なことが多い。1580(天正8)年に柴田勝家によって落城した後、1583年からは金沢城主前田利家の家臣高畠定吉(たかばたけさだよし)が城番(じょうばん)となり、白山麓の一揆勢への備えにしたという。1605(慶長10)年の「加賀国絵図写(うつし)」には、「白山古城」として登載されているので、1615(元和元(げんな))年の一国一城(いっこくいちじょう)令を待たずに廃城となった可能性が高い。

舟岡山城跡から南へ約1.5km、白山町の通称ウワノとよばれる丘陵緩斜面に、縄文時代後期の白山上野(うわの)遺跡がある。これまでの発掘調査では、複式炉をともなう竪穴住居跡のほか、把手付壺(とってつきつぼ)(県文化)が埋納されたコの字形の石組遺構、高さ約1.4mにもおよぶ巨大立石の下に石組み埋納施設が発見されており、当時の信仰形態を考えるうえで貴重なものである。なお、これらの遺跡から出土した縄文土器や石器などの一部は、白山市立鶴来博物館でみることができる。

石川の縄文研究の黎明 パラグライダーの飛び交う城跡

御仏供スギ ㉟ 〈M▶P.92〉 白山市吉野 P
北陸鉄道鶴来駅 白峰線ほか吉野工芸の里 1分

工芸の里とスギの巨樹 祇陀寺の跡を追う

　鶴来から手取川沿いに国道157号線を約6km南下し、支流直海谷川との合流点を越え、さらに約600m行くと、右手の川岸にレンガ造りで瓦葺きの福岡第一発電所（国登録）がみえる。1911（明治44）年に建設されたもので、手取川本流を利用して現在も発電を行っており、県内最古のレンガ造りの発電所である。

　福岡第一発電所から国道157号線を約5km南下すると、吉野工芸の里がある。その奥の一角に、幹周り約7m・樹高約24m、円筒形に枝葉が広がった御仏供スギ（国天然）が聳える。仏飯を盛った形に似ていることから命名されたもので、別名逆さ杉ともいい、近くにあった祇陀寺の大智和尚が九州へ帰る際に、もっていたスギの杖を逆さに植えていったとの伝承がある。

　御仏供スギの南側、下吉野集落北部を流れ、手取川本流にそそぐ石風呂川の川筋を、集落から約1km遡った通称「ヤマンテラ」付近が、祇陀寺跡と推定されている。鎌倉時代末期、元から帰国した大智が、河内荘（現、白山市南部手取川・大日川流域）の地頭結城重宗の帰依を受けて開いた曹洞宗の寺院である。以後、結城氏代々の外護を受け、同荘内から寺領を寄進され、室町幕府の祈願寺ともなった。大智は、周辺の名勝地を「吉野十境（吉野十景）」に選定したと伝えられ、これらは白山信仰とつながる修行の場とする見方もある。

　戦国時代末期、結城氏が白山本宮・尾添村（現、白山市尾添）との白山杣取相論に敗れて白山麓を去ると、祇陀寺は衰微した。近世に入り、前田利長の関係者の外護を得て、越中守山（現、富山県高岡市）で再建され、やがて金沢城下八坂の地（現、金沢市東兼六町）に

御仏供スギ

白山麓と手取谷　141

移転した。しかし，住職の門派相論が原因で，大安寺，ついで鶴林寺(曹洞宗)と改号している。鶴林寺蔵の絹本著色大智禅師画像(県文化)は，宋・元画風に描かれた室町時代中期の作品と推定され，石川県立美術館に保管されている。祇陀寺の名は，1679(延宝７)年，大乗寺(金沢市長坂町)の末寺永昌院に継承され，金沢市十一屋町に現存する。

鳥越城跡 ㊱

076-254-8020
(白山市立鳥越一向一揆歴史館)

〈M►P. 92〉白山市三坂町・別宮町・釜清水町・上野町・出合町 🅿
北陸鉄道鶴来駅🚗20分

織田政権と加賀一向一揆が激突
一揆敗北の古戦場

手取川河谷の西側，支流の大日川が旧鳥越村域を流れ，大日川が手取川と合流する付近から南方に，鳥越城山がみえ始める。国道157号線から対岸の県道44号線に入って南下すると，上野集落の南，手取川本流と大日川に挟まれた，岳峰から北に続く尾根の北端近くに，加賀一向一揆最後の砦といわれる鳥越城跡(国史跡)がある。城山への登り口は三坂町側にあり，最頂部の本丸(312m)は平地からの標高差が130m余りある。この城山は，南方の尾根伝い以外の３方は切り立った地形をなし，最頂部からの眺望もよく，典型的な中世山城といえる。登り道は狭く，やや急であるが舗装されており，車でものぼれる。城跡は数度にわたる発掘調査が行われ，石垣や土塁，枡形門などが復元されている。

また南方，大日川の対岸に聳える山上に二曲城跡(国史跡)があり，鳥越城の支城と考えられている。

復元された鳥越城跡本丸

1570(元亀元)年の大坂における石山合戦を契機に，手取谷一向衆の組織である山内組の指導者鈴木出羽守によってこれらの城が築かれたといわれ，織田信長軍に対抗する拠点となった。1580(天正

8)年，本願寺は，朝廷の仲介により信長との講和を結ばざるをえなくなるが，加賀では柴田勝家が金沢御堂を攻略し，勢いをかって白山麓山内に侵攻した。これに対し，鈴木出羽守ら門徒衆は徹底抗戦し，一旦はその撃退に成功した。しかし，柴田勢の調略で松任城(現，白山市中町)に誘い出された出羽守らは謀殺され，鳥越城はついに陥落，支城の二曲城も落ちたらしい。占領された鳥越城は，逆に織田軍による一揆掃討の拠点となった。

1581年，信長が京都で正親町天皇を迎えて諸将の馬揃え(観閲式)を挙行した隙に，上杉景勝軍が越中(現，富山県)に侵攻すると，山内一揆勢が呼応して鳥越城を奪い返すに至った。しかし，金沢城主佐久間盛政による反撃で，再び陥落。翌年，一揆勢は吉岡(現，白山市河内町)の構えや佐良城(現，同市佐良)で抵抗を続けたものの，すでに山内最奥の牛首組(旧，石川郡白峰村地区)は柴田方になり，孤立無援の吉野谷7カ村はついに敗北し，数百人がハタモノ(磔刑)に処せられた。徹底的に掃討されたこの地は，以後3年間，荒れ地のままであったという。

大日川を挟んだ出合町の国道360号線沿いの道の駅「一向一揆の里」の後方に隣接して，白山市立鳥越一向一揆歴史館があり，城跡からの出土品などを展示している。また，その後方の谷あいの任誓墓地公園付近から，二曲城跡にのぼる道がある。任誓は十村家の庶子として生まれたが，1683(天和3)年頃からこの地の十二日講を中心に，農民生活に根ざした蓮如の教えを説き，能美郡全体に支持者を得たが，異安心の僧として非難され，1724(享保9)年に牢死した。任誓死後も，その教説を慕う人びとが多数おり，顕彰活動が長く行われている。

県道44号線をさらに約3km南下し，神子清水町から大日川支流の堂川沿いを約5km上流に進むと，五十谷町の鎮守である，八幡神社境内に，樹高約38.5m，樹齢約1200年と推定される五十谷の大スギ(県天然)が高く聳えている。

笥笠中宮神社 ㊲
0761-43-2847(白山別宮)

〈M▶P.92〉白山市中宮へ1　**P**
北陸鉄道鶴来駅🚗37分

道の駅「一向一揆の里」から国道360号線を東に進み，手取峡谷

笥笠中宮神社

白山中宮三社の中心　加賀禅定道の起点

を越えて下吉野交差点から国道157号線を約10km南下する。瀬戸野交差点から約5.1km直進し，東荒谷交差点を左折して尾添川の深い渓谷に架かる中宮大橋を渡って坂をあがると，ゆるい斜面に中宮集落が広がっている。笥笠中宮神社は，集落の東端近くにある。

平安時代後期の成立という『白山縁起』（国重文，白山比咩神社所蔵）に，山頂から山麓にくだる加賀禅定道の道筋が説明されており，檜新宮から加宝社を経て，尾添川に架かる「葛籠渡」を渡ると，高い山が八方にめぐる蓮華に似た景勝地が開け，そこに笥笠中宮が鎮座し，本地仏は如意輪観音とある。

白山七社のうち，手取川上流の中宮三社の中心がこの笥笠中宮神社で，平安時代から加賀の国衙とかかわり，南加賀に中宮八院などの末寺が分布し，白山本宮と並ぶ白山加賀馬場の中核であった。ここは，とくに白山禅頂（山頂）へ向かう起点に位置し，修験者（山伏）の峰入りの拠点となっていた。現在の集落は，かつての中宮の境内地と目されており，平安時代の須恵器や，鎌倉・室町時代の陶磁器片が採集され，古道や社僧坊跡も確認されている。

なお，中宮区に保存される，「文明十六（1484）年」と「文明十七年」銘２点の木製白山行人札（県文化）は，牛首川上流の虫尾社を中心に，100カ日余りの峰入修行をした山伏たちが，その証として中宮に奉納したものと考えられている。

尾添白山社 ㊳　〈M▶P.92〉白山市尾添
076-256-7859(林源常方)　北陸鉄道鶴来駅🚗40分

中宮集落からつづれ折りの市道を南東にくだり，深い渓谷をなす尾添川に架かる尾添大橋を渡って少し坂道をのぼると，尾添集落である。尾添大橋の位置は，『白山縁起』（国重文，白山比咩神社所蔵）にみえる「葛籠渡」があった所であろう。

尾口のでくまわし

コラム 芸

白山麓に今も続く古浄瑠璃とデク(人形)

　手取川ダムの直下に近い女原口から国道157号線の坂道をのぼり切るとまもなく、東二口(旧尾口村)の入口に差しかかる。そこから車で国道を約5.5km走るとダム湖側に深瀬(旧尾口村)の集落がみえるが、もとの集落はダム湖に沈んだため、大部分の家は手取扇状地南東にある深瀬新町(旧鶴来町)へ集団移転した。

　今は南北約28km離れた東二口と深瀬新町に伝承されるのが尾口のでくまわし(国民俗)とよばれる人形浄瑠璃芝居で、古浄瑠璃の系譜を伝える。一人遣いの素朴なデク(人形)で、浄瑠璃にあわせて身体全体を使い、足拍子をとりながらデクを大振りに動かす。浄瑠璃の節は、東二口では文弥節と伝えられて三味線が入り、深瀬新町は三味線がなく説経節系との見方もある。今は、東二口では東二口歴史民俗資料館、深瀬新町では深瀬でくまわし保存会館を会場に、東二口では2月第2・第3土・日曜日、深瀬では2月第3日曜日に、住民こぞって出演し上演されている。

東二口での上演(出世景清)

　そこから坂道をあがった左手の、集落の中に、加宝神社がある。加賀禅定道の起点である中宮からのぼって、最初の霊場にあたる加宝社跡である。鎌倉時代前期頃の作と推定される、傷みの激しい一木造の木造十一面観音立像や不動明王頭部などの本地仏や、室町時代初期の鋳銅十一面観音懸仏などが遺存するほかは、当時の面影を伝えるものは見当らない。

　加宝神社前から南へ約50m進み、国道を渡って向かい側の小道をあがると、尾添区が管理している尾添白山社(白山下山仏社)がある。1874(明治7)年、神仏分離

尾添白山社白山下山仏(半鐘含む)

白山麓と手取谷　145

によって白山からおろされた尾添白山社白山下山仏9点(半鐘含む，県文化)が，社殿内にまつられている。いずれも，加賀禅定道の途中にあった檜新宮に安置されていたものである。なかでも，木造阿弥陀如来立像には，「建保四(1216)年」の銘があり，もとは京都錦小路にあった某寺の本尊で，鎌倉彫刻正統派の中央仏師の製作と考えられ，在銘仏としては県内3番目に古い。

ほかに，平安時代末期頃の木造地蔵菩薩立像2軀，「寛永十三(1636)年」銘の木造十一面観音坐像，鋳銅鍍金観音菩薩坐像(安正観音)，鎌倉時代末期頃の銅打出金剛童子立像，「元禄十五(1702)年」銘の銅打出不動明王立像，江戸時代の白山三所権現板絵3面などが保管されている。なお，5～11月は見学可能であるが，事前に連絡が必要である。

加賀禅定道檜新宮の仏像 神仏分離で下山

石川県立白山ろく民俗資料館 ㊴
076-259-2665

〈M▶P.92〉白山市白峰リ30 P
北陸鉄道鶴来駅🚃白峰線・白山線
白峰🚶5分(本数少ない)，または
🚗45分

白山麓の生業と住まいを展示 豪雪地帯の大壁造り住居

東二口から国道157号線を約9.6km南下すると，桑島に至る。もとの集落は，手取川によって東島・西島に分かれていたが，これも今は手取湖に沈んでいる。西島の旧家で，かつて幕府直轄領桑島村の庄屋をつとめた小倉家の屋敷(旧小倉家住宅，国重文)は，復元・修理され，2度の移築を経て，今は白峰入口の西側，大道谷川を渡った石川県立白山ろく民俗資料館の敷地に保管されている。木羽葺き・切妻造の2階建てで，屋根に石をおいており，入口は妻入，加賀地方南部にみられる典型的な民家である。部材は，チョンナ(鍬形の斧)仕上げという，江戸時代初期までの古い技法が用いられ

旧表道場

ている。

このほか, 白山ろく民俗資料館には, もと桑島の東島にあって近世には村の組頭（くみがしら）をつとめていた幕末頃の旧杉原助五郎家, 白峰の旧商家であった旧織田末一家, 東二口の真宗道場であった旧表道場（いずれも県文化）, 白峰大道谷の五十谷（ごじゅうだに）の山中に所在した白峰の出作り民家（山の小屋）と生活用具144点（国民俗）などが移築・展示されている。なお, 旧織田家や旧杉原家のような豪雪山間地帯特有の大壁（おおかべ）造りの構造は, 白峰集落の中心部にある山岸（やまぎし）家でもみることができる。

白山ろく民俗資料館の手前約3kmの所には白山恐竜パーク白峰があり, 手取湖対岸の桑島化石壁産出化石（県天然）を含む, 恐竜・両生類・魚類・シダ植物などの化石を展示している。

林西寺（りんさいじ）と白山本地堂（はくさんほんじどう） ⑩
076-259-2648（林西寺）

〈M▶P.92〉白山市白峰ロ164　Ｐ（白峰総湯横）
北陸鉄道鶴来駅🚌白峰線・白山線白峰🚶1分
（本数少ない）, または🚗45分

越前禅定道から下山した仏像群　白山麓最古の真宗寺院

国道157号線沿い, 桑島の奥が白峰である。明治時代以前は牛首と称された。牛首の称は, 集落のほぼ中央西側にある八坂神社の祭神であった牛頭天王にちなむともいわれる。白峰は, 県内随一の豪雪地帯であり, 積雪3ｍを超すことも珍しくなく, かつては家々の2階にも出入口があり, 屋根には外梯子（ばしご）が取りつけられていた。

八坂神社の南隣に立つ林西寺（真宗大谷派）は, 8世紀, 戦いに敗れた藤原仲麻呂（ふじわらのなかまろ）（恵美押勝（えみのおしかつ））が, ひそかにこの地に逃れて開いたという珍しい縁起伝承をもつ, 白山麓でもっとも由緒の古い真宗寺院である。ここには白山本地堂が設けられ, 1874（明治7）年, 神仏分離によって白山山頂付近や登拝道からおろされた白山下山仏9体が保存されている。

このうち, 平安時代後期の銅造十一面観音立像（国

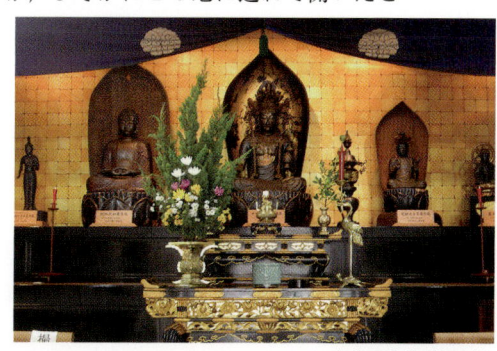

白山下山仏（林西寺）

白山麓と手取谷　147

重文)は，像高71cm，各部分を別鋳して組み合わせ，鍍金を施した仏像である。白山山頂への越前禅定道に，江戸時代に越前福井の商人慶松屋五右衛門が建てた慶松室の本尊であった。

また，「文政七(1824)年」銘の銅造十一面観音坐像(御前峰安置)，「文政五(1822)年」銘の銅造阿弥陀如来坐像(大汝峰安置)，「寛政十(1798)年」銘の銅造聖観音菩薩坐像(別山安置)，鎌倉時代末期の銅造地蔵菩薩坐像(山頂付近の六道辻地蔵堂安置)，近世末期の銅造雨宝童子立像は，「白山五仏」とも称される大型鋳造仏である。いずれも，福井や勝山藩主の命を受け，越前松岡(現，福井県吉田郡永平寺町)の鋳物師が鋳造した。さらに，加賀では珍しい室町時代末期の木造泰澄坐像(弥陀ケ原御前室堂安置)のほか，「正徳二(1712)年」銘の木造薬師如来坐像(市ノ瀬薬師堂安置)，平安時代前期の一木造の木造如来形坐像も残されている(以上，白峰林西寺白山下山仏8点 附 仏体等品目，県文化)。

これらの下山仏は，すべて越前禅定道(馬場)から奉納され，山上に安置されていたものであり，神仏分離に際し，石川県白峰村におろされたのは，この地がかつての加賀からの登拝ルートではなく，越前からの登拝ルートになっていたからにほかならない。

林西寺の隣にある山岸家は，白山麓の幕府直轄領18ヵ村を治める代官の下で，大庄屋をつとめていた豪農で，多くの地内子(小作人)を従えた「オヤッサマ」の家である。白山麓の豪農の住宅の代表であり，大壁造りの特徴をよくみることができる。山岸家住宅を中心とする豪雪地帯特有の大壁造り住宅棟が，白山市白峰伝統的建造物群保存地区(国重伝建)に選定されており，保存修景が進んでいる。

白山禅定道と山頂奥宮 ④

〈M▶P.93〉白山市白峰
北陸鉄道鶴来駅🚌40分，🚌別当出合行終点🚶5時間(登山シーズンのみ運行)，または🚗70分

主峰には十一面観音の化身和歌にも詠まれた「越のしらやま」

白山連峰は，石川・岐阜・福井・富山の4県にまたがり，2000m級の高山が南北に連なる大山脈である。主峰の白山は，1659(万治2)年まで噴火を続けていた休火山であるが，山頂部は御前峰(2702m)・大汝峰(2680m)・剣ヶ峰(2677m)から構成され，翠池など

かんこ踊と牛首紬

コラム 芸

豪雪に閉ざされた山村の文化
素朴な歌舞と丈夫な紬

　泰澄が白山を開いたという伝説の開山日(旧暦6月18日)にちなんで,毎年7月17・18日に白山市白峰地区で催される「白山まつり」のメイン行事が,かんこ踊(県民俗)である。国境を越え越前にも伝わり,福井県大野市上打波のかんこ踊や笠踊ともなった。白山の山懐を代表する芸能である。

　「かんこ」とは,雅楽の鞨鼓に似た太鼓を使うためとか,腰に藪蚊除けのカンコ(蚊遣火)をさげて踊るからとか,白山での修行を終えた泰澄を迎えたときの神迎踊りの意味だとか,諸説がある。

　もとは白山登山口にあたる河内地方の市ノ瀬(白山市白峰)を中心に伝承されたもので,開山にちなむ十八講の節供や盆・祭りなどの集いで踊られていたが,下流地域に広まったという。歌詞は「河内の奥は朝寒いとこじゃ,御前(白山のこと)の風を吹き下ろす」という土地の紹介から始まり,「河内の奥に煙がみえる,イネ(母)や出てみや霞か霧か,御前の山が焼けるのか,お山の焼けの煙とあらば,ノノ(祖父)が手を引き,ンナボ(幼児)をおぶせ,そしてオンジ(山かげ)のうら山へ」のように,白山の噴火を歌った古いものもある。「モウタリ,モウタリ,モウタリナ」の囃子詞には素朴ながら気品がある。

　1760(宝暦10)年,市ノ瀬にやってきた絵師の池大雅もこの踊りを見物し,24文払ったという。大正時代中頃から神主・神子姿の「変装踊り」が生まれたが,本来は野良着姿で踊る。

　桑島や白峰に多い大屋根造の住宅では,かつて山桑を原料にした養蚕が盛んで,太くて節の多い玉糸を使った特産の牛首紬が生産されていた。国の伝統的工芸品および県の無形文化財に指定されており,野趣に富んだ丈夫な織物として珍重されていた。今は白峰集落西方の大道谷川の対岸を走る国道157号線沿いにある西山産業牛首紬織りの資料館白山工房などで伝統技術が守られ,その生産工程を見学できる。

7つの火口湖が存在する。

　高山植物の宝庫として知られる白山には,手取川最上流の白山市白峰集落から市ノ瀬を経て,別当出合登山口に至り,砂防新道,または観光新道をのぼるコースが一般的である。宿泊施設がある室堂までは健脚者で4時間余り,さらに1時間弱で御前峰に至る。そのほかの登山道は,いずれも険しい山道が延々と続き,一般登山者向きではない。砂防新道・観光新道の終点である室堂には,白山比咩

神社の奥宮があり，御前峰の山頂にも社殿がある。いずれも明治時代以降，室堂や山頂付近が石川県に帰属し，白山比咩神社の参詣道が開かれたため設置されたものである。

『古今和歌集』に，「越の白山」の名で登場するように，古来より仰ぎみる山として信仰の対象になっていた白山は，『泰澄和尚伝記』では，717（養老元）年に越前（現，福井県中・北部）の僧泰澄が開山したとされる。しかし，加賀側最古の縁起である『白山記』では，832（天長9）年，加賀・越前・美濃（現，岐阜県）からの登山拠点（馬場）が開かれたとされており，観音菩薩の聖地とされた禅頂（白山山頂）を目指す信仰登山は，9世紀以降に始まったと考えられる。白山比咩神社奥宮がある御前峰を中心に，頂上周辺では，平安時代から江戸時代にかけての山頂祭祀や修験のあり方を伝える奉納品や埋納品が数多く収集されている。噴火活動による地形の変容に加え，国立公園特別保護地区に指定されているため，考古学調査は十分ではないが，戦後は数回調査がなされ，宗教的な遺物などを採取している。

山頂を目指す登山道を禅定道とよぶが，加賀馬場白山本宮（白山比咩神社，白山市三宮町）からの加賀禅定道は，白山市尾添（一里野）奥のハライ谷から檜新宮・美女坂・天池室・四塚山・加賀室を経て大汝峰に至る。さらに，千蛇ヶ池・六道堂を経て御前峰に至る。檜新宮より上部は現在の登山道とほぼ一致しており，天池室・加賀室・大汝峰・六道堂付近では，かつて建物を囲っていた石垣や石造物などを確認できる。長距離におよぶ難路ゆえ，健脚者でも室堂から1日で下山するのは困難である。

口能登と羽咋・七尾

Kuchi-Noto
Hakui
Nanao

豊財院の木造馬頭観音立像

能登国分寺跡

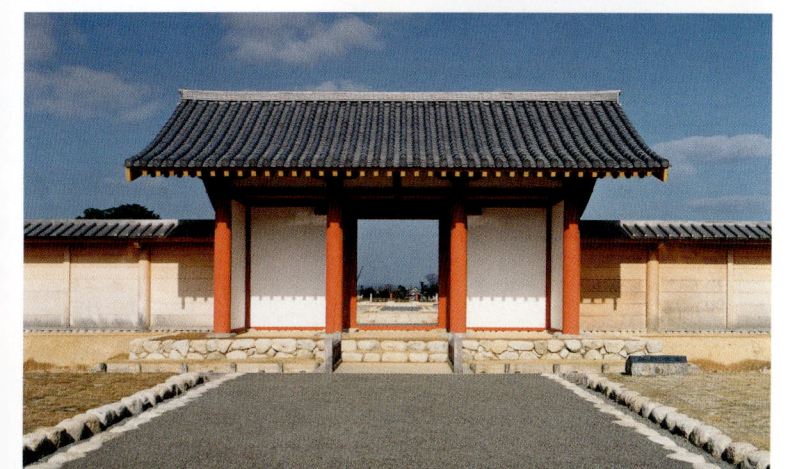

口能登と羽咋・七尾

①喜多家住宅　⑪雄谷家住宅　⑳七尾軍艦所跡　㉚万行遺跡
②末森城跡　⑫平家庭園　㉑七尾城跡　㉛東嶺寺
③岡部家住宅　⑬福浦港　㉒能登国分寺跡　㉜赤蔵山
④散田金谷古墳　⑭松尾神社　㉓院内勅使塚古墳　㉝久麻加夫都阿良加志比古神社
⑤豊財院　⑮龍護寺　㉔本土寺
⑥永光寺　⑯地頭町中世墳墓窟群　㉕雨の宮古墳群　㉞藤津比古神社
⑦吉崎・次場遺跡　㉖石動山　㉟座主家住宅
⑧寺家遺跡　⑰高爪神社　㉗小田中親王塚古墳
⑨気多神社　⑱小丸山城跡　㉘須曽蝦夷穴古墳
⑩妙成寺　⑲山の寺寺院群　㉙伊夜比咩神社

◎口能登と羽咋・七尾散歩モデルコース

押水から東往来を通って七尾へ　能登海浜道白尾IC_20_喜多家住宅_15_末森城跡_10_岡部家住宅_10_散田金谷古墳_20_豊財院_5_永光寺_10_小田中親王塚古墳_5_道閑公園_25_石動山(大宮坊)_30_七尾城跡_10_JR七尾線七尾駅(または能登縦貫道七尾IC)

七尾城下とその周辺を歩く　JR七尾線七尾駅_5_七尾軍艦所跡_5_万行遺跡_5_海門寺_10_山の寺寺院群_5_七尾美術館_5_七尾城跡_5_能登国分寺跡_10_JR七尾駅

七尾から羽咋へ邑知平野を歩く　JR七尾線七尾駅_5_山の寺寺院群_5_小丸山城跡_5_七尾美術館_5_能登国分寺跡_5_院内勅使塚古墳_10_本土寺_10_雨の宮古墳群_15_寺家遺跡_5_気多神社_10_吉崎・次場遺跡_5_JR七尾線羽咋駅

灘浦と能登島を歩く　JR七尾線和倉温泉駅(能登島大橋経由)_15_須曽蝦夷穴古墳_5_伊夜比咩神社(ツインブリッジのと経由)_20_明治の館_15_上町マンダラ古墳群_5_久麻加夫都神社_10_藤津比古神社_5_座主家住宅_20_赤蔵山・東嶺寺・悦叟寺_15_JR和倉温泉駅

羽咋から外浦を輪島まで行く　JR七尾線羽咋駅_10_気多神社_5_妙成寺_5_雄谷家住宅_10_平家庭園_10_松尾神社_10_福浦港・旧福浦灯台_5_能登金剛・巌門_10_龍護寺_10_能登金剛・関の鼻・ヤセの断崖_5_仁岸・光琳寺_10_阿岸本誓寺_10_黒島伝統的建造物群保存地区・黒島天領北前船資料館_10_總持寺祖院_10_浦上泉家(元祖アテ)_20_輪島漆芸美術館_10_道の駅「輪島ふらっと訪夢」

1 押水から羽咋へ

能登国の南端から邑知平野へと北上するルート。口能登を代表する十村の役宅や禅刹永光寺や末森城が見どころ。

喜多家住宅 ❶
0767-28-3199

〈M ► P.152〉羽咋郡宝達志水町北川尻ラ1-1ほか P
能登有料道路米出IC🚗15分，またはJR七尾線免田駅🚶5分

新能登型の大型民家興の十村役宅

　能登有料道路米出ICを出ると案内板があるので，その指示に従い，砂丘地のゴルフ場外周を1kmほど山側に進むと，喜多家住宅に至る。駐車場から前庭を通り抜けると，茅葺きの長屋門（表門）の前に出る。この表門を始め，主屋・味噌倉（1786〈天明6〉年建造）・道具倉（1695〈元禄8〉年建造）の4棟とも，国の重要文化財である。

　喜多家は，江戸時代後期に十村（大庄屋に相当する村役人）をつとめた新興の商人地主で，廃藩置県後は県吏・県会議員などを一時つとめた。十村になったのは，1796（寛政8）年，十村が就任する役目の1つ，新田裁許役に就いたのが始まりであった。1801（享和元）年に平十村となったとき，河北郡倉見村（現，河北郡津幡町倉見）に引っ越し，1814（文化11）年に倉見に別家（新田家）をつくった。北川尻の本家は1819（文政2）年に押水組裁許の平十村となり，この頃，現在の主屋・表門などが再建された。

　主屋は切妻造段違の大屋根に，入母屋造の座敷などがついた北陸の大型民家の代表建築で，堂々としている。2.5haにおよぶ広大な敷地に，1897（明治30）年以前は庭園・味噌倉・酒倉・米倉・材木小屋などがおかれ，豪農地主の屋敷構えがよく残っていた。屋敷林を周囲に配し，屋敷を周囲より2mほどくぼまった低地におくのは，冬の季節風から屋敷を守る工夫である。

喜多家住宅表門

　主屋の座敷は，大

式台・式台の間・使者の間(仏間)・次の間・御座の間と鍵折れに配置されている。加賀藩13代藩主前田斉泰が、1853(嘉永6)年に行った能登半島沿岸視察は、海防充実を意図した巡見であったが、御座の間は、その際に藩主が休憩した部屋である。主屋右手には、十村が執務した広間、十村を補佐した手代が詰めた調詞所、各村の肝煎などが集まった溜の間があり、玄関脇に番所もある。十村が、村々の事情や農村支配に、いかに精通していたかがわかる。

　表門の左手に喜多蔵という展示館があり、喜多家の歴史、加賀藩十村制度、喜多家歴代が収集した書画・骨董・刀剣などが展示されている。喜多家の先祖は新田義貞の末流と主張し、「丸に一両引」の家紋を誇りとする。十村文書も1万点以上所蔵し、岡部家とともに口能登を代表する十村であった。

末森城跡 ❷

〈M ▶ P. 152〉羽咋郡宝達志水町末森　Ｐ
JR七尾線宝達駅🚶40分

前田利家開運の決戦場
北陸を代表する織豊城郭

　JR宝達駅の東側を走る国道159号線(押水バイパス)を約5km北上すると、右手にみえる末森山(139m)の頂上に、末森城跡(県史跡)がある。

　国道をまたぐ陸橋を渡り10分ほど尾根道を歩くと、左手の谷側に竪堀がみえ、やがて小高い曲輪に出合う。ここが若宮丸である。若宮丸から南北の尾根に、階段状に二の丸・本丸などの曲輪が連なる。本丸の標高は138m。眼下には押水の村々、能登有料道路・JR七尾線、日本海が広がる。日本海までは、わずか1.3kmで、能登半島の首の部分にあたる要衝の地である。

　1985(昭和60)年からの発掘調査で、15〜16世紀の遺物や建物が確認され、1584(天正12)年の末森合戦の100年以上前から、要害として使用されていたことがわかった。最初の城主は不明であるが、16世紀末には

末森城跡

押水から羽咋へ

口能登に領地を得た土肥親真の居城であったことが、1579（天正7）年の上杉景勝書状からわかる。

上杉謙信が能登七尾城（現、七尾市古府町ほか）を攻略した翌年、1578（天正6）年から土肥氏は末森城主として、羽咋郡の支配を始めた。1580年、織田信長が加賀を奪い、能登へ進攻した後、前田利家が能登国主となったが、末森城主土肥親真の領地は安堵されたらしく、1583年、利家の与力大名として、越前国柳瀬（現、福井県敦賀市）に出陣し、戦死した。

土肥親真の死後、金沢城に移った利家は、重臣奥村家福と千秋範昌を末森の城将とした。1584年、羽柴（豊臣）秀吉と織田信雄・徳川家康が対戦したとき（小牧・長久手の戦い）、信雄・徳川方についた越中（現、富山県）の佐々成政は、羽柴方の前田利家と対峙し、加越国境で戦闘を繰り返した。

劣勢にあった利家は、秀吉の援軍を待っていたが、成政はしばしば利家を挑発し、前田領国を分断する意図をもって末森城を急襲した。奥村・千秋氏らが奮戦し、城を支えている間に、金沢城から利家みずからが援軍を引き連れて参陣し、勝利を得た。前田家にとっては、起死回生の記念すべき戦いであった。この戦いの後、末森城は廃された。

末森城跡から南へ3kmほどくだった御舘集落のはずれに、80m四方の二重堀で囲まれた大型の館跡が発見された。14〜16世紀末の遺構であるが、この御舘館跡（県史跡）の主人は不明である。また、成政が陣をしいた坪井山（坪山）砦跡は、御舘館跡から南へ約1km行った坪山集落の西側丘陵にある。

岡部家住宅 ❸
0767 29 3497

〈M ▶ P. 152, 157〉羽咋郡宝達志水町荻谷ニ42　P
JR七尾線敷浪駅 ★ 20分

加賀藩を代表する扶持人十村 茅葺きの豪農住宅

末森城跡から国道159号線を約3km北上し、右手の脇道に入ると岡部家住宅（県文化）に至る。

岡部家の祖先は、『平家物語』に登場する東国御家人岡部六弥太であるといい、文献では、1588（天正16）年、前田利家から426俵の土地支配を公認された荻谷宗致が、岡部家初代とされる。5代長右衛門が、1694（元禄7）年に初めて十村に登用され、その後は、歴代

宝達志水町役場周辺の史跡

が平十村や扶持人十村をつとめ，廃藩置県を迎えた。その間，1785（天明5）年・1819（文政2）年・1837（天保8）年と，3回も十村処罰の難に遭遇し，1819年の十村断獄事件において，能登島に流された。しかし，これに臆することなく，伝統ある十村としての誇りをもち，民政に邁進，明治時代初期には上書提出も試み，地租改正事務などにも奔走した。やがて県政に不満をもち，1882（明治15）年以降は一民間地主として，鉱山経営や牧畜業などを展開し，明治時代後半には約80町歩の大地主となり，多額納税者として貴族院議員もつとめた。

岡部家住宅は，1736（享保21）年に建造された入母屋造・茅葺きの平屋建てで，屋根瓦には七福神がおかれる。間取りや屋敷構えなどから，江戸時代，この地の民政にあたった十村の格式がわかる。茅葺き屋根の葺替えは，多大な労力が必要であり，1792（寛政4）年の記録には，北側屋根だけで人足30人・茅1600束を費やしたとある。所蔵の岡部家文書6500点は，町の文化財に指定されており，加賀藩の十村制度や村支配の研究に欠かせない貴重な史料である。

なお岡部家では，毎年1月・5月・9月の3回，カマ祭りという鎮火祭を行っていた。また，裏山の墓地から精霊を迎えるオショウライという祖霊祭も行われていたが，今は行われていない。

岡部家住宅の北側裏手の台地（通称寺地）に，飯山町正光寺（浄土真宗本願寺派）の旧地がある。ここは，高山右近とともにマニラに追放されたキリシタン武将内藤如安（徳庵）の子，内藤栄女（休

押水から羽咋へ

甫)の屋敷跡という。如安は、関ヶ原の戦い(1600年)後、右近の紹介で前田利長に仕え、1614(慶長19)年に国外追放された。如安の死後、采女は家族とともに日本に帰り、「転びキリシタン」として江戸・金沢・荻谷と移住する。1687(貞享4)年の記録によれば、采女の子孫に屋敷と扶持が支給されていた。

散田金谷古墳 ❹   〈M ▶ P. 152, 157〉羽咋郡宝達志水町散田 P
JR敷浪駅 🚗 7分

　JR敷浪駅から国道159号線を約2.4km北上し、県道29号線を東に行くと、左手に散田金谷古墳(国史跡)の墳丘がみえてくる。

　散田金谷古墳は、緩斜面の中腹に築造された径約21mの円墳で、谷側に向けて両袖式の横穴式石室が開き、金輪・銀輪・鉄刀・鉄鏃・馬具・土器などが出土した。

　8枚の板材に4枚の蓋を載せた金谷の石棺(県文化)は、石蓋の上にそれぞれ2カ所突起がついている。神社建築の千木を連想させる、ほかに類例のない石棺である。この古墳は、越中(現、富山県)へ通じる最短ルートの途中、能登最高峰宝達山(637m)から派生する志雄谷に位置する。6世紀の古墳が多数分布する地域であり、同時期に越中との交通路を押さえた羽咋の有力首長の墳墓とみられる。

　散田金谷古墳から北へ約500m歩くと、6基の円墳からなる石坂鍋山古墳群がある。志乎・桜の里古墳公園として整備され、春には約1000本のサクラを楽しみながら古墳を見学できる。なお、古墳の湯からも散田金谷古墳が遠望できる。

「金谷の石棺」で知られる志雄谷の家形石棺

散田金谷古墳

　散田金谷古墳から南東へ約4km離れた所司原集落にある善正寺(浄土真宗本願寺派)の境内には、ゼンショウジキクザクラ(県天然)がある。樹齢約400年・高さ12m、ヤマザクラが菊咲きになった品種

で，5月初めが見頃である。

豊財院 ❺　〈M ▶ P.152〉羽咋市白瀬町ル8　P
0767-26-1065　JR七尾線羽咋駅🚌羽七東線飯山🚶15分

口能登の禅刹に平安時代中期の一木造

　飯山バス停から国道415号線を東へ約530m行き，白瀬バス停から北上して白瀬集落に入る。まもなく左手に標柱があり，左折してさらに坂をあがると豊財院(曹洞宗)である。

　曹洞宗中興の祖で永光寺を開いた瑩山紹瑾が，当地の山中に草庵を結んで修行中，白狐があらわれて瑩山に給仕したといわれ，1312(正和元)年，その草庵跡に瑩山の門弟明峰素哲が建立したのが豊財院であると伝える。白狐林の古い山号はその伝承にちなむ。戦国時代に衰微し，近世に復興されて，白石山の山号を名乗った。

　境内高台の御堂に安置されている木造聖観音立像・木造十一面観音立像・木造馬頭観音立像(いずれも国重文)は，胡粉彩色の痕が残るヒノキの一木造で，岩座の上に蓮華座を組み合わせた台座の上に立つ。丸みのある重厚な像容から，平安時代前期〜中期頃に同一の地方仏師によって制作されたものとみられ，能登を代表する平安仏といえる。なかでも馬頭観音像は，全国的にも珍しく，福岡県太宰府市の古刹観世音寺所蔵のものと並ぶ貴重なものである。

　3体の背面肩に認められる朱漆銘によれば，これらの像は，初めここから北へ約11km離れた矢駄村(現，羽咋郡志賀町矢駄)の観音堂にまつられていたが，1688(元禄元)年，月澗義光が住職のとき，加能屋与兵衛が当寺に施入したものという。

　当寺所蔵の『血書大般若経』は，月澗義光が1685(貞享2)年に発願，12年にわたって書写し，弟子たちが引き継いで，1746(延享3)年に全600巻を完成させたものである。

豊財院の木造三観音立像

押水から羽咋へ　159

永光寺 ❻ 〈M▶P.152〉羽咋市酒井町イ11 P
(ようこうじ)
0767-26-0156　JR羽咋駅🚌羽七東線寺境 🚶10分

林下の禅瑩山派の拠点　峨山道の起点

　豊財院から飯山バス停に戻り，さらに国道415号線を西へ進む。飯山交差点から国道159号線（東往来）を約3.2km北上すると標柱がある。ここを右折してゆるやかな坂道を800mほどのぼると，永光寺（曹洞宗，県史跡）の石柱の中道門がみえる。

　せせらぎ沿いに参道をしばらく進み，突き当りの石段をのぼると山門があり，左右に回廊がめぐる。中に入ると，正面の一段高い位置に法堂（本堂），右手に庫裏・書院・方丈・浴室・東司（便所），左手に僧堂（坐禅堂）・鐘楼が立ち並び，それらを回廊で結ぶ伽藍配置となっている。

　永光寺は，開山の瑩山紹瑾が曹洞禅の根本道場と位置づけた寺であった。瑩山は，徹通義介が開いた加賀国大乗寺（金沢市長坂町）の跡を継いだが，やがて能登国に進出し，酒井保中河（現，羽咋市中川町）の地頭酒匂頼親の娘平氏女（祖忍尼）の帰依を受けて，同保の山中に草庵を結んだ。1318（文保2）年，彼女より山野田畠を寄進され，また加賀の富樫氏らの支援も得て，寺基をかためた。

　瑩山の禅の特色は，道元以来の出家者のための厳しい禅風を継承しつつ，在家檀越との関係を重視し，現世利益を求める彼らに応じて密教的な祈禱を積極的に導入したことや，白山・石動山など在来の神仏信仰と融合するなど，時代に即した対応を進めたことにあった。これが門弟たちに継承され，曹洞宗の全国的な発展の礎となったのである。1319（元応元）年，瑩山は祖忍尼と連名で洞谷山置文6通（国重文）を認め，永光寺を曹洞禅の中心寺院とし，門弟は檀越と和合し，結束して禅風を興隆することを，将来にわたり守るべ

永光寺山門

前田斉泰の能登半島巡見

コラム

海防実態調査のため能登を巡見した加賀藩主

　欧米列強が日本へ接近し、江戸幕府がそれに対応したが、加賀藩でも幕府に呼応して諸外国に対する対応がとられ始めた。

　1825(文政8)年、江戸幕府が異国船打払令を出したが、加賀藩では、この年より角場(射撃場)での鉄砲稽古が始まり、翌年には大筒台場や武器庫を設置するため、能登を調査している。

　海防が本格化するのは、清がアヘン戦争に敗北した1842(天保13)年で、幕府が天保の薪水給与令を出すとともに、諸藩に海防の強化を要請したからである。

　1843年8月、加賀藩は、七尾に能登海岸警備を任務とする所口在住を設置し、津田修理を任命。9月、能登に3カ所(輪島・福浦・金剛崎)の遠見番所の設置を計画した。1845(弘化2)年には、中居村(現、鳳珠郡穴水町)で製造した大筒の設置も決まった。

　1862(文久2)年には七尾に七尾軍艦所を設置し、いよいよ海防は強化され、1867(慶応3)年になると、同地に製鉄所もつくられた。同年、欧米諸国が七尾港を測量して開港を迫ったが、藩はこれを拒絶し続けた。

　このような、諸外国との難しい対応を迫られる頃に藩主であったのが、13代藩主前田斉泰である。

斉泰は、1850(嘉永3)年、海防手当のための領内巡見を幕府に申請していた。それが許され、実際に巡見に出発したのが、ペリーが浦賀沖へ来航する直前の1853年4月4日であった。総勢約700人、総距離約400kmの巡見は、能登の外浦筋を輪島の時国村(現、輪島市町野町)まで北上し、山越えで珠洲に入り、珠洲からは内浦筋を南下するというコースをたどった。

　早くも8日には、黒島(現、輪島市門前町)で台場と御蔵を視察している。13日には能登半島先端の狼煙村(現、珠洲市狼煙町)に至り、山伏山に設置された遠見番所と灯明台を視察した。この遠見番所は初期の計画では金剛崎に設置される予定であったが、実際には、山伏山にあった灯明台を利用することになった。ただし、御武具土蔵や火矢方御筒入土蔵は狼煙村に設置された。

　その後、内浦にまわり、19日には別所岳にのぼって穴水湾を一望した。20日に七尾に至り、能登海岸警備の中心的な所を視察。22日には灘浦海岸を越中(現、富山県)との国境まで進み、富山湾を遠望して引き返した。

　4月25日、22日間にわたる能登巡見を終えて、斉泰は金沢に帰城した。

きと定めた。

　瑩山の没後、永光寺は、明峰素哲・峨山韶碩を中心とする4人

押水から羽咋へ

の高弟の門流による輪番住持制が行われ，教団の発展が図られた。この制度は，その後，曹洞宗の拠点寺院のモデルとして各地に広まった。一方，南北朝動乱の中で，能登守護吉見氏の外護を受け，1339(暦応2)年，北朝の光厳上皇の院宣に基づき，足利尊氏・直義によって能登国利生塔が造営された。本堂背後の崖際にその礎石が残り，納められていた舎利容器が今も伝わる。

鐘楼の脇の回廊を進み，階段をあがりきると伝燈院，回廊を出て石段をあがると開山塔がある。さらに，その奥にある墳丘状の五老峰には，天童如浄・道元・孤雲懐奘・徹通・瑩山ら，曹洞宗の五祖(五老)の遺品が埋納されているという。伝燈院は，この五祖を中心とする頂相彫刻(木造徹通義介・瑩山紹瑾・明峰素哲・峨山韶碩の各坐像は県文化)を安置し，瑩山が永光寺を曹洞禅の根本道場としようとした意図があらわれている。

また永光寺には，多くの中世文書を含む古文書が所蔵され，巻子37巻(116通)・一紙文書77通・典籍56冊・板額2面は，永光寺文書・典籍類(県文化)として保存されている。

なお，瑩山から能登總持寺を継承し，永光寺住持も兼務した峨山は，早朝に總持寺を出て永光寺に駆けつけ，朝の勤行を終えて總持寺に帰るという超人的な日課をこなしていたと伝える。その約60kmの山道は，峨山往来(峨山道)と称される。このルートは，能登の修験の道と重なっており，在来の信仰をいかしながら布教を進めた，瑩山や峨山の活動の一端を示すものとして興味深い。

2 羽咋から能登金剛へ

外浦海岸に沿って気多神社・妙成寺・松尾神社を訪ね，日本海運の拠点である福浦港，「能登富士」高爪山まで歩く。

吉崎・次場遺跡 ❼

〈M▶P.152〉羽咋市吉崎町ウ・鶴多町五反畑 ℗
JR七尾線羽咋駅🚶20分，または🚌羽氷北線・羽七東線文化会館前🚶20分

能登を代表する弥生時代の大集落跡

羽咋市文化会館前から邑知潟へ向かって北上すると，吉崎・次場弥生公園がみえてくる。

吉崎・次場遺跡（国史跡）は，邑知潟の畔に，弥生時代前期から後期まで長期にわたり存続した，北陸有数の拠点的な集落遺跡である。1952（昭和27）年，羽咋川改修工事の際に，大量の土器・木器が出土したことから，官民一体の本格的な発掘調査が行われ，遺跡の概要が明らかになった。羽咋市の戦後考古学史上，記念碑というべき遺跡である。

遺跡は，半月状の微高地に営まれた，東西580m・南北350mにわたる大規模なもので，平地式住居跡・高床倉庫の柱跡，集落域を分ける大溝などの遺構がみつかっている。出土品は，仿製小型内行花文鏡，懸垂用とみられる四螭鏡片，銅鐸の鋳型の破片，農具や木杭などの木製品，膨大な数の土器など，バラエティに富んでいる。周辺の低湿地で農耕を行い，集落内では金属器の加工を行う，この時代の最先端を行く拠点的な集落であったと考えられる。

現在では，国史跡指定地が吉崎・次場弥生公園となっている。平地式住居2棟・高床倉庫1棟，大溝の遺構が復元・整備されており，弥生大集落の往時の姿を垣間見ることができる。

吉崎・次場遺跡

寺家遺跡 ❽

〈M ▶ P. 152〉羽咋市寺家町・柳田町
JR羽咋駅🚌富来線猫の目🚶4分，または能登有料道路柳田IC🚗すぐ

海辺の祭祀遺跡　渤海交流の祭祀拠点

　能登有料道路柳田ICの高架下一帯が，寺家遺跡(国史跡)である。1978(昭和53)年，能登有料道路の工事中に，羽咋川の北部砂丘地の一角を占めるこの地から，瑪瑙の勾玉・帯金具・奈良三彩小壺・和同開珎・銅鏡，「宮厨」「司厨」と記された墨書土器など，7～10世紀の貴重な遺物が多数出土した。また，牛馬の歯や建物群跡などが発見され，古代の特色ある祭祀場であったことも判明した。約1km北西に気多神社があることから，気多神社成立前の祭祀場と推定されているが，渤海との交流にかかわった人びと，または渤海の人びとの祭祀場とも指摘されている。

　8～9世紀の能登は，渤海交流の基地として大きな役割をはたしたが，能登客院の設置場所は現在も確定されておらず，寺家遺跡と渤海交流との関連についても謎が多い。遺構は埋め戻されていて実見できず，展示施設もない。しかし，発見から30年以上経た2012(平成24)年，国の史跡となったことは幸いなことであった。

　なお柳田には，江戸時代に十村役をつとめた桜井家があり，近世初頭からの桜井家文書1431点(県文化)を伝える。文書は羽咋市歴史民俗資料館に保管されており，閲覧できる。

気多神社 ❾
0767-22-0602

〈M ▶ P. 152〉羽咋市寺家町ク1 🅿
JR羽咋駅🚌富来線一の宮🚶すぐ，または能登有料道路柳田IC🚗20分

能登の一宮　春を告げる気多の神幸

　一の宮バス停前に，気多神社がある。当社は気多大社と通称されるように，古代から能登を代表する有力神社であった。『万葉集』には，越中国司大伴家持が，「気太神宮」に参詣したときの和歌が載る。近くで寺家遺跡が発見されたことにより，この地で祭祀が始まったのは奈良時代からであることが明確となった。中世には能登国一宮となり，地元の武士や能登守護畠山氏などから崇敬された。近世に入ると前田家が再興につくし，社領350石が寄進され，武士だけでなく庶民からも信仰を得た。明治時代以降も能登の人びとから敬愛され，初詣客は県内一を争う多さである。

気多神社

正面の大鳥居から入り、折口信夫・春洋父子の墓を左にみながら参道を進むと、近世初頭に造営された、神門(国重文)に至る。屋根の反り方が古風な檜皮葺きの四脚門である。約3万m²におよぶ広大な社叢(国天然)は、「入らずの森」とよばれる。

拝殿は、加賀藩3代藩主前田利常によって、1653〜54(承応2〜3)年に再建された3間四方の入母屋造の唐様建築で、加賀建仁寺流の大工棟梁山上善右衛門の作と伝える。11代藩主治脩によって1787(天明7)年に再興された本殿は、数少ない両流造の大型建物で、類例は国内では広島県宮島の厳島神社など数例にとどまる。

本殿の右脇にある三間社流造の摂社白山神社本殿も、治脩が1787年に再興したもので、藩の御大工清水次左衛門・多四郎が設計にあたった。本殿左脇の摂社若宮神社本殿は、一間社流造の小ぶりな建物ながら、3つ並んだ本殿のなかではもっとも古く、1569(永禄12)年、能登守護畠山義綱によって建造された、県内でも数少ない戦国時代の遺構である。これらの社殿は、いずれも国の重要文化財に指定されている。

気多神社には、貴重な古文書も豊富に残っている。後奈良天皇女房奉書(国重文)を始め、戦国時代の土地台帳、前田家関係など(気多神社文書1681点、県文化)、おもなものは『史料纂集 気多神社文書』『気多神社文献集』として刊行されている。

日本海沿岸に「ケタ」を祭神や社号に入れた神社が広範に分布していることから、「ケタ」政治圏を想定したのは浅香年木であった。古代における、日本海を介した濃厚な政治的文化交流を示す代表例である。由緒によれば、気多神社の祭神大己貴命は、孝元天皇のとき、300余りの神々を率いて越中(現、富山県)の化鳥や邑知潟の大蛇を退治して海路を開いたといい、また気多大菩薩は、実は異国から多くの家来を引き連れて渡来した王子であり、能登半島を巡行

羽咋から能登金剛へ

正覚院

して鬼神を退治したという。こうした伝承は，当社の祭神が漂着神であったことを示唆する。なお，最初の鎮座地は七尾所口付近とも伝承されるので，七尾市所口町にある能登生国玉比古神社は気多本宮とも称す。

毎年3月18〜23日に行われる平国祭(オイデマツリ)は，神輿が邑知平野の村々を巡行し七尾の気多本宮に入った後，再び羽咋の一宮に還御する壮大な神幸である。能登に春を告げる風物詩として知られるが，国治めの神話を彷彿とさせる神事でもある。このほか，4月3日の例祭は流鏑馬神事として著名で，12月16日の深夜から未明に行われる鵜祭(国民俗)は，翌年の運勢を占う神事である。

参道の西側にある正覚院(高野山真言宗)は，戦国時代から近世初頭にかけて20以上もあった社僧の院坊の1つである。江戸時代に入り6つの院坊に限定されたが，1657(明暦3)年に2院が退転し，4院となった。明治時代初期の神仏分離に際し，正覚院以外の3院は復飾し，廃絶したが，正覚院は真言宗寺院として神社から独立した。もとは気多神社の大講堂の本尊であったとされる平安時代後期の定朝様式の木造阿弥陀如来坐像(国重文)を始め，気多社の神宮寺にふさわしい遺品や石動山関係の仏典・仏画を数多く所蔵する。

妙成寺 ⑩ 〈M ▶ P.152〉羽咋市滝谷町ヨ1 P
076-27-1226 JR羽咋駅 富来線妙成寺口 10分

羽咋法華の中心
建仁寺流大工のつくった五重塔

気多神社から国道249号線に出て，約4km北上すると妙成寺口バス停があり，国道東側の松原越しに五重塔がみえる。この塔を目指して25分ほど参詣道を歩くと，能登を代表する法華寺院，金栄山妙成寺(日蓮宗)の二王門(楼門，国重文)に至る。境内に入ると，10棟の国の重要文化財と2棟の県有形文化財が立ち並ぶ。いずれも17世紀の建物で，近世前期の加賀・能登の大工の名作揃いといえる。最古の建物は，文禄年間(1592〜96)の造営とされる庫裏(国重文)であ

166　口能登と羽咋・七尾

妙成寺文化財一覧(国・県指定のみ、*国重文)

種　別	名　　称	年　代	備　考
建造物	*庫　　　裏	1592〜96(文禄年間)	地方大工の作
	*本　　　堂	1614(慶長19)年	大工坂上又三郎
	*三十番神堂(本殿)	1614(慶長19)年	大坂の陣の祈願堂と伝える
	*五　重　塔	1618(元和4)年	大工越前坂上越後守嘉紹
	*三　光　堂	1623(元和9)年	鎮守堂ともいう
	*二　王　門	1625(寛永2)年	楼門ともいう
	*鐘　　　楼	1625(寛永2)年	
	*祖師堂附厨子	1624(寛永元)年	開山堂ともいう、大工宗心
	*書　　　院	1659(万治2)年	
	*経　　　堂	1670(寛文10)年	御大工三右衛門の墨書あり
	開　山　堂	1677(延宝5)年	
	釈　迦　堂	1686(貞享3)年	丈六堂ともいう
工芸品	*山水蒔絵机	江戸時代初期	浩妙院の遺品
	*山水蒔絵料紙筥		〃
絵画	日乗上人画像	室町時代後期	絹本著色、長谷川信春筆
	涅　槃　図	1568(永禄11)年	〃　　〃
典籍	妙法蓮華経	1428(正長元)年	版本8巻「法住寺版」
歴史資料	妙法蓮華経版木	1415(応永22)年	64枚、1枚欠「妙成寺版」
名勝	庭　　　園	江戸時代末期	池泉鑑賞式庭園

るが、これは能登の在地大工の作とみられる。このほか、1614(慶長19)年造営の本堂・三十番神堂や元和年間(1615〜24)造営の五重塔・三光堂(いずれも国重文)などは、加賀に建仁寺流の大工技術をもたらした坂上又三郎や坂上越後守嘉紹の作であり、山上善右衛門らに継承されていった。

　妙成寺は、滝谷寺・滝谷法華堂ともよばれたが、もとは真言宗の草堂であった。日蓮の孫弟子で日朗門下の日像は、1294(永仁2)年、日蓮ゆかりの佐渡(現、新潟県)から京都に向かう船中で、乗り合わせた石動山衆徒の満蔵(一説に乗微)と法論を行い、折伏した。満蔵は日像の弟子となり、法名を日乗と改めて七尾に上陸。石動山衆徒の迫害を避け、親類にあたる柴垣の土豪芝原将監(法光)の援助を受け、真言草堂の寄進を受け、妙成寺に改めたという。こうした開基伝説をもとに、現在では、開山を日像、開基は法光、2世を

羽咋から能登金剛へ

妙成寺祖師堂

日乗とする。1380（康暦2）年建立の日乗の笠塔婆が境内にあるので、南北朝時代から能登の日蓮宗の拠点であったことは間違いなく、七尾法華に対する羽咋法華の中心寺院として、庶民の信仰を集めた。

近世になると、加賀藩3代藩主前田利常の生母寿福院の篤い信仰を得て、現存する建物の大半が造営され、衰微した寺勢を復活させた。さらに120石余りの寺領を得て、寺内に7つの塔頭を擁し、加賀藩の日蓮宗僧録として12カ寺の触頭をつとめた。寿福院と利常の娘浩妙院（津山藩主森忠政に嫁した亀鶴姫）の菩提寺となり、2人の墓がある。また、若き日の長谷川等伯の作品を2点所蔵する。

妙成寺五重塔

雄谷家住宅 ⑪

〈M▶P.152〉羽咋郡志賀町福野イ70-1
JR羽咋駅🚌富来線大島🚶20分

能登の初期十村地域開発の恩人

妙成寺から国道249号線に戻り約4km北上、大島交差点を右折すると、福野集落の鎮守気多神社に至る。境内には、1302（乾元元）年に造立された福野妙法蓮華経碑（県文化）が納められている。碑は、京都六条本圀寺の開山日静を師匠と仰ぐ佐渡の日済が、この地に法華宗の堂舎を開いた由縁を刻んだ、石造物史上希有のものとされるが、今は摩滅して文字の判読はできない。

気多神社から集落内を北へ300mほど歩くと、屋敷地の前面に堀と白壁土蔵を構えた雄谷家住宅（附屋敷構え、県文化）がある。雄

雄谷家住宅

雄谷家は，江戸時代初期より十村をつとめた豪農地主で，鶴見の苗字をもち，歴代当主は助太夫を名乗った。近世中期頃に建てられた入母屋造平入・茅葺きの大型主屋は，内部見学はできないが，今でも往時の威勢を偲ばせる。また当家は，1582（天正10）年の前田利家による検地帳を始め，福野潟開発，徴税・用水普請に関する多数の古文書を所蔵する。なお，雄谷家住宅のすぐ前は，かつて福野潟が広がっていたが，江戸時代以来の埋立てや新田開発で，今はすっかり美田となっている。

雄谷家住宅から県道46号線を約1km北上，国道249号線を越えてさらに北西へ約1km行くと，安靜寺（単立）がある。16世紀初頭，土豪竹内右近が真宗に帰依し，高塚村（現，志賀町高浜）の門徒とともに開いた惣道場に始まる寺院である。羽咋法華，妙成寺の影響を受けていた時期があり，本願寺9世実如からくだされた方便法身像のほか，妙成寺版とよばれる版本『妙法蓮華経』8帖（県文化）も所蔵する。

平家庭園 ⑫
0767-32-1404
〈M▶P.152〉羽咋郡志賀町町30-63　P
JR羽咋駅 富来線高浜 徒歩20分

能登天領を治めた豪農と平家落人伝承

安靜寺から西進し，日本海沿いの旧外浦道（県道36号線）に出る。神代川に架かる川尻橋を渡り，600mほど行き左折すると，八千鉾神社の南側に閑静な平家住宅と庭園がある。

平家庭園（県名勝）は，前庭・後庭からなる。前庭は室町時代の様式を踏襲した，江戸時代前期〜中期の庭である。心字池・築山・枯滝が配置され，築山の後方には地蔵菩薩を陽刻した室町時代の六角石幢が立つ。後庭は，大正時代に京都修学院離宮の庭師広瀬万次郎が大幅に改造したものだが，四季折々の移ろいを楽しめるよう作庭されている。

平家は，俱利伽羅峠の戦い（1183年）で敗走し，この地に落ち延

羽咋から能登金剛へ

びた平維盛(たいらのこれもり)の家臣平式部大夫(しきぶ)を祖とし、のち戦国大名能登畠山氏に所属し、堀松城(ほりまつ)(現、志賀町堀松)主となったと伝える。1689(元禄2)年、町村(むら)の武衛門が周辺の幕府直轄領13カ村の支配を担当し、「天領大庄屋(てんりょうおおじょうや)」とよばれた。伝来の平家文書3515点(県文化)をみると、能登の幕府直轄領農村の支配の実態が浮かび上がってくる。

町の西隣の安部屋(あぶや)は、越前敦賀(えちぜんつるが)(現、福井県敦賀市)から移住してきた漁業者たちが、江戸時代初期に開いた集落で、北前船(きたまえぶね)の寄港地としても栄えた。

福浦港(ふくらこう) ⓭ 〈M ▶ P. 152, 172〉羽咋郡志賀町福浦港
JR羽咋駅🚌富来線高浜乗り換え志加浦線福浦🚶5分

渤海使から北前船まで自然が生んだ良港

高浜から外浦道(県道36号線)を約10km北上すると、崖の上下に福浦港の集落が展開する。能登金剛に連なるリアス式海岸によって、北の水涌(みずわ)、南の大涌(おおわ)に分かれる良港となっている。多くの岩礁(がんしょう)や日和山(ひよりやま)台地が季節風を防ぐ。

奈良・平安時代には福良津(ふくらのつ)・福良泊(とまり)とよばれ、古代国家の港として機能していた。773(宝亀3)年、帰国の途にあった渤海使壱万福一行が、送渤海使武生島守(たけふのしまもり)らとともに遭難して能登国に漂着したので、福良津で休養させたという。804(延暦23)年、渤海使のために能登国に造立が命じられた能登客院(えんりゃく)は、福浦付近にあったと推定されている。883(元慶7)年(がんぎょう)には、渤海使帰国の造船料にあてる大木について、福良泊での伐採を禁止している。

江戸時代には日本海航路の風待港や避難港として重要視され、多くの船舶が出入りした。港の両岸には船を係留するために岩を刳(く)り抜いて「めぐり」がつくられ、わずかに現存する。北前船の船宿も繁栄し、なかでも佐渡屋の「客船帳(きゃくせんちょう)」は貴重な史料となっている。

福浦港

旧福浦灯台

また腰巻地蔵は、船乗りと女性をめぐる伝承をもつ。野口雨情はこれを、「能登の福浦の腰巻地蔵はけさも出船をまたとめた」と、1934(昭和9)年に詠み、石碑も立つ。

日和山台地には、旧福浦灯台(県史跡)が立つ。1876(明治9)年、村民の日野吉三郎が、近世以来の灯台を洋式につくりかえたものである。木造で四角形をなし、桟瓦葺きで、高さ約5m、内部は3層となっている。北前船で賑わった時代の遺構として貴重である。

松尾神社 ⓮

〈M▶P.152, 172〉 羽咋郡志賀町町居カ部4 P
JR羽咋駅🚌富来線三明乗り換え豊川線小谷内口🚶5分

県内最古の建造物　一間社流造の小さな本殿

福浦港から県道48号線を北東へ約6km行き、小谷内口バス停の手前を左折すると、まもなく左手に松尾神社(祭神大山咋命・玉依比売命)の鳥居がみえる。伝承では、834(承和元)年に山城国の松尾大明神(松尾大社、京都市西京区)を勧請したものという。近世には、町居・草木・日下田3カ村の惣社として信仰を集め、西側高台に隣接する松尾寺(高野山真言宗)が社僧として取りしきった。

茅葺きの大きな拝殿(県文化)は、桁行5間・梁間3間、入母屋造妻入である。今は幣殿・本殿と接続しているが、大正時代以前は拝殿と本殿のみであった。

覆屋で保護された本殿(国重文)は、簡素で小振りの一間社流造ながら、四周に撥高欄をつけた縁をめぐらし、見栄えのする造りとなっている。本殿も拝殿も造立年次は不詳である。仕上げに鉇を用い、古風な木割がみられるなど、室町

松尾神社

羽咋から能登金剛へ

能登金剛周辺の史跡

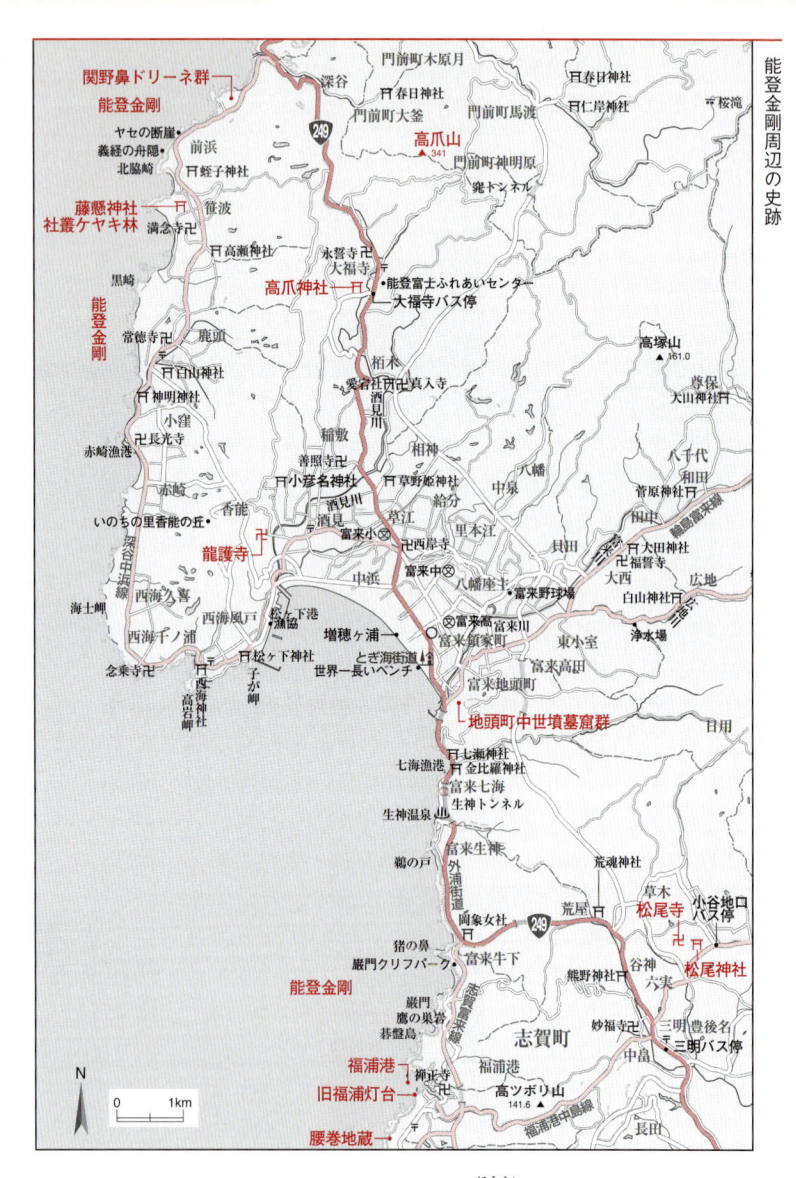

時代末期の建造物と推定される。本殿は「宝永元(1704)年」、拝殿は「宝永五年」の修理棟札がある。

なお松尾寺には、明治時代初期の神仏分離のときに移されたかつ

ての神体である松尾神社本地仏懸仏 5面(県文化)が保存されている。

龍護寺・地頭町中世墳墓窟群 ⓯⓰
0767-42-0401(龍護寺)

〈M▶P. 152, 172〉羽咋郡志賀町酒見門前67 P／志賀町富来地頭町27-13-2 P
JR羽咋駅🚌富来線終点乗り換え外浦線酒見龍護寺前🚶5分／能登有料道路西山IC🚗20分

　酒見龍護寺前バス停向かい側の標柱から右折して直進、酒見川を渡り、杉林の中の石段をまっすぐのぼると龍護寺(曹洞宗)がある。
　1395(応永2)年、總持寺9世で同寺如意庵開基の実峰良秀が、竜神授戒の縁によって草創し、門弟貝林侑籍が開山になったと伝える。1612(慶長17)年の火災で焼失したが、龍室頼泉が復興し、1659(万治2)年頃、本尊・梵鐘などが整備された。能登国三十三カ所観音霊場25番札所として、信仰を集めた。
　寺宝の木造薬師如来坐像(県文化)は、ヒノキの一木造で穏やかな風貌を示し、平安時代中期頃の作と推定される。もとは酒見の少彦名神社の本地仏で、別当八津寺の本尊であったが、明治時代初期の神仏分離に際して当寺に移された。
　富来の町の中央を流れる富来川を境に、富来地頭町と富来領家町がある。かつて、下地中分がなされたことを示す地名と推測でき、興味深い。富来川の河口には高さ約70mの岸壁があり、約1m四方の岩窟が7つ掘削され、小型の五輪塔や宝篋印塔・板碑などの墓石が安置されている。これが、地頭町中世墳墓窟(やぐら)群(県史跡)であるが、前に民家があって場所はわかりにくい。こうした墓制は、鎌倉など関東地方では武士の墳墓として広くみられ、「やぐら」とよばれているが、能登ではここにしかない。鎌倉幕府の命令で移住した関東武士が、能登に骨を埋めたため、このような特異な墓がつくられたのであろう。

高爪神社 ⓱
0767-42-0781

〈M▶P. 152, 172〉羽咋郡志賀町大福寺ナ58 P
JR羽咋駅🚌門前急行線門前行大福寺🚶5分(本殿)・🚶65分(奥殿)

　富来から酒見川に沿って国道249号線を約5km北上し、大福寺の

高爪山

能登富士は能登の山岳修験霊場

集落に入ると、正面に大きく高爪山(341m)がみえてくる。円錐形をなすことから、別名「能登富士」とよばれる秀峰で、外浦一帯から望見でき、航海・漁業の目印として重視されてきた山である。こうした山容は、典型的な神奈備の姿を備え、原始以来、神体山として仰がれてきたのであろう。

高爪神社(祭神日本武尊)は、山頂に奥殿が、南麓の台地に本殿が鎮座している。本殿は大福寺バス停の西約300mの所にあり、境内には、近世に盛行した能登国三十三カ所観音霊場26番札所である観音堂や、幹周り8.1mのタブノキがひっそりとたたずむ。奥殿へは国道249号線から案内板に従い、約2km山道を進むと、登山口の標示があり、ここから徒歩約20分で山頂に至る。奥殿は、2007(平成19)年の能登半島地震で被災したが、すぐ脇にある室町時代中期の大日板碑は無事であった。

神仏習合の進展により、中世以降は山岳修験の霊場となり、高爪大明神・気多大明神(能登一宮)・伊須留岐権現(石動山)・白山妙理権現(加賀一宮)・若王子(熊野信仰)・八幡大菩薩を「六社宮」と称し、信仰の対象とされてきた。高爪神社に伝えられる「建治元(1275)年」銘を有する木板彩画懸仏(国重文)には、ヒノキの一枚板の表面に、六所の本地仏が描かれている。通常、懸仏は金属製であり、木造のものは例が少なく貴重である。これらは、「承元二(1208)年」銘の木造薬師如来坐像(県文化、石川県立歴史博物館保管)とともに、中世の高爪山信仰を物語る文化財としてきわめて重要である。

また、天正年間(1573〜92)の前田利家書状6通のほか、1650(慶安3)年の前田利常寄進状、歴代藩主位牌などを所蔵しており、近世の高爪山信仰が加賀藩主前田家の外護を得て展開された事情を裏づけている。

伊能忠敬の沿岸測量

コラム

県内で37泊した伊能忠敬「隠密がましき」と疑われ

　1800(寛政12)年の蝦夷地測量に始まる伊能忠敬の全国測量は、10次・17年間にわたった。加賀・能登測量は第4次に含まれる。1803(享和3)年2月に江戸を出立した一行は、東海道から北陸道へと進み、6月24日、現在の加賀市に入った。長く複雑な海岸線の能登半島は2隊に分かれて測量したが、それでも県内で37泊もしている。

　加賀藩では、幕府御用ではあるが、忠敬の身分が元百姓・浪人だったことから、丁重な扱いは不要として、藩士や十村ではなく十村手代と村役人に対応させた。さらに、村ごとに家数・石高を尋ね、村境までの距離を測るという情報を得て、「隠密がましき」行為として警戒を強めた。加賀藩領内の村では、領主の指図がないからと、家数・石高をこたえなかったので、忠敬の『測量日記』には記されてない。

　忠敬らは、7月2日、金沢城下尾張町(現、金沢市尾張町)住吉屋太兵衛宅に宿泊したが、藩士や町役人の挨拶はなかった。7月5日、今浜(現、羽咋郡宝達志水町今浜)で2隊に分かれ、忠敬隊5人は七尾へ出て東海岸(内浦)を測り、弟子隊3人は西海岸(外浦)を北上し、輪島を経て珠洲岬をまわった。両隊は7月22日に松波海岸で合流。8月2日に越中(現、富山県)へ移った。

　加賀では、警戒心をあらわにする村役人たちに不愉快な思いをしたこともあった。しかし、稲舟村(現、輪島市稲舟町)の十村笠原藤太は、測量隊到着までの6日間に8回もお触れを出し、輪島から真浦(現、珠洲市真浦町)までの丸2日間の測量作業に、延べ90余人を配し、細心の注意を払った。

　忠敬たちの功績は、もちろん偉大である。しかし、塩田作業や農作業の忙しいさなかに、梵天(ポール)を立て、鎖縄を引き、慣れない測量作業に従事する、全国津々浦々の沿岸民がいたからこそ成就した事業である。『大日本沿海輿地全図』の日本列島の輪郭線は、幾万の人びとが手をつないで描いた巨大な1つの輪のようにもみえる。

　高爪山の西方、日本海に面した笹波には、カルスト地形が展開し、関野鼻ドリーネ群(県天然)とよばれる石灰質砂岩層を漏斗状に浸食した穴がみられる。また、藤懸神社社叢ケヤキ林(県天然)は、自然植生の標本として学術的価値が高い。

羽咋から能登金剛へ　　175

③ 七尾市から鹿島路へ

古代の能登国府,中世の守護畠山氏の拠点,近世は前田利家の城下町であった七尾とその周辺には,多くの旧跡がある。

小丸山城跡 ⑱ 〈M▶P.152, 179〉七尾市馬出町 P
JR七尾線・のと鉄道七尾線七尾駅🚶5分

前田利家の城作り 能登支配の拠点

JR・のと鉄道七尾駅の北西約400mにみえる小高い丘が,小丸山城跡である。

1581(天正9)年8月17日,前田利家は,織田信長より能登一国を与えられた。利家は一旦七尾城に入った後,あらたに湊町に近いこの地で,能登一円から人びとと物資を集めて築城を始めたが,移動時期については議論があり,明確ではない。1583年4月,利家は,羽柴(豊臣)秀吉より,石川・河北両郡を加増されて金沢へ移ったため,利家の兄安勝が七尾城代をつとめた。

文禄年間(1592～96)に小丸山城を居城とし,能登21万5000石を与えられていた利家の2男前田利政は,1599(慶長4)年3月21日,利家の遺言により,さらに口郡1万5000石を分与された。しかし,関ヶ原の戦い(1600年)のとき,兄前田利長の要請を受け一度は出陣したが,再度の出陣要請に応じなかったため封を解かれ,能登一円は利長領となった。これにともない,小丸山城は金沢城の支城となり,城代がおかれたが,1615(元和元)年の一国一城令により廃された。

現在,城跡は小丸山公園となっている。第一公園が本丸,第二公園が二の丸と考えられる。本丸には櫓台とみられる高台や,曲輪の東縁に土塁跡が残り,二の丸とは深い空堀で画されている。

小丸山城跡の南西約500mの所には石川県七尾美術館があり,能登ゆかりの作品が収蔵されている。絹本著色愛宕権現図(県文化)は,長谷

小丸山城跡

長谷川等伯と七尾美術館

コラム 人

狩野派に対抗した等伯 青年時代は七尾城下で

　国宝紙本墨画「松林図屏風」は，長谷川等伯の代表作である。狩野派全盛の桃山画壇にあらたな息吹を与えただけでなく，雪舟が確立させた日本的な水墨画の伝統が新しい感性によって再生されたことを示す名作として知られる。等伯のもう1つの傑作「智積院襖絵(旧祥雲寺障壁画)」は，絢爛豪華な金碧障壁画で，静寂と高邁さをたたえた「松林図屏風」と好対照の作品である。狩野永徳率いる狩野派に対抗して，等伯一門が総力を結集し，濃絵でもその実力を示した代表作といえよう。等伯が，その精神性や画面の使い方を通して近世絵画に与えた影響は大きい。

　しかし，等伯が七尾生まれで，78年の生涯のうち前半の30年余りは，能登の地方画家であったことは意外に知られていない。等伯の前半生の研究や紹介に力を入れているのは，JR・のと鉄道七尾駅から徒歩約10分の所にある石川県七尾美術館(七尾市小丸山台)である。この美術館で，等伯の生涯，画業の特徴，能登に残る作品など

を確認しておきたい。

　雪舟の弟子と自称する等伯の画業は，能国七尾城下で始まる。実父は，戦国大名能登畠山氏の家臣奥村氏とされ，七尾で染色業を営む長谷川家の養子となり，当時は「信春」「又四郎」「帯刀」と名乗ったという。信春筆の確実な作品で最初期とされるのは，気多神社の神宮寺であった正覚院が所蔵する「十二天図」であり，等伯26歳の作である。それまでに画家として修業を積んだことは間違いなく，奥村氏の菩提寺である本延寺(日蓮宗，七尾市)に，等伯が着色した「日蓮聖人坐像」が残る。羽咋法華の中心，妙成寺にも初期の等伯の作品が残る。

　等伯は法華寺院の人脈を利用し，京都で活躍するようになったといわれる。七尾本延寺の本山である京都本法寺の塔頭で，京都に出たばかりの制作活動がなされた。

　14世紀に日像が植えつけた羽咋法華と七尾法華が，能登七尾時代の等伯を支え，京都画壇に進出していくきっかけを与えたことは，記憶しておきたいことである。

川信春(等伯)の上洛後まもない頃の作とみられる。賦何船連歌(県文化)は，1483(文明15)年，能登国守護畠山義統が守護館で張行した連歌百韻であり，風雅をきわめた戦国時代の「畠山文芸」を伝えている。

山の寺寺院群 ⑲

〈M▶P.152, 179〉七尾市小島町 P
JR・のと鉄道七尾駅🚶22分，または🚌和倉線・高浜線小島町3丁目🚶1分（妙観院）

16前田利家生母の菩提寺などカ寺が集まる

　小丸山城跡の北西，桜川左岸の小島丘陵西側の法華谷を中心に，山の寺寺院群がある。小島に寺が集められたのは，1581(天正9)年前田利家が城下町作りに着手した後である。1585年6月22日に「山の寺」(現，徳翁寺)へ寺居屋敷を寄進したのを皮切りに，順次，寺を配置し，曹洞宗を始め，浄土宗・日蓮宗・真言宗の21カ寺が集まった。現在は16カ寺になっている。

　この寺院群中，最北に位置するのが妙観院(高野山真言宗)である。小島町3丁目バス停の目の前に立つ竜宮造を模した山門脇の階段をのぼると観音堂がある。木造阿弥陀如来坐像(県文化)，木造聖観音立像と増長天・多聞天が安置されており，能登国三十三カ所観音霊場7番札所となっている。観音堂のそばに1695(元禄8)年作の鐘がある。竹に虎を組み合わせた竜頭をもつ，珍しい造りである。

　境内の牛追善塔は，食用に供したウシを供養したものだが，食用にした事情については2つの説がある。1つは，1867(慶応3)年，イギリス・フランスの測量船が，開港場として新潟と比較するために七尾に入港したとき，開港場に接収されては一大事と加賀藩が酒宴を開き，牛肉を用意して饗応したとの説である。もう1つは，1869(明治2)年，加賀藩の海軍付属機関の語学所教師として招聘されたイギリス人通訳パーシバル＝オズボーンに牛肉を提供したときの供養だという。

　妙観院から南へ約700m行くと長齢寺(曹洞宗)がある。前田利家が，能登に入部した際，越前高瀬宝円寺(福井県越前市高瀬)の大透圭徐を招き，母の菩提寺として宝円寺を建

妙観院山門

178　□能登と羽咋・七尾

立した。1583(天正11)年，金沢に移った利家は，同地にも宝円寺(金沢市宝町)を建立したため，1584年，寺号を母の法名にちなみ長齢寺と改めた。寺宝には，利家の父の絹本著色前田利春像(国重文，石川県七尾美術館寄託)・絹本著色長齢夫人画像(県文化)を始め，利家ゆかりの人びとの画像が多く，境内には墓も残る。

長齢寺の西約250mの所に，龍門寺(曹洞宗)がある。能登国守護畠山義元の菩提寺である三井(現，輪島市三井町)の興徳寺が退転したとき，興徳寺伝来の法衣・文書なども相伝した。現在も，紙本墨書『正法眼蔵』『伝光録』『正法眼蔵仏祖悟則』計81冊と，これらを納めた「永禄十(1567)年」の蓋裏銘をもつ納入箱(いずれも県文化)を伝える。これらは曹洞宗の基本的な典籍として，貴重である。また，長谷川信春(等伯)筆の紙本墨画達磨図(県文化)も所蔵する。

龍門寺よりさらに西へ約250m行くと，西念寺(浄土宗)に至る。

七尾市から鹿島路へ

寺宝に、鎌倉時代につくられた刺繡阿弥陀三尊像(国重文、石川県七尾美術館寄託)と絹本著色阿弥陀三尊来迎図(県文化、同館寄託)がある。平安時代から鎌倉時代にかけて盛んになった、浄土信仰の一端を知ることができる貴重な資料である。

近くに、岩屋化石層(県天然)がある。石灰質砂岩層中に、コケ虫類・貝化石・ウニ殻・サメの歯などが含まれている。とくに、ノトキンチャクガイ(学名ナナオクラミス・ノトエンシス)は貴重である。

七尾軍艦所跡 ⑳

〈M▶P.152, 179〉七尾市矢田新町
JR・のと鉄道七尾駅🚶15分、または🚌崎山線ほか矢田新東🚶すぐ

梅鉢海軍の基地　俊秀を育てた語学所

矢田新東バス停前に、七尾軍艦所跡の碑とパーシバル＝オズボーンの顕彰碑がある。七尾軍艦所は、ペリー来航以降、海防の強化が図られるなか、1862(文久2)年に加賀藩によって設立された。加賀藩洋式武学校壮猶館の海軍部門が独立し、軍艦基地となり、軍艦実習も行われた。軍艦所を基地とする加賀藩の軍艦は、駿相丸・発機丸・李白里丸・有明丸・起業丸・猶竜丸の6隻で、「梅鉢海軍」とよばれた。

七尾軍艦所には、壮猶館の分校として語学所がおかれた。この語学所に、金沢藩のお雇い外国人1号として、1869(明治2)年に赴任したのが、パーシバル＝オズボーンであった。語学所には、壮猶館英学所に学ぶ者のうち、とくに優秀な三十数人が派遣されて教えを受けた。このなかには、アドレナリンを抽出した高峰譲吉、日本に理論化学を導入した桜井錠二らがいる。

1867(慶応3)年、イギリス艦3隻が七尾港に来港したが、バジリスク号には、イギリス公使ハリー＝パークスと外交官アーネスト＝サトウ

七尾軍艦所跡の碑

青柏祭と奉灯祭

コラム

能登の曳山祭りとキリコ祭りの代表

青柏祭は、七尾市山王町の大地主神社の祭礼であり、魚町・府中町・鍛冶町より曳山が奉納される。神饌を青い柏の葉で盛ったことからこの名がつき、青柏祭の曳山行事として、国の重要無形民俗文化財に指定されている。

近世は4月の申の日に行われていたが、現在は5月3〜5日に行われている。祭りの準備は定めの日に車を出し、組み立てることから始まる。曳山は高さ12m、車輪の直径2m、金具を用いずに材木を組み立て、筵で包み、幕を張り、横正面に舞台を設けて時代人形を飾る。この人形の趣向は、毎年かわる。5月2日には、山町の有志宅に人形を飾る人形見が行われる。3日に飾付けを終えると、夜から翌日正午に3町から神社に曳き入れられ、祭典後、市中へ曳き出される。重さ20tにおよぶ通称デカ山の曳き回しや、大梃子を用いての方向転換は圧巻である。5日は裏山の行事が行われる。

七尾の春の祭りの代表が青柏祭なら、夏の祭りの代表が石崎奉灯祭である。七尾南湾の西端に位置する石崎町は、能登国守護畠山氏から能登・越中（現,富山県）一円の漁業権を免許されたという伝承をもつ、漁業の盛んな町である。この町では、旧暦6月15日に祇園祭の流れを汲む祭りが行われていたが、明治時代にキリコとよばれる奉灯が導入された。キリコは、高さ12m余り、重さ約2t、100人ほどでかつがれる。捩り鉢巻・さらし・地下足袋姿の若者が、6本の方柱状のキリコを掲げ、御仮屋周囲をいっせいに練る。その勇壮さと一糸乱れぬ整然さが見ものである。

が乗船していた。彼らは、安政五カ国条約で開かれた新潟港が、大型船の入港には不向きであるとして、それにかわる貿易港を七尾港に求めたのである。しかし、応対した加賀藩外国方はこの要求を拒んだ。七尾港が国際貿易港となったのは、1899年のことである。

七尾城跡 ㉑

戦国大名能登畠山氏がつくった山城の典型

0767-53-4215（七尾城史資料館）
〈M ▶ P. 152, 179〉 七尾市古府町・古屋敷町・竹町
P（七尾城史資料館）
JR・のと鉄道七尾駅 🚌 羽丘東線藤野町 🚶 70分、または 🚕 10分

藤野町バス停から国道159号線を七尾市街地方面へ少し戻り、城山登山口交差点で右折し、県道177号線を約1.5km進むと、「文部省史蹟指定七尾城址登口」碑がみえる。ここから車では約5分で、七

七尾市から鹿島路へ

七尾城跡

尾城跡の本丸北駐車場まで行けるが、大手道を徒歩でのぼることをお勧めしたい。

まずは、石碑を右折して古屋敷町集落に入り、七尾城史資料館で七尾城主能登畠山氏関係の遺品や出土遺物を見学したい。道標に従い、集落を抜けると大手道登り口に至る。

七尾城跡(国史跡)は、七尾市街地南方約5kmの石動山系の急峻な尾根上城山と通称される一帯に展開する、東西約1km・南北約2kmの広大な中世山城である。標高約300mの本丸を中心に、派生する尾根の山麓部まで曲輪が分布している。石垣や土塁をともなう本丸などを中心とした主郭群と、土造りを基本とする曲輪群がある。現存する枡形虎口の特徴から、主郭群の一部に織田方の武将による改修が確認できる。七尾城全体の基本構造は、能登畠山氏段階に形成されたと推定される。

畠山氏と能登とのつながりは、室町幕府の管領である畠山基国が、1391(明徳2)年に能登国守護職に任じられたことに始まる。基国は、河内・越中・紀伊(現、大阪府南東部・富山県・和歌山県)の守護職も兼任していたが、将軍義満の死去を機に基国の2男満慶が1408(応永15)年に能登一国の守護職となり、それ以降、能登畠山氏が成立し、1477(文明9)年には3代義統が、初めて能登に下国している。1515(永正12)年、7代義総が能登国守護職になると、その30年の治世の間に七尾城が本格的に建設され、領国支配の政治・軍事的拠点としての機能も平野部の府中から要害である七尾城へ移された。とくに3代義統・7代義総の時代は領国支配が安定し、義総の頃は京都から多くの文化人が七尾に来住し、府中守護所や七尾城でたびたび和歌や連歌の会が催された。

義総没後は、城内の主導権をめぐり、重臣層、とくに温井氏や遊佐氏による抗争が繰り返され、能登畠山氏の権威は失墜した。1576

（天正4）年，11代義隆が病死すると，越後（現，新潟県）の上杉謙信は，人質であった9代義綱の弟上条義春を七尾城に送り，能登畠山氏の再興を名分とし，能登攻略を始めた。上杉氏との戦いのなかで，重臣遊佐続光が上杉方に内応したため，1577年，もろくも七尾城は陥落，169年間にわたり能登を治めた能登畠山氏は滅亡した。

その後，上杉氏は七尾城に城将をおき，能登支配の拠点にしたが，謙信の急死後，織田信長の支援を得た長連龍の反撃や畠山氏の旧臣温井・三宅両氏の離反により，上杉家臣は能登から追放され，七尾城は織田方の支配下におかれた。1581年には信長配下の武将菅屋長頼が七尾城城代となり，さらに同年，前田利家が信長から能登一国支配権を与えられ，越前府中（現，福井県越前市府中）から七尾城へ入城した。しかし利家は，ほどなく湊に近い小丸山に城を構え，1583年，さらに北加賀二郡を加増されると，金沢城に移った。

山麓部である古屋敷町から古城町にかけての緩傾斜地には，戦国時代の城下町遺構や遺物が確認できる。現在は，山林や水田，宅地となっているが，発掘調査により短冊形の街区に屋敷が整然と連なる景観が復元でき，城下には鍛冶・鋳物師・塗師などの職人たちが活動していたことが明らかとなってきた。また，山麓部に大型の堀と土塁で惣構を築き，城下を再編したことが，近年の調査で判明した。

能登国分寺跡 ㉒

〈M ▶ P. 152, 179〉七尾市国分町・古府町　P
JR・のと鉄道七尾駅　市内循環バス能登国分寺公園口　すぐ

100年遅れて建てられた国分寺

七尾城跡から国道159号線城山登山口交差点に戻り，約1.2km南下し右折すると，能登国分寺跡（附 建物群跡，国史跡）を中心につくられた5.3haにおよぶ歴史公園，能登国分寺公園に至る。公園内には，復元された南門と塀が立つほか，塔・金堂・講堂・北門・中門・回廊・南方倉庫跡の遺構が復元・整備され，それぞれ解説板が設置されている。公園内の南側（駐車場の北側）にある能登国分寺展示館では，出土遺物や写真などが展示され，映像によるガイダンスも充実している。

能登国分寺は，743（天平15）年の聖武天皇による国分寺建立の

詔が出された直後，能登国が越中国(現，富山県)に合併されたため，他の国分寺とは異なり，100年近くも遅れた843(承和10)年につくられた。それも，すでにあった定額寺の大興寺を代用して国分寺としたものであった。大興寺の時代も含め，約400年間，この地は能登の国家仏教の聖地として栄えたが，1577(天正5)年の七尾城落城とともに焼失したという。

能登国分寺跡は，江戸時代からその所在が知られていた。本格的な調査は1970(昭和45)年から始まり，9次にわたる発掘調査が行われた。この結果，東西約160m・南北約215mの，南北方向にやや長い寺域をもち，南から北に向かって南門・中門，右に塔，左に金堂を配し，正面に講堂をおく法起寺式の伽藍配置をとっていたことが判明した。また，瓦・瓦塔・土塔・木簡・和同開珎など，貴重な遺物も多く出土している。

能登国分寺跡の南東約1kmの台地に，能登国分尼寺跡に比定されている千野廃寺跡がある。またこの周辺には，官衙の遺構が確認された古府タブノキダ遺跡がある。廃寺跡の南西約2kmに飯川のヒヨドリザクラ(県天然)もある。

院内勅使塚古墳 ㉓ 〈M ▶ P. 152, 179〉七尾市下町戊21-2
JR七尾線徳田駅🚶5分

JR徳田駅から集落の中を国道159号線鹿島バイパスのほうへ歩いて行くと，すぐに院内勅使塚古墳(県史跡)の四角い墳丘がみえてくる。

7世紀前半に築造された一辺約23m・高さ約3.7mの2段築成の方墳で，幅約6mの周溝をもつ。東側に向けて両袖型プランをもつ石室が開口している。この石室は，30個以上の巨石を積み上げて築造されており，奈良県高市郡明日香村にある石舞台古墳の縮小版ともいわれる。江戸時代にはすでに開口しており，副葬品などは伝わっていないが，近年，発掘調査が行われ，石室床面から坏や蓋などの祭祀に使われた須恵器がみつかっている。被葬者は，能登国造一族と考えられている。

古代より海上交通の要所であった鹿島津の周辺は，古墳時代を通して多くの古墳が築かれた地域である。前期には，七尾市西部の丘

院内勅使塚古墳

陵地帯に多くの古墳が築かれた。国分尼塚1号墳・2号墳は、1980年代の調査により、銅鏡・勾玉などの玉類、鏃を入れる袋である靫、鉄鏃・銅鏃・鉄刀などの武器類の副葬が確認されている。

中期以降は、鹿島津に近い矢田古墳群に墓域が移動し、全長約32m、埴輪列をともなう円墳である矢田丸山古墳がつくられた。後期になると、七尾市内最大規模の全長59m・高さ7mの前方後円墳である矢田高木森古墳がつくられ、終末期に院内勅使塚古墳の築造をみる。

本土寺 ㉔

0767-72-2235

〈M▶P.152〉鹿島郡中能登町西馬場ユ3　P
JR七尾線能登部駅または良川駅🚶25分

妙成寺のライバル
日像ゆかりの法華寺院

JR能登部駅から羽咋・七尾間の西往来(県道2号線)を良川駅方面に約1.5km行くと、左手に石柱が立っており、そこを左折して400mほどのぼると本土寺(日蓮宗)がある。

伝承によれば、1294(永仁2)年、佐渡(現、新潟県)から七尾に上陸した日像は、石動山で衆徒と法論を戦わせたものの迫害を受け、逃れる途中、芹川の土豪加賀太郎(加賀右衛門)・北太郎(北右衛門)兄弟に助けられた。兄弟は討死してしまったが、日像は無事逃れ、羽咋滝谷に妙成寺を創建し、さらに兄弟殉難の七回忌にあたる1300(正安2)年、弟子乗純を遣わし、彼らの菩提を弔うために本土寺を建立したという。

1816(文化13)年、妙成寺との確執によって、永聖蹟紫金襴の寺格を剥奪され、記録・什物類を散失した

本土寺山門

七尾市から鹿島路へ　　185

といわれるが，現在も，全国でも希少な鎌倉時代の絹本著色観音経絵2幅(国重文)，「天文十一(1542)年」の修理銘をもつ室町時代の黄不動尊画像・朱漆塗科註筥(説相箱)が伝存する。なお山門と仁王像は，明治時代初期の神仏分離に際し，石動山天平寺から移築されたものである。

本土寺から良川方面へ約1km旧道を進むと，左手に白比古神社と山田寺(高野山真言宗)が並んで立っている。山田寺は白比古神社の別当坊の1つと伝えられ，神仏習合の古い形態を偲ばせる。山田寺本尊である鉈彫りの木造十一面観音立像は，能登国三十三カ所観音霊場20番札所として信仰を集めた。

雨の宮古墳群 ㉕

〈M ▶ P.152〉鹿島郡中能登町能登部上・西馬場 P
JR能登部駅🚶30分

古墳時代の能登の王墓

JR能登部駅前から案内板に沿って遊歩道をのぼること約30分，雨の宮古墳群(国史跡)に到着する。

雨の宮古墳群は，巨大な前方後方墳と前方後円墳が対をなし，眉丈山系の最高所に聳える能登の王墓である。1号墳は全長約64mの前方後方墳，2号墳は全長約65mの前方後円墳であり，ともに段築，葺石をもつ4世紀末の大型古墳で，その周辺に大小の円墳34基が築かれている。また約1km離れた西尾根に，方墳2基・円墳3基のテンジクダイラ支群がある。

1992〜96(平成4〜8)年にかけて，史跡整備にともない発掘調査が行われた。1号墳の埋葬施設は，長大な割竹形木棺を粘土で包んでおり，粘土槨とよばれる。棺の中には，多くの副葬品が納められていた。特異な文様をもつ神獣鏡，鉄刀・鉄剣・鉄鏃・銅鏃・短甲などの武器類，鍬形石・石釧などの石製腕飾りといった

雨の宮古墳群

能登上布

コラム 産

保存と継承が試みられる中能登の伝統産業

能登上布(のとじょうふ)は、旧羽咋・鹿島郡で生産される夏物の麻織物である。通気性がよく、軽くて肌ざわりもさらりとしている。こまやかな絣(かすり)模様が特徴である。崇神天皇皇女が伝えたという伝承があるが、当地の麻糸や麻布が商品化されたのは、江戸時代中期。1814(文化11)年には近江(現、滋賀県)から職工を招き、近在の女性たちに製織技術を習得させ、能登縮(ちぢみ)・徳丸縮(まる)として売り出された。

明治時代以降、生産は著しく発展し、能登上布の商標で販売されるようになった。大正時代に「地機(じばた)」にかわって「新式バッタン高機(たかはた)」が導入され、昭和時代初期には、全国一の生産高を誇った。戦時体制下で一旦休業したが、第二次世界大戦後に復活し、1954(昭和29)年には16業者で3万反(たん)を生産するまでに至った。しかし、その後、生産は減少、製造業者もあいついで転・廃業して、1982年以降は1業者を残すのみとなった。

能登上布は、「出機」という外注方式で生産された。製造業者が必要な原糸を購入し、糸繰り・染(いとく)色などの下作業をしたうえで、農家に織布を発注する。農家では主婦が農閑期を利用して手織機で織り、製造業者から出来高払いの織賃を受ける。したがって、この地方では、女子には幼い頃から上布を織る技術が伝授され、手織機が嫁入り道具の1つに数えられていた。

能登上布は、1960(昭和35)年、県の無形文化財に指定され、伝統技術の保全と継承が試みられている。県立鹿西高校(ろくせい)では、校庭に実習工房「能登上布の里(なかのとまち)」という施設を付設した。中能登町では、1996(平成8)年、技術研修のために能登上布会館を開設し、作業場は一般の人にも公開されている。工程見学と製織体験もできる(要予約。TEL0767-72-2233)。

能登上布製織作業(能登上布会館)

能登の王墓にふさわしいものであり、2008(平成20)年に石川県雨の宮1号墳出土品として国の重要文化財に指定された。

1号墳の下にある雨の宮能登王墓の館(やかた)では、1号墳の副葬品(レプリカ)や、発掘当時の埋葬施設の実物大模型を展示している。なお、雨の宮の地名の由来は、かつて1号墳の墳頂に天日陰比咩神(あめひかげひめ)社の社殿が立ち、雨乞(あまご)いの神事(しんじ)がとり行われていたことによる。

七尾市から鹿島路へ

雨の宮古墳群の南西4kmほどの所には、弥生時代中期の高地性集落である杉谷チャノバタケ遺跡があり、「日本最古のおにぎり」といわれるチマキ状炭化米が出土した。その下には、雨の宮1・2号墳に続く5世紀前半の全長60mを測る前方後円墳の杉谷ガメ塚古墳がある。

石動山 ❷❻
0767-76-0408（石動山資料館）

〈M ▶ P.152〉鹿島郡中能登町石動山・二宮　P
JR・のと鉄道七尾駅🚌羽七東線二宮🚶90分、または🚗15分

能登の霊場　五社権現と古戦場

　七尾から東往来（県道244号線）を約15km南下すると、二宮バス停に着く。ここには、1819（文政2）年、加賀藩前田家の重臣で「加賀八家」の1つ前田土佐守家が寄進した道標がある。「石動山本社迄従是五十八町」と刻まれており、ここからカーブの多い林道石動山線を東へ約7.5kmのぼると石動山（国史跡）に至る。山頂部一帯には、能登国二宮で、『延喜式』式内社である伊須流岐比古神社（五社権現）や、別当寺の石動寺（戦国時代以降の天平寺）の遺構が展開し、国史跡指定範囲だけで約3.1km²におよぶ。そのため、まず石動山資料館（冬季休館）を訪れるとよい。石動山信仰にかかわる仏像・仏具・絵図・古文書・出土遺物などを通じて、石動山の歴史に触れることができ、野外に展開する史跡が理解しやすくなるだろう。

　石動山は、能登・越中（現、富山県）国境にまたがる山地の主峰で、古くは「いするぎ」「ゆするぎ」とよばれており、「石動山七口」と通称される複数の登山道が通じている。

　山頂部は、大御前（565m）とよばれる周囲から突出した地形で、旧能登国内3位の高さを誇る。石動山系一帯の地質は非常に不安定で、しばしばおこる大規模な地滑りや崖崩れなどの自然現象に対して、人びとは畏敬の念を抱き、大石までも動かす石動彦神が宿る山として、信仰の対象となったと推定される。平安時代後期には神仏習合が進展し、別当寺の石動寺が設けられ、伊須流岐比古神社は五社権現とも称された。五社権現とは、大宮（伊弉諾尊・虚空蔵菩薩）、客宮（伊弉冉尊・十一面観音）、火宮（大物主神・聖観音）、梅宮（天目一箇命・勝軍地蔵）、剣宮（市杵島姫命・倶利迦羅不動）のことである。

伊須流岐比古神社

　石動山は、時の政治動向とも深くかかわっていたため、南北朝時代や戦国時代には戦乱に巻き込まれることが多かった。山頂部から派生する尾根筋には、1576～77(天正4～5)年の上杉謙信による七尾城攻略の際、配下の武将をおいたと伝わる石動山城跡(せきどうさんじょう)がある。

　1582年の石動山合戦では、前田利家の焼討ちに遭い、一山灰燼(かいじん)に帰したが、江戸時代には、加賀藩の援助により、領地の復活と伽藍の再建が徐々に進められ、加賀・能登・越中、越後・佐渡(現、新潟県)、信濃(現、長野県)飛騨(現、岐阜県北部)の7カ国での知識米(しきまい)徴収が公認されていた。なお石動山は、南北朝時代から室町時代には京都の勧修寺(かじゅうじ)、江戸時代には京都の仁和寺(にんなじ)の末寺となり、寺院としても勢力を持ち続けた。

　しかし、明治時代初期の神仏分離により、領地の没収、7カ国勧進(かんじん)の禁止など、経済的・宗教的基盤を失い、江戸時代にあった58の寺坊は退転し、神社として存続することになった。現在では、江戸時代後期の旧観坊(きゅうかんぼう)(県文化)が唯一の院坊建築物として残る。

　現在の伊須流岐比古神社の拝殿は、1701(元禄14)年に建てられた神輿堂(しんよどう)を、本殿(ともに県文化)は、1653(承応2)年に大御前に建てられた大宮を移築・転用したものである。本殿の背後には、天正年間(1573～92)の兵火で焼失後、再建されなかった五重塔跡がある。また、開山堂跡・梅宮・大御前・火宮・剣宮跡、行者堂(ぎょうじゃどう)、仁王門跡など、山内一帯に遺構が展開しており、1周して往時の景観を偲びたい。また、かつて山内すべてを支配した別当である大宮坊の建物が発掘調査の成果などに基づいて、2002(平成14)年に復元された。

　石動山から林道城石線を南西へ約700m進み、案内板に従って山道に入ると、「天正十(1582)年」銘の荒山口阿弥陀三尊板碑(あらやまぐち・いたび)がある。また南へ進むと荒山城跡がある。ともに1582年の石動山合戦ゆかりの史跡である。荒山城跡からの眺望は良好で、晴天時には、富山湾

七尾市から鹿島路へ　189

や立山連峰を望むことができる。

小田中親王塚古墳 ㉗ 〈M▶P.152〉鹿島郡中能登町小田中
JR・のと鉄道七尾駅🚌羽七東線小田中🚶2分

　小田中バス停から県道244号線と分岐する旧道を歩いて行くと，集落の中のひときわ大きな森が小田中親王塚古墳である。

　小田中親王塚古墳は，石動山の南西麓に位置し，三角縁神獣鏡の出土で知られる能登最大級の円墳である。古墳時代前期にヤマト政権と手を結び，邑知潟地溝帯東縁を支配した首長の墓と考えられている。その存在は，すでに江戸時代には知られており，明治時代初期には崇神天皇皇子大入杵命の墳墓として陵墓指定された。

　古墳の規模は，直径約67m・高さ約14.5mを測る。現在，玉垣に囲まれている部分が突出し，帆立貝式古墳となる可能性もある。宮内庁管理地であるため，墳丘の中に入ることはできないが，周溝の上に道路が設けられており，墳丘外から古墳の観察ができる。

　古くは盗掘に遭ったようで，墳頂部には凹みがあり，竪穴式石室の材とみられる板石が散在している。副葬品は，三角縁神獣鏡2面のほかにも，管玉1点・鍬形石破片1片が記録に残っている。

　小田中親王塚古墳と旧道を挟んだ平野側に，陵墓参考地に指定される亀塚古墳がある。全長約61m，高さ約8mの前方後方墳で，きれいに整った墳丘をしている。出土品の伝承はないが，墳形から小田中親王塚古墳より前に造営されたらしい。

　小田中から七尾方面に戻ると，水白集落の後方に水白鍋山古墳がある。全長約64m・高さ約10mの帆立貝式古墳で，墳丘に樹立された埴輪の年代から，5世紀の築造と推定されている。竪穴石棺には，銅鏡，刀などの鉄製品，ガラス小玉などの玉類が副葬されていた。

小田中親王塚古墳

義民道閑と浦野事件

コラム 人

長家の御家騒動のなかでおきた義民道閑の検地反対一揆

　JR能登部駅から東へ邑知平野を横切ると、約2km余りで、久江の集落に着く。検地反対一揆を指導し、磔・獄門にされた久江村道閑の居住地である。検地反対一揆がおきたのは1666(寛文6)年で、磔は翌年8月に久江村で行われた。領主である長連頼が見立検地を強行し、加賀藩が成功させた「改作法」にならい、搾取強化を目論んだため、道閑は命がけで押しとどめようとし、犠牲になったのである。

　久江村道閑は、長家領鹿島半郡3万1000石の村支配を託された十村の1人であった。長家は前田家の重臣、加賀八家の1人である。しかし、もとは戦国大名畠山氏の奉行衆の1人であり、輪島大屋荘の地頭をつとめた在地領主であった。家祖長谷部信連は、『平家物語』にも登場する強者である。穴水町の長谷部神社は信連をまつる神社で、長家ゆかりの古文書や什物は境内の穴水町立歴史民俗資料館で見学できる。

　1577(天正5)年の七尾城落城のとき、長一族は当主・嫡男が滅び、3男の連龍のみが安土(現、滋賀県安土町)へ使に立っていたため助かった。連龍は、主君や父兄の仇を討つべく能登各地を転戦し、能登国の奪還に奮戦した。織田信長が加賀を制圧した1580年、信長は連龍に鹿島半郡を与え、翌年、能登国は前田利家に与えた。

　豊臣政権の頃から連龍は利家に従属し、全国を転戦し、忠義をつくした。その功績により、鹿島半郡は長家独自の支配地として公認され、藩内唯一の家臣による一円支配地となった。これが検地反対一揆の遠因となったのである。家臣が村に住みつく土豪経営が広まり、小農自立という新しい農村政策がとれないまま矛盾を深めたのである。寛文年間(1661〜73)に当主連頼と嫡男元連が争い、これに家来の浦野氏一派が徒党を組み元連への家督相続を画策し、連頼派と激突した。このとき、道閑は村人の利益になると信じ浦野派に与して立ち上がったが、結果は藩が後援した連頼派が正義とされ浦野派は敗北、一揆をおこした十村たちは処刑された(浦野事件)。さらに、長家の鹿島半郡は没収され、その独自支配に終止符が打たれた。

　この義挙を、人びとは長く「おいたわしや道閑様は、七十五村の身代わりに」と語り伝えた。1816(文化13)年、道閑処刑百五十回忌が十村市楽らによって行われ、「道閑塚」がつくられた。1967(昭和42)年には、三百回忌が行われ、義民道閑顕彰碑が建立された。これら顕彰碑が立つ道閑公園は、県道244号線の久江交差点を東へ800mほど行った久江地区の一画にある。

七尾市から鹿島路へ

④ 能登島と七尾湾岸

七尾から能登島へ渡る。現在，2本の橋で半島とつながる。古墳や古寺・古社，長氏関連旧跡などが点在する。

須曽蝦夷穴古墳 ㉘
0767-85-2022（蝦夷穴歴史センター）

〈M▶P. 152, 179〉七尾市能登島須曽町　P
JR七尾線・のと鉄道七尾線和倉温泉駅🚌曲線のとじま臨海公園行須曽🚶20分

能登島の高句麗系古墳　1つの墳丘に2つの石室

　JR・のと鉄道和倉温泉駅より温泉街を経て，能登島大橋を渡り，須曽バス停で下車する。ここから県道47号線を向田方面に約500m行くと，須曽蝦夷穴古墳案内板がみえてくる。

　眼下に七尾湾を見下ろす丘陵上に，古墳時代終末期に築造された須曽蝦夷穴古墳（国史跡）がある。1つの墳丘に2つの石室がつくられる一墳双室墳という珍しい形式で，玄室の幅が広く，平たい石を積み上げてドーム状の屋根をつくっており，高句麗の古墳と共通点がみられる。朝鮮半島・高句麗との交流を物語る古墳である。

　東西約18m・南北約17mのやや東西に長い方墳で，正面には低い石積みをめぐらし，海に向かって2つの石室が開口している。雄穴とよばれる東側の石室はT字型の，雌穴とよばれる西側の石室は逆L字型の石室プランを擁し，玄室底面には棺台状の区画がつくられている。石室は古くから開口しており，出土品は少ないが，銀象嵌を施した円頭太刀や柄穴鉄斧という朝鮮半島に類例の多い鉄斧や，木棺の釘，須恵器などが注目される。

須曽蝦夷穴古墳

古墳の手前には，蝦夷穴歴史センターがある。須曽蝦夷穴古墳の発掘調査の様子が写真・図解により紹介されており，副葬品のほか，能登島でみつかった考古資料なども展示している。

能登島向田の火祭

コラム 祭

越後伊夜比古神との関わりを伝説にもつ夏の夜の火祭

　七尾市の伊夜比咩神社の祭礼として旧暦6月30日（新暦7月31日）に行われるのが、納涼祭、通称能登島向田の火祭（県民俗）である。6月30日という日から、この祭礼は大晦日から元旦の行事に対応する、夏越の神事に基づく祭りと考えられている。

　また伝説では、この日、越後（現、新潟県）の伊夜比古神がやってきて、伊夜比咩神と1年に1度の逢瀬を楽しむという。逢瀬の後、舟出した伊夜比古神は、途中、野崎八幡宮跡といわれる塚で一休みし、さらに舟で北進し、火祭の炎がみえなくなった地を、永住の地と決めた。そこが、越後の弥彦（現、新潟県西蒲原郡弥彦村）の地であったという。

　この祭りの準備は、20日ほど前から始まる。子どもたちが、カマヒバシ・フジキリ・マーカイ・ハヤシカタの年齢別集団に組織され、それぞれ奉灯洗い・手松明作り（約300本）・藁集め・囃子の稽古などをする。一方、サキドラ・シンドラ・アトドラという青壮年集団は、松明に用いる直径10cm・長さ133mの縄練りをする。

　前日、青壮年により、約20mの柱松明作りと松明起こしが行われると、いよいよ本番を迎える。

　当日は、神輿を先頭に奉灯を従え、子ども集団と青壮年集団ごとに向田崎山の干場（御旅所）へ行く。柱松明のまわりを左に7周した後、神輿の神火を手松明に移す。手松明をもった人びとは柱松明のまわりを駆けめぐり、やがていっせいに手松明が柱松明に投げ込まれる。ゆっくり燃えあがった柱松明が倒れると、若者たちは、いっせいに柱松明の先端の御幣を目指す。取り上げると同時に、燃え盛る火の中からサシドラ（柱松明の支え木）・心木をつぎつぎと引き出す。炎が鎮まる頃、神輿や奉灯も帰途に就き、火祭は幕をおろす。

伊夜比咩神社 ㉙

0767-84-1122

〈M▶P.152, 179〉七尾市能登島向田115-27　P
JR・のと鉄道和倉温泉駅🚌曲線のとじま臨海公園行向田🚶1分

向田の火祭りで知られる古社

　能登島を縦断する県道47号線を北上し、七尾北湾に出た向田漁港を見下ろす通称八幡山の麓に、伊夜比咩神社がある。大屋津姫命を主祭神とし、誉田天皇・神功皇后・天照大神・豊受大神などをまつる。『延喜式』神名帳に所載する能登郡の同名社に比定されている。

　当社が所蔵する34枚の棟札のうち、近代以前の棟札32枚が県指定

能登島と七尾湾岸　193

伊夜比咩神社

文化財となっている。

いちばん古い棟札は、「嘉元四(1306)年二月六日」の本殿造営時のもので、預所乗覚・地頭長谷部宗信・公文代信延・地頭代行親・神主則正の名がみえる。当時、この辺りが寺社領荘園であったことが推測される。

室町時代になると、能登島は守護畠山氏の直轄領となり、神社は島の惣荘鎮守的位置を占めるようになった。それを物語る棟札が、「嘉吉三(1443)年八月」の本殿上葺きのときのもので、大檀那守護代遊佐忠光・守護被官向田村地頭温井慶宗・同勾村地頭富田慶行の名がみえる。

このように、古くから産土神として崇敬されてきたようであるが、神社の創建年代は明らかではない。なお、北陸地方で最古の「承久二(1220)年十二月」の墨書銘をもつ、木造男神坐像など神像2体を所蔵する。

毎年7月31日に行われる納涼祭は、能登島向田の火祭(県民俗)として有名である。

万行遺跡 ㉚

〈M▶ P. 152, 179〉七尾市万行町
JR七尾線・のと鉄道七尾線七尾駅🚌崎山線白池🚶5分

古墳前期では最大級の大型建造物群

国道160号線沿いの臨海工場地帯を抜けた所にある臼池バス停から、土地区画整理地の中を山手へ歩いて行くと、万行遺跡(国史跡)の看板が立つ。

万行遺跡は、古墳時代前期の大型掘立柱建物群が出土したことで知られる。この時期のほかの建造物とくらべ、ずば抜けて大きく、在地首長だけでなく、越中(現、富山県)など近隣勢力、さらにはヤマト政権も含めて造営者についての検討が加えられている。

建物は6棟発見されており、西群と東群に分かれる。まず西群が建てられ、その後、すぐ隣の東群に建て替えられたようである。西

万行遺跡

群は中央に桁行4間・梁間4間の建物があり、その南北に桁行4間・梁間2間の建物が建てられ、東側には庇がついていた。東群は中央に桁行4間・梁間4間、その南北に桁行4間・梁間3間の建物が建てられ、西側には庇がついていた。桁行は4間に統一され、1間はおおよそ4mと高い規格性がうかがえる。柱穴は1.5mを超え、痕跡から径40cm程度の柱であったと推定される。古代より天然の良港であった七尾湾に面する遺跡であることから、大型の倉庫群もしくは祭壇と考えられる。また、この大型建物群の廃絶直後に、1辺22.5mの方形区画をなす首長居館跡も確認されている。

万行遺跡の西約300mの台地上には、万行赤岩山遺跡がある。古墳時代後期の集落跡で、竪穴住居の中から57本もの鉄鏃が発見されており、東北進出の拠点ともいわれる遺跡である。

東嶺寺 ㉛　〈M▶P.152〉七尾市田鶴浜町田鶴浜二253甲　**P**
0767-68-3501　のと鉄道七尾線田鶴浜駅🚶10分

長家中興の武将連龍の菩提寺

のと鉄道田鶴浜駅から南へ約600m行くと、左手に「不可許薫酒入山門」という大きな石碑がみえる。曹洞宗の古刹東嶺寺である。この石碑の脇の橋を渡り、苔むした石畳を進むと、1747（延享4）年建立の山門に至る。山門の正面には、1651（慶安4）年建立の本堂があり、その横には1768（明和5）年建立の庫裏がみえる。

東嶺寺は、1520（永正17）年、目三梵朔を開山として所口（現、七尾市所口町）に創建された実相院を前身とする。1577（天正5）年9月、上杉謙信勢の七尾城侵攻の際、七尾城主畠山氏の重臣であった長続連とその一族は、連龍1人を残して全滅した。一族の遺骸は十輪寺（のち悦叟寺）に埋葬されたが、1580年に連龍が織田信長より鹿島半郡を与えられた際、実相院の寺地を本拠地の田鶴浜に移し、連龍の母（続連夫人）の戒名にちなみ、花渓寺と寺名をかえ、同寺に埋葬した。さらに1651年、連龍の戒名にちなんで東嶺寺と寺

能登島と七尾湾岸　195

東嶺寺

号をかえた。現在の寺の原型は，1650(慶安3)年，連龍の2男連頼の堂宇改築によるものである。境内の鬱蒼とした木立の中には，長氏一族の墓碑が立ち並ぶ。曹洞宗中興の祖である瑩山紹瑾の，1325(正中2)年自賛の画像もある。

東嶺寺から西へ約400m行くと，悦叟寺(曹洞宗)に至る。もとは赤蔵山にあり，十輪寺と号した。1580年，長連龍が現在地に移し，連龍の長兄で能登畠山氏の年寄であった綱連の法名にちなみ，寺号を改めた。

1611(慶長16)年9月16日，若くして病没した連龍の嫡男好連の墓も悦叟寺に営まれた。寺宝として，江戸時代前期の絹本著色長好連画像が所蔵されている。

赤蔵山 ㉜ 〈M ▶ P.152, 197〉七尾市三引町 P (赤蔵山憩いの森) のと鉄道田鶴浜駅🚌高浜線三引口🚶30分

のと鉄道田鶴浜駅から七尾西湾を背に，中能登方面をみると，低いが姿のよい山がみえる。これが赤蔵山(179m，県史跡)である。赤蔵山は，古くから山岳信仰の拠点となってきた。記録によれば，国内に大地震があったとき，推古天皇が赤蔵山に祈願したと伝える。

さらに聖武天皇は，東宮の眼病平癒を祈願したところ，眼病が癒えたので諸堂を建立し，社領を寄進したと伝える。後白河天皇も社殿を再興，社領を寄進しており，盛時には境内1里(約4km)四方，社

赤倉神社拝殿

中能登の忘れられた霊場

僧120坊を数えるまでになり、赤蔵山上一本宮寺と称したという。

その一方で、兵乱にも何度か遭っている。1351(観応2)年には足利尊氏方の吉見氏頼軍が、赤倉神社の別当寺赤蔵寺に立てこもり、足利直義方の桃井直信勢と対峙した。天正年間(1573〜92)には、上杉謙信の能登攻略の際に兵火に遭い、ことごとく焼失した。

兵乱が収まり、能登に平和が訪れた頃、長連龍が再興を企図し、2男の連頼が1659(万治2)年に講堂(現、赤倉神社拝殿)、1664(寛文4)年に本殿(現、同社本殿)、ついで諸堂・仁王門・僧坊などを再建した。栄春院から奥の院に至る長さ約460m・幅2.5mにおよぶ石畳敷の参道は、対岸の島の路(能登島)の信徒によって運ばれ、積まれたと伝えられている。地方民衆の信仰に支えられていた霊山であったためであろう。

寛文年間(1661〜73)頃まで5坊あった僧坊は、長氏が能登を去った後、1697(元禄10)年には、長連龍の父続連を埋葬した怡岩院(高野山真言宗)と花渓寺(現、東嶺寺)から続連の母を改葬した栄春院

能登中島駅周辺の史跡

能登島と七尾湾岸

(高野山真言宗)以外は退転した。しかし，本地釈迦如来の開帳は，江戸時代中期以来，33年ごとに盛大に行われている。中腹の御手洗池では，元旦祭に供する若水を汲む慣例もあり，環境省の名水百選にも選ばれている。

久麻加夫都阿良加志比古神社 ㉝
0767-66-0135

〈M ▶ P.152, 197〉七尾市中島町宮前ホ64
のと鉄道七尾線能登中島駅🚃七富線久麻加夫都神社前🚶1分

「おくまかぶと」とよばれた『延喜式』式内社

　能登自動車道の横田ICを出ると県道23号線横田交差点に至るが，そのすぐ東側の森が，通称「おくまかぶと」とよばれる久麻加夫都阿良加志比古神社である。

　祭神は阿良加志比古神と都奴加阿良斯止神である。『日本書紀』によれば，崇神天皇のとき，加羅国王の子都奴我阿羅斯等が笥飯浦(現，敦賀港)に上陸したという。『延喜式』神名帳に載る羽咋郡の同名社に比定されており，1283(弘安6)年の棟札には，この地方の地頭であった藤原(熊来)兼時や南地頭藤原(熊来)兼信が本殿を造営したとある。中世以来，熊来郷の惣鎮守として信仰を集めていたことがわかる。

　社宝には，平安時代後期の作と考えられる木造久麻加夫都阿良加志比古神坐像(国重文)，鎌倉時代の木造薬師如来坐像(県文化)がある。薬師如来坐像は，久麻加夫都阿良加志比古神の本地仏とされ，境内の薬師社に安置されている。このほか，鎌倉時代の木造狛犬1対・木造漆塗獅子頭などを所蔵する。

　旧暦8月20日(新暦9月20日)には，「お熊甲二十日祭り」が行われる。寄合による大祭で，熊甲二十日祭の枠旗行事として国の重要無形民俗文化財の指定

久麻加夫都阿良加志比古神社

を受けている。

　祭りは，前日19日夜半の奉幣迎えから始まり，20日早朝，各集落に鎮座する19の末社から神輿が本社に集合する。その際，天狗面を着けた猿田彦を先頭に，高さ約20mの深紅の枠旗やオトギを従え，鉦・太鼓も賑やかに本社を目指す。神輿が勢揃いすると祭典が行われ，終了後，全末社の猿田彦が鉦・太鼓にあわせて，境内いっぱいに踊り狂う。その後，本社の神輿を先頭に約700m離れた加茂原へ渡御し，末社の神輿や枠旗が賑やかに練りまわる。お練りは時計回りと反対に3回まわり，早まわりや島田くずしという妙技を披露しあう。夕刻を迎える頃，末社ごとの祓いが行われ，ようやく祭りは幕をおろす。翌21日には，神前相撲が奉納される。なお，この一連の祭りは，豊作や豊漁を感謝するものであるため，凶作の年には神輿の渡御や相撲が行われなかったこともある。

　久麻加夫都阿良加志比古神社から約1.7km熊木川をくだった所に，市立中島小学校がある。学校建設にあたり発見されたのが，上町マンダラ遺跡群である。熊木川右岸の丘陵上に立地する，古墳時代から中世にかけての複合遺跡である。古墳時代初頭の小型の前方後方墳2基（上町マンダラ古墳群，県史跡）は，能登半島内浦側では最北端に位置する。室町時代を中心とする火葬墓約40基は，中央に大型の墳墓，周辺に集積墓を配置しており，珠洲古陶を主とする蔵骨器が多数出土した。当地方の有力者（熊来一族か）の家族墓形成過程を示す遺構として貴重であるが，現在はそのほとんどが消滅した。

　中島町の一番南の岬が，唐島である。もとは離島であったが，埋め立てて陸続きになった。唐島神社社叢タブ林（県天然）は，周辺部は人為的な影響を受けて自然植生を喪失した所もあるが，内部は幾千年の植生を維持している常緑広葉樹林である。タブは一番高い層の高木層に属し，鬱蒼たる林を形成している。

藤津比古神社 ㉞　〈M▶P.152, 197〉七尾市中島町藤瀬3-129-1　P
0767-66-0641　　のと鉄道能登中島駅🚌七富線藤の瀬🚶2分

　久麻加夫都阿良加志比古神社から熊木川に沿って，県道23号線を約2.5km北上すると，藤津比古神社がある。祭神は藤津比古神，相殿は熊野速玉神である。「新宮」と通称され，『延喜式』神名帳に載

藤津比古神社

熊来川中流の『延喜式』式内社戦国時代の獅子頭と古枡を所蔵

る羽咋郡の同名社にあてられる。現在の**本殿(附棟札2枚・棟札残欠1枚分**,国重文)は,三間社流見世棚造・栩葺きで南面し,覆屋に収まっている。身舎の蟇股や戸口回りの幣軸に,鎌倉時代の古式を残しているが,建立年代は実肘木などから室町時代中期とみられる。棟札によれば,「正和三(1314)年八月二十三日」に拝殿が造営されている。

当社に伝わる記録によれば,1559(永禄2)年9月25日,地元の土豪国分氏一族を始め,近隣の土豪・百姓から米銭の寄進があり,村域を越えた広範な信仰があったことがわかる。これは現在にも受け継がれ,9月15日の例大祭には10台余りの神輿や大幟旗が供奉する。翌16日には,神事相撲も奉納されている。

社宝には,天文年間(1532〜55)の墨書銘をもつ木造漆塗獅子頭,「弘治三(1557)年九月九日」の陰刻銘のある木製枡,「万治二(1659)年」銘の蒔絵鞍がある。蒔絵鞍はずいぶん傷んでいるが,加賀蒔絵の祖五十嵐道甫のもっとも確かな作品である。

座主家住宅 ㉟ 〈M▶P.152, 197〉七尾市中島町藤瀬4-17 P
のと鉄道能登中島駅 七富線藤の瀬 3分

江戸時代の肝煎住宅口能登型農家の最古の遺構

藤津比古神社から北西へ200mほど行くと,道路より少しあがった小高い所に石垣を組み,南面して**座主家住宅**(国重文)が立つ。座主家は,かつて座主坊と称する藤津比古神社の社僧であったとみられ,江戸時代は肝煎をつとめていた。

主屋は入母屋造平入・茅葺き,桁行7.5間・梁間4間の規模で,もとはその前方左右に納屋・厩があった。間取りは,上手にオクノデエ・デエ(座敷),土間よりの表側にオエ(居間),裏側にナンド・カッテ・イナバとなっている。カッテとイナバは土間に張り出し,土間は比較的狭い。柱などの建材は手斧削りで,鉋の使用が認められない。享保年間(1716〜36)の建造と推定され,口能登型

能登天領

コラム

能登に幕府直轄領のち加賀藩御預所に

　能登天領成立のきっかけは、土方領である。加賀藩2代藩主前田利長の母芳春院方の従兄弟土方雄久が有していた越中国新川郡（現、富山県富山市布市）内の1万石の領地が、1605（慶長10）年、加賀藩の要求により、能登4郡に移され、翌年、領地替えが実施されて能登土方領が成立した。土方領は能登4郡62カ村に分散され、石高は表高1万石、実高1万3000石であった。また62カ村のうち、3分の1は加賀藩との入会村であった。

　土方領を受け継いだ土方雄隆（この段階では61カ村9000石）に嫡子がなく、相続争いがおきたため、1684（貞享元）年に雄隆領は幕府直轄領となり、いわゆる「能登天領」が成立した。幕府は鹿島郡下村（現、七尾市下町）に出張陣屋を設け、手代をおいて支配した。しかし、幕領が4郡61カ村に分散し、代官が常駐していなかったため、十分な統治ができなかった。加賀藩領の村との境界争論も絶えず、1721（享保6）年には幕領鳳至郡黒島村（現、輪島市門前町黒島）が藩領鹿磯村（現、同町鹿磯）と海境をめぐって争い、江戸評定所の裁決で敗訴した。これがきっかけとなり、翌年に能登天領は加賀藩御預所（能登御預所）になった。

　加賀藩御預所になるにあたって確認されたことは、公事訴訟に関してはある程度まで藩側の支配権を認める、年貢は藩が代行して徴収するが、小物成は藩の収入とするということであった。

　藩は御預所を支配するために御預所役所を設置し、役人を配置した。61カ村を4グループに分け、十村（大庄屋に相当する村役人）の裁許に任せた。しかし御預所の村々は、十村に支配されることを増税と感じ、十村支配「指除」を請願し、1762（宝暦12）年御預所役所の直接支配を勝ち取った。これに対し藩は、私領同様所への格上げを幕府に求め、1816（文化13）年、ようやく認められた。これによって、能登御預所にも加賀藩の国法が適用されることになった。

　さらに藩は、慶応年間（1865～68）になると、能登御預所の私領打込願を出し、1867（慶応3）年に能登御預所を加賀藩領に加えること、年間の幕府への上納金は1万5000両（これまでの約3倍）とすることが決まった。しかし明治維新とともに、これらは水泡に帰した。

　1868（明治元）年、旧能登御預所の村々は、再び加賀藩預所となったが、1871年11月の七尾県成立の際、能登全域が新県の管轄となり、「能登天領」は消滅した。

（能登Ⅰ型）民家としては最古のものとみられ、しかも古式を伝えて

座主家住宅

いて貴重である。
　明治時代に入り増築されたが、現在は江戸時代の姿に復元されている。ただし公開はされていない。

Okunoto

輪島・珠洲と能登半島

白米の千枚田

上空からの禄剛埼灯台

◎輪島・珠洲と能登半島散歩モデルコース

輪島から曽々木・珠洲岬を歩く　　能登空港_20_輪島朝市通り_5_重蔵神社_20_白米の千枚田_25_両時国家住宅_10_曽々木海岸・垂水の滝_5_すず塩田村_5_曹源寺_20_禄剛埼灯台_10_須須神社_15_珠洲焼資料館_20_白山神社・法住寺_15_松波城跡_30_能登空港

能登空港から町野川沿いに珠洲へ　　能登空港_15_中谷家住宅_10_法華寺_15_金蔵寺_20_岩倉寺_20_黒丸家住宅_20_平時忠一族の墓_20_飯田町_15_能登塩田再興碑_10_松波城跡_5_九ノ里薬師_15_真脇遺跡_15_棚木城跡・遠島山公園_20_能登空港

①来迎寺
②穴水城跡
③明泉寺
④祭祀遺跡石仏山
⑤棚木城跡
⑥真脇遺跡
⑦九ノ里薬師
⑧松波城跡
⑨輪島と輪島の朝市
⑩白米の千枚田
⑪名舟の御陣乗太鼓
⑫上時国家住宅
⑬時国家住宅
⑭町野の真言寺院
⑮法華寺
⑯中谷家住宅
⑰岩倉寺
⑱曽々木海岸
⑲すず塩田村
⑳曹源寺・長橋海岸
㉑平時忠一族の墓
㉒禄剛埼灯台
㉓山伏山
㉔須須神社
㉕珠洲焼資料館
㉖黒丸家住宅
㉗春日神社
㉘能登塩田再興碑
㉙法住寺
㉚白山神社
㉛舳倉島
㉜石川県輪島漆芸美術館・輪島漆器会館
㉝中段の板碑・白山神社石造五重塔
㉞皆月海岸
㉟猿山岬灯台
㊱總持寺祖院
㊲宝泉寺
㊳黒島天領北前船資料館
㊴阿岸本誓寺

穴水湾周辺を歩く　のと鉄道七尾線穴水駅_10_来迎寺_15_長谷部神社_1_穴水町歴史民俗資料館_20_穴水城跡_10_能登中居鋳物館_20_明泉寺(石塔群)_30_のと鉄道穴水駅

穴水から松波へ

のと鉄道終点の穴水駅から波穏やかな内湾を眺めつつ城跡や史跡をたどり、石川を代表する真脇遺跡と縄文温泉へ。

穴水城跡と来迎寺 ❶❷
076-852-0709(来迎寺)
〈M ▶ P.204〉鳳珠郡穴水町川島
大町ヨ109 P / 穴水町
のと鉄道七尾線穴水駅 🚶 15分

長家再興の拠点となった城
能登天領の在郷町穴水

穴水は奥能登の玄関口であり、七尾北湾の海上交通を制する要衝の地でもあった。中世能登の在地領主長氏は、室町幕府の奉公衆を経て、戦国時代には畠山氏の重臣となり、穴水に居城を構えた。近世には幕府直轄領(能登天領)となった大町・川島の2つの集落を中心に発展し、1868(明治元)年から1871年までの短い間、大町には陣屋がおかれたこともあった。

のと鉄道穴水駅を出て左手へ進み、最初の信号で左折してさらに西へ約800m進むと、長氏の祈禱寺と伝える来迎寺(高野山真言宗)の山門前に出る。本堂脇には、山の斜面を巧みに利用した、江戸時代初期の書院庭園(県名勝)がある。この庭に咲くライコウジキクザクラ(県天然)は、ヤマザクラの一種である。

駅前通りを右手へ進み、真名井川を越え、小又川河口に架かる長谷部橋を渡ると、穴水町役場の駐車場に至る。そのすぐ南東の海側の高さ約40mの急崖上に穴水城跡がある。穴水城の名の初見は、1578(天正6)年の柴田勝家書状にみえる、「穴水城堅固」の文字である。1576～80(天正4～8)年には、能登に侵攻した越後(現、新潟県)の上杉謙信勢と、織田信長方の長連龍との間で、激しい穴水城争奪戦が繰り返された。長氏が2度目の奪回に成功した後、前田家の支配下に入り、のち廃城となった。

標高約65mの最高

来迎寺

「穴水城址」の碑

所を中心に尾根筋に曲輪(くるわ)が配置されている。石垣(せき)・石塁(るい)・土塁(どるい)は確認されていないが、城の遺構はよく保存されている。町役場の駐車場から、「七曲り」の坂をのぼれば約7分で、標高約62mの穴水城本丸跡に達する。一段下の平坦面から、穴水湾と市街地(旧城下)が眼下に広がる。なお、湾岸からの登り口は、2カ所整備されている。町道城山(じょうやま)線の「穴水城跡公園入口」の標識で左折し、左手の山道をのぼれば10分、町道の先にある長谷部神社の社殿左側の登り口から、城山遊歩道を経由すれば20分の道のりである。

<u>長谷部神社</u>は、『平家(へいけ)物語』で有名な、長氏の家祖長谷部信連(のぶつら)をまつる神社である。境内に隣接する<u>穴水町歴史民俗資料館(長家史料館)</u>には、「<u>長家文書(もんじょ)</u>」3397点(県文化)が収蔵・展示される。また、中世前期の村落遺跡として知られる、西川島(にしかわじま)遺跡群からの出土品なども展示しているので、忘れずにみておきたい。

七尾北湾に臨む海岸段丘(だんきゅう)には、縄文時代前期〜後期の<u>曽福(そぶく)遺跡</u>と、中期の新崎式土器の標式遺跡とされている<u>新崎(にんざき)遺跡</u>がある。曽福遺跡出土の異形気屋式(いぎょうきや)土器(ランプ形土器)・異形北塚(きたづか)式土器(注口(ちゅうこう)土器)の2点は、穴水町歴史民俗資料館に展示されている。

穴水の東方約4kmにある中居(なかい)は、中世鋳物師(いもじ)集団の居住地で、江戸時代前期の釜師宮崎寒雉(かましみやざきかんち)の出身地である。<u>能登中居鋳物館(いものかん)</u>に、鋳物・古文書が収蔵・展示されている。

明泉寺(みょうせんじ)❸
0768-57-1353

〈M▶P.204〉鳳珠郡穴水町 明千寺(みょうせんじ)18
のと鉄道穴水駅🚌穴水鉢ヶ崎(はちがさき)A線明千寺🚶1分

穴水城跡から七尾北湾のカーブが多い道路を進み、中居・比良(びら)集落の入江を通り過ぎ、国道249号線をはずれ、山中(やまなか)地区を通る新道を東へ約6km行くと、明千寺集落に至る。集落西端の台地上には、<u>明泉寺</u>(高野山真言宗)がある。652(白雉(はくち)3)年の創建と伝え、平安時代前期の<u>木造千手観音(せんじゅかんのん)立像</u>(県文化)を本尊としており、近世には

中世石造物の宝庫 源頼朝墓の伝説までも

明泉寺鎌倉屋敷の石塔群

能登国三十三カ所観音霊場1番札所であった。戦国時代の住持宗歓は、能登国守護畠山義総の使僧として、室町幕府や本願寺との交渉にあたった。公家の三条西実隆とも交流があり、七尾城などで催された連歌会にたびたび列席する、文化人でもあった。室町時代末期の紙本著色明泉寺絵図には、盛時の大伽藍が描写されているが、天正年間(1573〜92)の兵火により廃滅し、現在では本堂・観音堂などを残すのみである。

境内には、鎌倉時代後期に造立された総高約6.8mの石造五重塔(国重文)のほか、五輪塔・宝篋印塔・板碑など、鎌倉時代から室町時代の石造物が多く所在し、南東約300mの鎌倉屋敷と称される中世墓地の石造物とともに、明泉寺石塔群在地(県史跡)とされている。鎌倉屋敷には、源頼朝の墓と伝わる宝篋印塔を中心に、約70基の石造物が林立する。なかでも「永享三(1431)年」銘をもつ五輪塔の下から、珠洲焼の形式基準となっている蔵骨器の珠洲四耳壺(県文化)が出土しており、注目される。

祭祀遺跡石仏山 ❹

〈M▶P.204〉鳳珠郡能登町柿生字神道ホ16
のと鉄道穴水駅🚌穴水宇出津C線能登神道🚶15分

明泉寺から内浦海岸に出て県道34号線を約3km北上すると、能登町鵜川に着く。ここで、山田川に沿って国道249号線を西へ約4km遡ると神道集落があり、その後方に祭祀遺跡石仏山(県史跡)がある。案内標示に従って400mほど山道を行くと、巨木の間に立石や巨石が意図的に集められた緩斜面に至る。その中心は、両脇に小さな立石を従えた三尊形式の、高さ約3mの立石である。社殿や堂をもたない時代の、原初的な信仰のあり方を味わえる。毎年3月2日には氏子たちが集まり、ここで厳粛な祭礼を行う。

ここから山田川沿いをさらに約2km進むと、瑞穂集落に着く。この集落にある大峰神社の社叢モミ林(県天然)は山頂部にあり、今

原始祭祀を想起させる祭祀遺跡

蔵神社の線刻薬師如来懸仏(県文化)は鎌倉時代初期のものである。
　また，鵜川から海岸沿いに約5km北上した波並の妙栄寺(日蓮宗)は，鎌倉時代の阿弥陀如来懸仏(県文化)を所蔵する。

棚木城跡 ❺

〈M▶P. 205, 211〉鳳珠郡能登町宇出津山分 P
のと鉄道穴水駅🚌宇出津方面行宇出津駅前🚶25分

断崖の城で能登の戦国最後の激戦地　漁港の町の文化ゾーン

　宇出津駅前バス停から梶川に沿って宇出津湾岸に出ると，左手前方にみえる半島状丘陵が遠島山で，三面が断崖の先端部から麓に至るまで，全域が棚木城跡と推定される。

　棚木城は，戦国時代末期の奥能登最後の激戦，棚木合戦の舞台として名高い。1582(天正10)年，越中魚津(現，富山県魚津市)で，前田利家ら織田勢と越後(現，新潟県)の上杉景勝勢が対陣していたとき，上杉家の部将長景連(穴水の長氏の傍流黒滝長氏)は兵船をもって宇出津に入り，棚木城に籠城して，織田勢の後方をおびやかした。前田利家の命を受けた与力の長連龍が急行し，降伏を勧告したが拒絶されたため合戦となり，棚木城は陥落，景連の首級は近江安土(現，滋賀県蒲生郡安土町)の織田信長に送られた。利家は捕虜を釜煎りにするため，中居の鋳物師に大釜の鋳造を命じている。景連の佩刀「丈木の太刀」は前田家の所蔵となり，豊臣秀頼の後見役となった利家が，徳川家康との会見のおりに，身におびたと伝えられる。

　遠島山は現在，城跡遺構の保存に加えて，能登町郷土館・歴史民俗資料館，能登町立羽根万象美術館などがあり，遠島山公園として整備されている。展望所に立てば，水軍基地としての棚木城の重要性は一目瞭然である。

　遠島山対岸の標高約30mの海岸段丘が崎山台地で，宇出津崎山縄文遺跡(県史跡)がある。縄文時代中期後葉の標式土器である宇出津式土器の出土で知られ，

棚木城跡遠望

穴水から松波へ　209

1971(昭和46)年の発掘調査時，県内初の住居跡2棟が検出されたことから，史跡公園として整備された。

宇出津崎山縄文遺跡の北約500mの所には，常椿寺(曹洞宗)がある。常椿寺のフジ(県天然)は樹齢約500年といわれるヤマフジで，根周り4.8m・樹高25mにおよぶ。この一帯がフジの名所であった名残りは，近隣の地名，藤の瀬・藤波などに残っている。

宇出津北西の上町川の川床には，河流の浸食で壺状の穴ができた藤の瀬甌穴群があり，崎山台地の東側崖面には，海の波の力で形成された，うねり模様の宇出津の漣痕(ともに県天然)がある。地層は，ともに約2000万年前，中新世の柳田累層に属する。

宇出津駅前交差点の北約400mの所に，八坂神社がある。毎年7月7・8日に行われる祭礼(宇出津のキリコ祭り，県民俗)は，別名「あばれ祭り」とよばれ，悪疫退散の御霊会に由来するという。キリコは切子灯籠の略称で，奉灯・神灯のことである。笛・太鼓・鉦の囃子方が乗り込んだ大小約50基のキリコが，2基の神輿とともに，多数の若衆にかつがれ，宇出津の町の中心部を流れる梶川と海岸を舞台に大暴れする。大松明の周辺で練りまわったり，神輿を水中や火中に投げ込んで原型がなくなるほどに打ちこわす所作は圧巻で，能登の夏祭りを代表するものである。

真脇遺跡 ❻
0768-62-4800(真脇遺跡縄文館)

〈M➡P.205, 211〉鳳珠郡能登町真脇48 P
のと鉄道穴水駅🚌穴水珠洲A線真脇または縄文真脇温泉口🚶5分

イルカ漁で栄えた縄文集落温泉を備えた縄文館

遠島山公園から県道35号線を約6km東進し左折すると，三方を丘陵に囲まれた水田地帯の中央部に，真脇遺跡(国史跡)がある。縄文時代前期初頭(約6000年前)から晩期終末(約2300年前)の約4000年にもおよぶ長期間営まれた遺跡で，1982(昭和57)年以降，十数次にわたる発掘調査がなされている。標高約4〜12mの低湿地に立地することから，通常，遺存しにくい動・植物遺体も検出され，土器類とあわせて多量の遺物が出土している。縄文時代前期末〜中期初頭(約5000年前)の層においては，数百頭にのぼるイルカの骨が出土したことから，イルカ漁を盛んに行っていたことがわかった。

また，縄文時代中期中葉(約4500年前)の層からは，底に板を敷い

九十九湾周辺の史跡

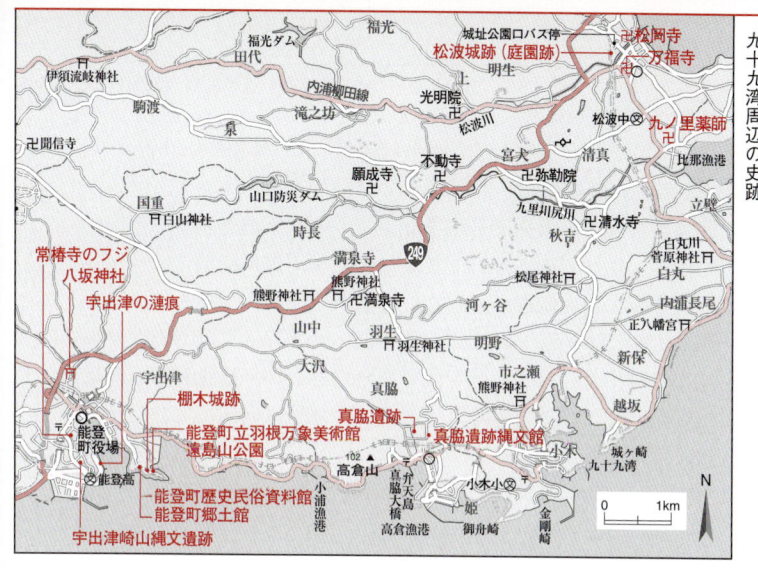

たいわゆる板敷き土壙墓が発見された。3号土壙墓には，推定身長約160cmの成人男性が，あおむけで足を曲げた状態で葬られており，漆製品などが副葬されていた。縄文時代晩期（約2800年前）の層からは，巨大なクリ材を半割にしたものを柱とし，それを円形に並べた環状木柱列が出土しており，日本海沿岸に特徴的なモニュメントとして注目された。

こうした豊富な出土品のうち，219点は石川県真脇遺跡出土品として国の重要文化財に指定されており，隣接する真脇遺跡縄文館で見学できる。一帯は公園整備されており，土器作りなどが体験できる真脇遺跡体験館や温泉施設（縄文真脇温泉）もあり，縄文体験学習の場となっている。なお真脇遺跡縄文館前には，近世以降，定置網漁の漁船として活躍したオモキ造りの能登内浦のドブネ（国民俗）が展示されている。船底板と舷側板の接合にオモキとよばれる手斧仕上げの刳り材，舷側に挽いた大板を使用している点に特徴があり，和船造船技術の発達をみるうえで貴重である。なお，穴水から松波までの内浦沿岸では，300年以上前から台網漁でマグロやブリを捕っており，明治時代後半に大敷網が導入され，この地の定置網漁業は大きく発展した。

穴水から松波へ

九ノ里薬師 ❼
0768-72-0200（内浦総合運動公園）

〈M▶P.205, 211〉鳳珠郡能登町布浦オ35　P（内浦総合運動公園）
のと鉄道穴水駅🚌穴水珠洲A線九ノ里薬師寺前🚶30分、または能登空港🚌30分

白鳳仏の残る里 能登十二薬師の1つ

　真脇遺跡公園から県道35号線を北上し、九十九湾を過ぎると旧内浦町に至る。かつての木郎郷の松波川・九里川尻川流域には、医王山木郎寺を称した寺院群があった。今も医王山の山号をもつ、満泉寺・願成寺・光明院・不動寺・弥勒院・清水寺・薬師寺などがある。木郎寺は中世には天台系寺院であったといい、近世初期以降は真言宗寺院として確認できる。また、この地域は県内でも注目すべき仏教美術の宝庫である。

　九里川尻川河口にある薬師寺（高野山真言宗）は、戦国時代、松波城主の祈願所であった。今も「九ノ里の薬師」として親しまれ、眼病に効験があるという。松波家の守り本尊で、当寺の本尊となっている銅造如来及両脇侍像（国重文）は、銅像に鍍金をした、能登では最古の白鳳期（7世紀後半）の仏像である。『能登名跡志』によると、見仏上人がこもって修行した、「比那の仏穴」という洞に残されていたものという。古代の仏教文化の伝播を考えるうえで貴重な遺品である。当初の形式は薬師三尊ではない可能性があるが、少なくとも江戸時代には、能登の十二薬師の1つとして信仰を集めた。1822（文政5）年の『苦能離薬師寺略縁起』には、七昼夜、九ノ里浦を一面金色に輝かせて、海中より出現したと記されている。

松波城跡 ❽

〈M▶P.205, 211〉鳳珠郡能登町松波ラ1-1・ラ1-2　P
のと鉄道穴水駅🚌穴水珠洲A線松波城址公園口🚶6分、または松波本町🚶3分

奥能登の悲運の城に京風の枯山水庭園

　旧のと鉄道能登線松波駅舎を利用した奥能登トリビア蔵「松波城址情報館」の南、跨線橋で結ばれた丘陵先端部に松波城跡がある。
　松波城は、松波川左岸、河口から約150mの川縁に位置する標高約30mの丘陵尾根の平坦地を利用した平山城であった。河口の水上交通を掌握できる要衝の地であり、眼下には市街地と日本海が広がる。松波城とその城下は、室町時代、在地領主松波氏によって築かれたと推定されている。戦国時代には、能登国守護畠山氏庶流の松

奥能登の「あえのこと」 コラム 行

> 奥能登は無形民俗文化財の宝庫
> 人類共通の文化遺産となる

　奥能登には，個性豊かな民俗芸能や祭礼が多い。こわい形相の御面をかぶった男衆が家々をまわって歩く正月行事「アマメハギ」と，12月に田の神を自宅に迎え入れ，2月に再び送り出す「あえのこと」はその代表で，ともに国指定の重要無形民俗文化財である。このほか，輪島市門前町には「ぞんべら祭り」「万歳楽土」，同市名舟町には「御陣乗太鼓」があり，また輪島重蔵神社の「如月祭のお当行事」，能登町宇出津の「キリコ祭り」，珠洲市蛸島の「早船狂言」，能登町鵜川の「イドリ祭り」，同町小木の「とも旗まつり」のほか，民謡・舞踊の「能登のまだら」「能登麦屋節」「砂取節」（いずれも県民俗）など，多彩である。

　このうち「あえのこと」は，2009（平成21）年9月，ユネスコの無形文化遺産代表リストに登録された。人類共通の無形文化遺産として評価され，能楽・歌舞伎・人形浄瑠璃文楽に続く快挙であった。

　「あえのこと」の「あえ」は「饗」，つまり接待することを意味し，「こと」は祭事の意味で，田の神を自宅に迎え，稲の豊作を祈念する予祝行事の1つである。まず，秋の収穫が終わると，目の不自由な田の神夫婦を迎え入れ，風呂に入れる。その後，用意したご馳走について縷々説明し，「たくさん召しあがってください」とすすめる姿は，そこに田の神がいるかのようで，素朴さがひとしおである。過疎の進行と少子高齢化で，その継承者は年々減少し，かつての20分の1になったが，それでも現在，80軒ほどの農家で催されている。

　田の神のもてなし方は，家や村により多様であったが，最近は簡素化されつつあるという。今後は，世界の無形遺産として，改めて保存に努めることになる。

　迎えた田の神は，正月を農家で迎え，2月の耕作前になると再び風呂に入れ，ご馳走でもてなし田園に送り出す。稲作を生業としてきた能登の民衆の豊年満作を願う気持ちが，素朴な誠実さをもって表現されている。日本の農耕儀礼の原点といってよく，この点がユネスコに評価された。その評価は，生活・生業の日々の営みのなか，多様な民俗行事・民俗芸能・祭りを大切に守ってきた奥能登の人びと全体に対する，褒美のようである。

波畠山氏の居城となったが，1577（天正5）年9月，七尾城（現，七尾市古府町ほか）落城の10日後，最後の城主畠山義親（七尾城主畠山義綱の子）が自害して，城は越後（現，新潟県）の上杉方の手に落ち

旧松波城庭園

　松波本町バス停から松波川左岸を上流の方へ少し進むと、最初の橋の右手に駐車場があり、その奥に立つ木製案内板の左横に松波城跡へのぼる道がある。やがて景勝台に出るが、さらにのぼって音川橋・跨線橋を渡ると、「松波城大手門址」の石柱前に出る。すぐ後ろには、旧松波城庭園(国名勝)がある。室町時代の京風文化の名残りをとどめる、扁平な円礫を敷きつめた枯山水の庭園跡は、現在は埋め戻されており、若干の庭石が顔を覗かせるのみである。

　松波本町バス停の北東約200mの所には、遠くからも本堂の大屋根が目につく松岡寺(浄土真宗本願寺派)がある。加州三カ寺の１つ、波佐谷松岡寺は、1531(享禄４)年の享禄の錯乱で滅びたのち、一時中絶したが、17世紀初頭、能登松波で末流によって再興されたのが、本寺である。1814(文化11)年に現在地に移り、現存の本堂は1892(明治25)年に再建されたもので、奈良興福寺から伝来した鎌倉時代後期の木造聖徳太子立像(国重文)を所蔵する。

　松波城跡から南東へ約500ｍ行くと、万福寺(曹洞宗)がある。旧珠洲郡域の大半を占めた若山荘の領家日野家、松波城主松波氏の菩提寺で、1680(延宝８)年模写の畠山義親画像を所蔵する。山門は松波城の裏門を移築したものといわれ、境内には伝義親墓所がある。

2 輪島から珠洲へ

七ツ島・佐渡島・立山連峰を望みながら，奥能登の絶景の地をたどる。豊かな歴史と地域に根づいた祭や民俗芸能の宝庫。

輪島と輪島の朝市 ❾
0768-22-7653(輪島市朝市組合)
〈M ▶ P. 204, 240〉 輪島市河井町 P
JR北陸本線金沢駅東口バスターミナル🚌輪島特急線輪島駅前🚶10分

日本一の漆芸の里 観光客で賑わう朝市

かつて奥能登に多くの観光客を運んだのと鉄道は，輪島線（穴水・輪島間）が2001（平成13）年に，能登線（穴水・蛸島間）が2005年に廃止された。かわって，2003年7月に開港した能登空港が，奥能登観光のあらたな拠点となった。

能登空港を出て，通称珠洲道路を鳳珠郡穴水町方面へ約3.5km進み，能越自動車道能登空港IC手前の洲衛の信号を右折する。三井町洲衛は，古代に須恵器の一大生産地だった。沿線に須恵神社がある。洲衛交差点から4kmほど進み，右折して県道1号線に入り，輪島へ向かう。のどかな里山の風景を楽しみながら，輪島市の中心街に入る。旧のと鉄道輪島駅跡地が，プラットホームの一部を保存して道の駅「輪島ふらっと訪夢」に生まれかわり，あらたな観光情報の発信地となっている。

輪島は，河原田川と鳳至川が合流して輪島川となって日本海にそそぐ，河口部両岸にできた町である。東岸に河井町，西岸に鳳至町・海士町・輪島崎がある。筑前鐘ヶ崎（現，福岡県宗像市鐘崎）から移住した海士が，慶安年間（1648～52）に加賀藩から土地を拝領してできたのが海士町である。

輪島は中世には親湊（小屋湊）とよばれ，現在の輪島市域から鳳珠郡穴水町にかけて存在した大屋荘の要港として栄えた。『平家物語』に，高倉宮以仁王の側近として登場する長谷部信連が，1186（文治2）年，源頼朝によって大

旧のと鉄道輪島駅跡地

輪島から珠洲へ

屋荘の地頭に任命された。加賀藩重臣長氏の祖である。山岸町に，長谷部信連の灰塚がある。江戸時代には，特産品の輪島素麺・輪島塗の積出港，北前船の寄港地として賑わった。

朝市駐車場のある海岸通りの1本手前の河井町本町商店街が，輪島の朝市が開かれる通称「朝市通り」である。およそ350mの通りに，250軒前後の露店が並ぶ。輪島の市は，遅くとも室町時代には存在していたようだ。近世には，河井町が4のつく日に現在の本町通りで，鳳至町が9のつく日に住吉神社の境内で，あわせて月6回の六斎市が開かれていたという。1777(安永6)年に太田道兼が著した地誌『能登名跡志』には，「諸商に便よく四九の日市あり」とある。しかし，昭和30年代に幕開けした奥能登観光ブームは，朝市の光景を一変させた。市民の台所としての性格が薄れ，観光客相手に民芸品などを並べる露店もふえた。今は，ほぼ通年開催されている。夕市は，鳳至町の住吉神社境内で開かれている。同神社には，能登輪島住吉神社文書4516点(県文化)が残る。

白米の千枚田と名舟の御陣乗太鼓 ❿⓫

0768-34-8282(輪島市名舟御陣乗太鼓保存会)

〈M▶P.204, 219〉 輪島市白米町ハ99-4　P／名舟町ニ34(保存会事務局)
JR金沢駅東口バスターミナル🚌輪島特急線輪島駅前乗り換え町野線白米🚶すぐ／
名舟🚶すぐ

日本海に面した棚田
鬼面をかぶった太鼓打ち

道の駅「輪島ふらっと訪夢」を出て約600m北上すると，国道249号線に出る。河井中央の信号を右折して町野町曽々木に向かって約1km行くと，キリコ会館がある。キリコは神輿渡御の夜道を照らす神灯が発展したもので，奥能登の祭礼の主役である。会館では，高さ15mを超すものから子ども用のものまで，大小二十数本のキリコが常設されている。祭礼シーズン以外の季節に能登を訪れた人は，ここでキリコ祭りの雰囲気を味わうのもいいだろう。

会館から約6.6km東進すると，左手に日本海に突き出た森がみえる。櫟原北代比古神社社叢タブ林(県天然)である。海側は風と波の浸食により，急崖となったクロマツとケヤキの林だが，国道側はこの地域の極相林である暖帯性のタブの林が成立している。高木層にタブ・シイ，亜高木層にヤブツバキ・ヤブニッケイ，低木層に

御陣乗太鼓之地碑

ヒメアオキ・トベラ、草木層にオニヤブソテツが繁茂し、照葉樹林の自然植生を示す標本として、学術上貴重である。

その南西約3.5kmには、高洲山(567m)がある。奥能登の最高峰で、別名鵠巣山・嶽山などともよばれ、航海の安全を祈る信仰の山であった。毎年5月8日に漆器職人たちが嶽参りを行うのが、藩政期から続くならわしという。現在、航空自衛隊のレーダー基地がある。

神社前から約2.2km東進すると、道の駅「千枚田ポケットパーク」に至る。ここが、白米の千枚田(国名勝)を一望できる絶好の場所である。山裾の急斜面を、荒波の打ち寄せる波打ち際まで階段状に切り開いた棚田で、1000枚を超える小さな水田が、幾何学模様に配されている。大規模な地滑りで、水田の大半が失われたこともあったが、再び開田されて、今日に至る。奥能登の水田開発の歴史を物語る、重要な遺産である。17世紀につくられた谷山用水が今も利用され、田植えの頃、豊かにたたえられた水面に夕日が映える情景は、幻想的でさえある。しかし、人力に頼るしかない棚田の維持管理は、高齢化が進む地元住民だけでは限界があり、輪島市はオーナー制度やボランティアの協力を得て、日本の原風景を思わせる景勝と農村文化を後世に残そうとしている。

千枚田を後にして約3.5km行くと、海中に立つ鳥居が目に入ってくる。名舟町の白山神社(祭神菊理媛命)で、別名奥津比咩神社ともいう。もとは、名舟村領だった舳倉島を漁場とする人びとが、航海の守護神をまつる奥津比咩神社を遥拝する神社と考えられる。

毎年7月31日の名舟大祭の夜、神輿渡御の先駆けをつとめる太鼓山に、夜叉・爺・幽霊などの異様な仮面と衣装を着けた者が2人ずつ乗り込み、つぎつぎに太鼓を打ち鳴らす。これが、輪島市名舟御陣乗太鼓(県民俗)である。天正年間(1573～92)、能登に侵攻した越後(現、新潟県)の上杉謙信勢を、この太鼓と仮面で追い返したと

の伝承がある。現在，名舟町の有志が輪島市名舟御陣乗太鼓保存会を結成して，公演活動を行っている。

2つの時国家 ⓬⓭
0768-32-0171（上時国家）/
0768-32-0075（下時国家）

〈M▶P. 205, 219〉輪島市町野町 南 時国13-4 Ｐ／西時国2-1 Ｐ

JR金沢駅東口バスターミナル🚌輪島特急線輪島駅前乗り換え町野線上時国家🚶すぐ／下時国家🚶すぐ

加賀藩領・幕府直轄領に分かれた時国家大船を所有し海運業も

　名舟町の白山神社から国道249号線を約5km東進，河原バス停を右折して道なりに進むと，右手前方に，茅葺き屋根の母屋と白壁の土蔵が美しい南惣美術館がある。近世の町野川流域には，幕府直轄領（能登天領）62カ村のうちの4カ村が集中しており，左岸に井面・大野・伏戸村が，右岸に時国村があった。南惣は大野村の庄屋南家の屋号であり，美術館には広大な山林・田畑を所有した歴代当主たちの収集品や，1965（昭和40）年頃まで使用人に賃金として支払っていた家札などが展示されている。

　再び国道249号線に出て町野川を渡り，曽々木交差点で右折する。500mほど行くと，岩倉山を背に，2つの時国家が300mほど離れて屋敷を構えている。平家滅亡後，奥能登に配流となった平時忠の嫡男時国が，源氏による迫害を恐れ，名前の時国を姓とし，さらに遠隔の輪島に転居して，一族の存続をはかったと伝える。室町時代後期から江戸時代にかけて，多くの下人を使用して農業・製塩業・金融業・海運業などの多角経営で富をなし，近世初期に分家して2つの時国家が誕生した。上流側の本家上時国家は，幕府直轄領時国村（上時国分，明治時代初期から南時国村）の庄屋を，下流側の分家下時国家は加賀藩領時国村（下時国分，明治時代初期から西時国村）の肝煎や山廻り役・塩吟味役をつとめた。下時国家は，壇の浦

上時国家住宅

218　輪島・珠洲と能登半島

曽々木海岸周辺の史跡

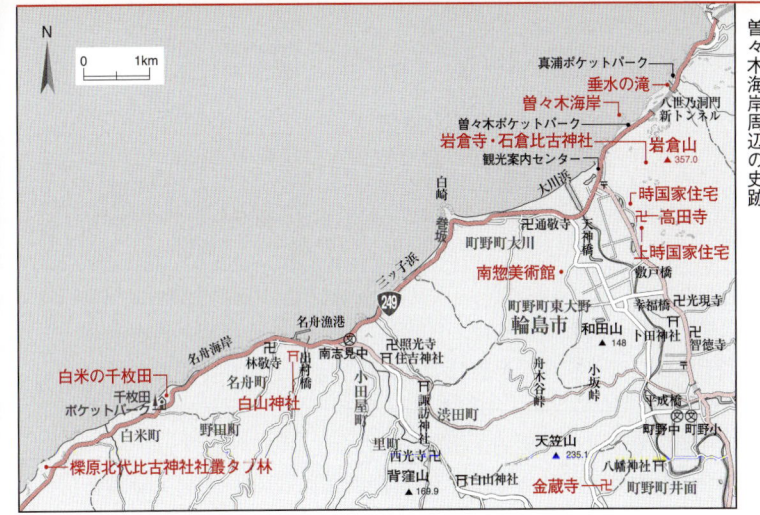

の戦い(1185年)で海に没した安徳天皇をまつり,「能登安徳天皇合祀時國家」と称している。なお,2つの時国家の間を流れる小川が,藩領と幕府直轄領の境界線だった。

上時国家住宅(主屋・米蔵・納屋,国重文)は,1831(天保2)年頃,現在地に移り,1857(安政4)年頃までに完成したと考えられる。主屋は間口12間半・奥行9間,入母屋造・茅葺きで,四方に桟瓦葺きの庇をめぐらしている。格天井がみごとな「大納言の間」を始め,手の込んだ造作や座敷飾り,豪壮な梁組をみせる土間回りは,江戸時代末期の民家の1つの到達点を示す。上時国氏庭園(国名勝)は,江戸時代末期の池泉鑑賞式書院庭園である。

時国家住宅(国重文)は,1670(寛文10)年の分家のおりに建造したと伝えられている。主屋は間口13間・奥行8間,入母屋造・茅葺きで,四方に瓦葺きの庇をめぐらしている。間取りは,奥能登型(能登Ⅲ型)農家の形式で,土間が主屋の間口の約半分を占める。3本の独立柱や巨大な梁組が,奥能登の豪農の往時を偲ばせる。時国氏庭園(国名勝)は,江戸時代前期の池泉鑑賞式書院庭園である。

神奈川大学日本常民文化研究所による長年の古文書調査で,農業・製塩・薪炭・金融業のほかに,江戸時代以前から大船を数隻所有し,松前(現,北海道)から佐渡(現,新潟県)・敦賀(現,福井

輪島から珠洲へ 219

町野の真言寺院 ⓮

0768-32-0099（高田寺）／
0768-32-0277（金蔵寺）／
0768-32-0813（八幡寺）

〈M▶P. 205, 219〉輪島市町野町南時国12-106 🅿（高田寺）／金蔵エ32 🅿（金蔵寺）／東ロ2 🅿（八幡寺） JR金沢駅東口バスターミナル🚌輪島特急線輪島駅前乗り換え町野線下時国家🚶5分／町野🚶20分／真久🚶10分

小棚田と真言の寺々 古仏と古写経の宝庫

能登で最長の町野川流域は，古代には待野郷とよばれ，真言宗の古刹が多い。近世初期，奥能登では真言宗寺院が宗勢を守るため，3つの結衆を組織した。町野結衆はその1つで，現在の鳳珠郡能登町柳田地区までの範囲を網羅していた。

岩倉山麓の南時国にある高田寺（高野山真言宗）は，上・下時国家の菩提寺であり，平安時代後期の木造高田寺釈迦・薬師・阿弥陀如来坐像（県文化）が安置されている。

時国家から県道6号線を約3km南下，粟蔵で右折して県道278号線を4kmほど行った金蔵集落に，2層建ての山門をもつ金蔵寺（高野山真言宗）がある。本堂右手の不動堂には，頭部から胸部が平安時代末期の作，下半身は江戸時代に補作された巨大な丈六仏の木造不動明王坐像が安置されている。このほか，南北朝時代の絹本著色両界曼荼羅図（県文化，石川県立美術館寄託）を始め，すぐれた仏画・仏像が数多く伝えられ，奥能登随一の規模を誇る。なお金蔵へは，名舟町を過ぎ，国道249号線沿いの南志見から右折して行くルートもある。

粟蔵から県道6号線を約3km南下すると，町野川中流域の東集落に八幡寺（高野山真言宗）があり，中世に奥能登で書写された『大般若経』を2組伝える。その1つは鎌倉時代の紙本墨書『大般若経』（県文化）で，

金蔵寺山門

1206(元久3)年,珠洲郡若山荘大谷(現,珠洲市大谷町)の住人平兼基が発願し書写させ,1212(建暦2)年に奉納したものである。『大般若波羅蜜多経』全600巻のうち,585巻(折本)が残る。発願年が,若山荘大谷に配流されていた平時忠の十七回忌の年にあたるので,一門の者が時忠追善のために行ったと推定されている。もう1つは,南北朝時代後半に書写された紙本墨書『大般若経零本』(附断簡9葉,県文化)で,273巻(折本)が現存する。中世奥能登の宗教事情を知るうえで,貴重な史料である。

法華寺と中谷家住宅 ⑮⑯
0768-76-1531/0768-76-1551

〈M ▶ P. 204, 205〉鳳珠郡能登町柳田ラ87
P/能登町黒川28-130 P
能登空港 35分/ 25分

平安時代後期の不動明王
朱漆と黒漆の土蔵

　金蔵寺から県道278号線を約1.5km南下すると,県道277号線に合流する。さらに4.5kmほど南下し,法華寺バス停を右折すると法華寺(高野山真言宗)がある。古くは薬師寺と称したが,火災のため廃絶,1522(大永2)年に再興されたとき,法華寺と改称したという。護摩堂に安置されている木造不動明王坐像(国重文)は,ヒノキの寄木造で,目は彫眼,彩色の痕跡がある。左手に羂索,右手に宝剣をもち,岩座の上に結跏趺坐した姿で,平安時代後期の作と考えられる。

　法華寺から約500m南下し,県道26号線を約6km西進すると,黒川バス停がある。手前で左折し,坂道をのぼって右折すると,田んぼの向こうに,長大な石垣と塀をめぐらした中谷家住宅(附屋敷構え,県文化)がみえる。寛文年間(1661〜73)以来,幕府直轄領黒川村の庄屋であった中谷家の主屋である。1721(享保6)年の普請帳や家屋の造りなどから,18世紀中葉の築造とされる。間口14間・奥行9間あり,奥能登型(能登Ⅲ型)の代表的民家である。大型農家で

中谷家住宅

輪島から珠洲へ

あり、幕府直轄領の庄屋宅にふさわしい格式もみられる。圧巻は、総漆塗りの土蔵である。天井・壁は朱漆、柱・梁・横木は黒漆に塗り分けられ、ほかに類をみない神秘的な土蔵空間をみせる。なお、見学の際には事前に電話連絡をされたい。

岩倉寺と曽々木海岸 ⓱⓲
0768-32-0139(岩倉寺)

〈M▶P.205, 219〉輪島市町野町西時国16-8甲 Ｐ／町野町曽々木 Ｐ
JR金沢駅東口バスターミナル🚌大谷特急線
曽々木口 🚶30分／🚶5分

海辺の真言霊山
能登の親不知

　下時国家から北へ約150m行くと、県道6号線が国道249号線に合流する少し手前に、岩倉山への登り口がある。約1.2km行くと、石段下の駐車場に着く。町野川河口の右岸に位置する岩倉山は、標高357m、険阻な岩山が断崖となって日本海に落ちている。古くから沖行く船人や漁師が信仰を寄せた霊山で、もとは岩山そのものが神体だった。

　急な石段をのぼると、岩倉寺(高野山真言宗)がある。隣接して立つ『延喜式』式内社の石倉比古神社の神宮寺で、鎌倉時代末期の石造五重塔2基、「永正四(1507)年」の漆塗棟札や古文書が残る。ここから珠洲市真浦町へ続く山越えの遊歩道の途中に、千体地蔵がある。自然の風化作用が造り出したものだが、2007(平成19)年3月の能登半島地震以来、通行止めが続いているので確認が必要である。

　曽々木海岸(国名勝・国天然)は、「窓岩」を中心にして、西は町野川河口から東は垂水の滝までの約2kmで、豪快な岩礁が続く野生味あふれる海岸である。岩倉山の断崖が人びとの行く手を阻み、「能登の親不知」とよばれる難所であった。寛政年間(1789〜1801)、断崖に細路を開削した珠洲市片岩町海蔵寺(曹洞宗)の8世麒山

曽々木海岸の窓岩

瑞麟の石像が、曽々木ポケットパークに立つ。曽々木では、毎年5月11日夜に麒山祭を行う。

「すず塩田村」と揚浜塩田 ⑲
0768-87-2040

〈M▶P.205〉珠洲市仁江町1-12-1 P
JR金沢駅東口バスターミナル🚌大谷特急線曽々木口乗り換え大谷A・B線仁江🚶5分

日本で唯一の揚浜塩田塩作り体験施設

　曽々木海岸から八世乃洞門新トンネルを抜けると、真浦海岸（珠洲市真浦町）である。垂水の滝が、高さ35mの断崖から直接日本海にそそぎ、冬は季節風に吹き寄せられた波の花が舞う。ここから仁江町にかけては、千畳敷とよばれる岩礁の彼方に沈む夕陽が美しい。真浦バス停手前の坂道を少しのぼった所に、帆立岩とよばれる巨大な岩があり、俳人水原秋櫻子の句が刻まれている。

　垂水の滝から国道249号線を東へ約4km行くと、能登の揚浜式製塩の技術（国民俗）と塩田・釜屋・道具類を日本で唯一伝承してきた角花家がある。隣接する道の駅「すず塩田村」には、揚浜式製塩を体験できる塩田（5〜9月要予約）と塩の総合資料館「揚浜館」が併設されている。

　能登半島の製塩は、古墳時代の土器製塩に始まり、珠洲市三崎町の森腰浜遺跡などでは、底が棒状に尖った製塩土器が大量に出土している。鉄釜使用の揚浜式製塩法が広まったのは、江戸時代初期のことである。加賀藩は、財源確保のため、いち早く塩の専売制を取り

揚浜式製塩作業

真浦海岸の垂水の滝

輪島から珠洲へ　223

入れ，能登の沿岸部領民に米を前貸しして，生産された塩で返納させる塩手米制度を実施した。

瀬戸内地方の入浜式製塩法にくらべて，潮の干満の差が小さい能登では，海水の汲み揚げや塩田への散布は，もっぱら人力に頼った。塩田用の砂取りから始まる，炎天下での過酷な労働が，哀調をおびた砂取節（県民俗）を生み出した。道の駅からさらに海沿いに約10km東進した馬緤町の珠洲市自然休養村センターに，砂取節発祥之地の記念碑と塩田を詠んだ角川源義・沢木欣一・大野林火の句碑が並ぶ。広場では，毎年8月中旬に砂取節まつりが行われる。

馬緤町には，中世に製塩業や窯業（珠洲焼）を経営していた有力名主常俊家と，同家が檀越であった本光寺（曹洞宗）に伝わる中世文書（常俊家・馬緤本光寺文書13通，県文化，常俊家文書は石川県立歴史博物館保管）がある。秦氏（常俊家）が四坪薬師堂に寄進した南北朝時代の紙本墨書『大般若波羅蜜多経』494巻（県文化）は，珠洲市立珠洲焼資料館に寄託されている。

曹源寺と長橋海岸 ⑳
0768-62-1047（海前寺）

〈M▶P.205〉珠洲市長橋町25-17 P
JR金沢駅東口バスターミナル🚌大谷特急線曽々木口乗り換え大谷A・B線長橋🚶7分

道の駅「すず塩田村」から国道249号線を東へ約4km，長橋漁港入口，鞍崎灯台のみえる景勝地に，美しい海回復記念碑がある。1997（平成9）年1月2日，島根県隠岐島沖でロシア船籍のタンカー，ナホトカ号の船体が破断。漂流後，船首は福井県三国沖に座礁し，そこから流出した重油が，日本海側9府県，石川県内18市町に漂着した。珠洲市の海岸にも黒く大きな塊となって押し寄せ，わずか4カ月前に第16回全国豊かな海づくり大会を開催した美しい海岸が

定朝様式の阿弥陀三尊像
ナホトカ号重油流出事故

曹源寺木造阿弥陀三尊像

ヒロギの難所をひらいた麒山和尚

コラム 人

能登の親不知ヒロギ浄財を集め細路を開く

輪島市町野町曽々木と珠洲市真浦町の間は、標高357mの岩倉山が断崖となって海に落ち込み、「能登の親不知」といわれる難所だった。岩倉越えや簑くくり越えなどの山道もあったが、通行人は近道を求めて、断崖の岩肌にしがみつくようにして通り抜けようとした。しかし、海中に落下し波にのまれて、命を落とす者が絶えなかった。

これに心を痛めた海蔵寺の8世麒山瑞麟は、この岩壁に通路を切り開こうと思い立った。托鉢や寄付で集めた浄財で石工を雇い、岩場に楔を打ち込み、鎚で打ち割る。危険な場所での難工事を続けること13年。ヒロギ越えの細路が開かれたのは、1792（寛政4）年のことである。珠洲市片岩町の海蔵寺（曹洞宗）に伝わる『募縁序』には、能州郡奉行を筆頭に、十村・寺院・船主・村人ら加越能三国の、浄財を寄せた人びとの名前が記されている。

1887（明治20）年に歩道トンネルが開鑿され、さらに1963（昭和38）年には曽々木隧道と八世乃洞門の2本のトンネルが開通し、奥能登最大の難所がわずか数十秒で通過できるようになった。車による半島1周が可能になると、空前の奥能登ブームが到来した。

曽々木側のトンネル入口手前の道路沿いに、麒山和尚石像がある。江戸時代末期に地元民が建立したもので、もとは海浜にあったが、現在は曽々木ポケットパークに移され、5月に麒山祭が催されている。

麒山和尚石像

無惨な姿に変貌した。雪の降りしきる厳冬期の岩場での回収作業に、地元住民はもちろん、市外からのボランティア、自衛隊員など延べ3万5000人が参加した。回収した重油はドラム缶2万4000本余りにおよび、4カ月後、ようやくもとのきれいな海を取り戻すことができた。翌年、珠洲市は、最大の被害地であった長橋海岸に、感謝と誓いの気持ちを込めて記念碑を建てた。宣明暦を伝えた渤海国使節の珠洲郡来着（859年）など、さまざまな文化や歴史を運んできた対馬海流だが、近年は大陸や朝鮮半島からの漂着ゴミもあり、能登半島の沿岸一帯を汚染している。

長橋漁港から約200m進み、右手の山側へ続く坂道を約500mのぼると、曹源寺（曹洞宗）がある。もとは、若山荘（現、珠洲市・旧珠洲郡内浦町）の領家日野家の持仏として、大谷川沿いの通称うしろ町にあり、「日野の阿弥陀」とよばれ尊崇されてきた、木造阿弥陀三尊像（県文化）が安置されている。本尊の阿弥陀如来坐像は、定印を結び、結跏趺坐するヒノキの寄木造、脇侍は観音・勢至菩薩立像である。定朝様式を呈し、平安時代末期に畿内の仏師が制作したとみられるが、保存状態もよく、県内屈指の阿弥陀三尊像である。なお、拝観を希望する場合は、海前寺に事前予約されたい。

平 時忠一族の墓 ㉑

〈M ► P.205〉珠洲市大谷町則貞　P
JR金沢駅東口バスターミナル🚌大谷特急線曽々木口乗り換え大谷A線則貞🚶5分

平家にあらずんば人にあらず　山里に義経伝説

長橋海岸から東へ約2.5km、外浦の中心大谷町バス停から大谷川の左岸を約3km遡った西谷地区の池上家に、大谷ののとキリシマツツジ（県天然）がある。江戸時代末期に能登町宇出津で入手した古木を船で運んだもので、樹齢300年を超えると推定される。開花期は5月上旬で、深紅色の衣をまとった優美な樹形は壮観である。この時季、奥能登一円に、のとキリシマツツジが咲き誇り、名木が一般公開される。

大谷町を過ぎると、馬緤町で国道249号線は山道に入り、大谷峠を越えて飯田町に通じる。この峠は、外浦と内浦を結ぶ交通の要衝だが、冬季は通行に困難をきたしていた。1998（平成10）年、ようやく大谷トンネルが開通した。トンネルの手前、則貞バス停から谷へくだる小道が整備され、平時忠が詠んだという、「白波の打ち驚かす岩の上に　寝いらで松の幾世経ぬらん」の木柱碑が、平時忠卿

平時忠卿及び其の一族の墳

226　輪島・珠洲と能登半島

及び其(そ)の一族の墳(県史跡)へと案内してくれる。大小十数基の五輪塔が並んでいるが、形式的には室町時代に属し、その末裔(まつえい)によって建立されたものとみられる。

正二位権大納言平時忠(しょうにいごんだいなごん)は、姉の時子(ときこ)(二位尼(にいのあま))が平清盛の妻、妹の滋子(しげこ)(建春門院(けんしゅんもんいん))が後白河(ごしらかわ)天皇の女御(にょうご)であり、高倉天皇の母だったことから、権勢をほしいままにし、「平家にあらずんば人にあらず」と豪語したといわれる。智略家でもあり、清盛亡き後の平家の実質的な指導者だったが、壇の浦の戦い(1185年)で捕らえられ、能登に配流となった。大谷浦まで船で護送された一行は、カラスに導かれて人里離れたこの地に至り、源氏の目を避けるように隠れ住んだとされ、近くを流れる川を烏川(からすがわ)という。帰京の夢もかなわず、4年後の1189(文治5)年2月、配所で没したと『吾妻鏡(あづまかがみ)』に記される。その子孫を称する則貞家が、今も墓所を守る。

時忠の娘(地元では蕨姫(わらびひめ)と伝承)が源義経(よしつね)の側室であったことから、奥州平泉(おうしゅうひらいずみ)(現、岩手県西磐井郡平泉町(にしいわいぐんひらいずみちょう))へ向かう義経一行がこの地を訪れたとされ、能登各地に義経伝説が残る。時忠の墓の近くに俳人山口誓子(やまぐちせいし)の筆になる時忠自詠の歌碑が、則貞バス停付近には俳人沢木欣一と千田一路(せんだいちろ)の句碑がある。

禄剛埼灯台(ろっこうざきとうだい) ㉒

0768-82-0709(珠洲航路標識事務所)

〈M ▶ P. 205〉珠洲市狼煙町(のろしまち) P

JR金沢駅東口バスターミナル 🚌 珠洲特急線珠洲鉢ヶ崎(はちがさき)乗り換え木の浦狼煙(うら)🚶 7分

能登半島最はての灯台 県内有数の近代化遺産

平時忠の墓がある則貞から再び海岸に出て、県道28号線を東進する。市内最古の仏像刀禰薬師(とね)のある高屋(たかや)から木ノ浦、折戸(おりと)を経て禄剛埼灯台に至る約10.7kmは、岬自然歩道が整備されている。とくに、木ノ浦海岸は国定公園特別保護区に指定され、透明度の高い海中公園、珠洲の市花ヤブツバキの原生林で知られる。木ノ浦隧道(ずいどう)を抜けると、禄剛崎まで連なる大小の岬が一望できる。このトンネルは、1993(平成5)年2月7日の能登沖地震(M6.6)で天井部が崩落し、復旧に数カ月を要した。県内では、2007年3月25日の能登半島地震につぐ大地震で、市内各所に多大な被害をおよぼした。

木ノ浦隧道から約4kmで狼煙駐車場に着く。道の駅「狼煙」(交流施設狼煙)前の小道を7分ほどのぼると、禄剛崎台地に出る。振

輪島から珠洲へ

禄剛埼灯台のフランス製フレネルレンズ上部

り返ると、山伏山・金剛崎・狼煙港が一望できる。最はての岬に立つ白亜の禄剛埼灯台は、1883（明治16）年7月10日、石川県最初の洋式灯台として初めて点灯した。「日本の灯台の父」とよばれる、イギリス人技師リチャード゠ヘンリー゠ブラントンの基本設計に基づき、初めて日本人だけで建設した灯台である。正面の記念額に、「菊の紋章」が掲げられているのは、全国の灯台でもここだけである。

能登半島最先端の禄剛崎は、外浦と内浦の分岐点に位置し、平安時代より烽火（狼煙）が焚かれた要所だった。この海域は海難事故が多く、加賀藩は対岸の山伏山中腹に灯明堂を設置していたが、加賀の豪商銭屋五兵衛は、完成して3年目の常豊丸（1500石積み）を狼煙沖で座礁して失っている。

禄剛埼灯台の石材は、鳳珠郡穴水町甲地区から船で運搬し、標高36mの台地まで引き上げた。レンズは、三角柱のガラス板を幾何学的に組み合わせた直径1.4mのフランス製2等フレネルレンズで、3秒ごとに明滅し、約35km先まで光を届ける。

第二次世界大戦の末期には、空襲を避けるため灯塔をまだらに着色し、木の枝葉をかぶせて隠したという。1963（昭和38）年4月、機器の自動化にともない無人化され、今は年に数回、一般公開されている。海上保安庁灯台施設調査委員会が、明治時代築造の洋式灯台68基を調査した際、禄剛埼灯台はAランク23基の1つに位置づけられた。また、「日本の灯台50選」にも選ばれている。2008（平成20）年には、経済産業省から「近代化産業遺産」に認定された。禄剛埼灯台は、日本海の安全を守る現役の航路標識であり、明治時代の面影をとどめる県内有数の歴史遺産でもある。

海に突き出た禄剛崎から、晴れた日には東から順に、立山連峰・米山・佐渡島・七ツ島がみえる。太陽が海からのぼり海に沈む光景

珠洲岬

コラム

対馬海流が運んだ文化
世阿弥もみた珠洲岬

　日本列島のほぼ中心にあって，日本海に突き出た能登半島，その先端部は古来，文学や歴史書に登場してきた。古くは『出雲国風土記』(733〈天平5〉年成立)の国引き神話がある。「高志の都都の三埼」に余りの国土があったので，「国来，国来」と引いてきて縫いつけたのが，島根半島先端部，三穂の埼(現，島根県松江市美保関町)だという。松江市美保関町の美保神社の祭神美穂須須美命は，出雲の大国主命と高志(古代北陸地方)の奴奈宣波比売命との間に生まれたとされ，珠洲市狼煙町の山伏山に鎮座する須須神社奥宮の祭神でもある。「珠洲」という地名の由来は，この「須須」にあり，「ススミ(烽火)」であろうと考えられる。このことが縁となって，1988(昭和63)年3月，珠洲市は旧美保関町との間に姉妹都市提携を行った。対馬海流が取りもつ縁といえよう。

　平安時代末期の『梁塵秘抄』には，海路越後(現，新潟県)に向かう修行僧の，「我等が修業に出でし時，珠洲の岬をかい回り，打ち廻り，振り棄てて，ひとり越路の旅に出でて，足打ちせしこそあはれなりしか」という雑歌が収録されている。また『源平盛衰記』には，平時忠が1185(文治元)年に配流先の「能登国鈴の御崎に著き給う」とある。1433(永享5)年，若狭国小浜から出航して佐渡(現，新潟県)に配流される世阿弥が，沖合からみた景色を，「能登の名に負ふ国つ神，珠洲の岬や七島の，海岸遥かにうつろひて入日を洗ふ沖つ波，そのまま暮れて夕闇の，蛍とも見る漁火や夜の浦をも知らすらん」(『金島書』)と記す。

　古来，「三埼」「岬」「御崎」などと表記され，3つの岬をどこに比定するかという論争もあったが，特定の岬を指すというよりは，半島の最先端部を総称した地名であったと考えられる。人や物資の輸送が海路中心だった近世までは，岬は大陸や都からの人・物・情報・文化が直接流入する玄関口だった。明治時代以降，鉄道を中心にした陸上交通の発達にともない，岬は最はての地に変じた。しかし珠洲岬には，自然が刻んだ雄大な海岸美，海辺や山里に残る数々の伝説と文化財，海の幸・山の幸に恵まれ，分かち合い，助け合って暮らす人びとの確かな生活がある。

に出会える，全国でも数少ない場所である。台地には，東京・ウラジオストク・上海などの方角を示す標柱や，俳人山口誓子の句碑，禄剛埼灯台点灯百周年記念碑，国民体育大会採火地記念碑，「日本

列島ここが中心」などのモニュメントがある。ゆっくりと最はての旅情を味わってほしい。

山伏山と須須神社 ㉓㉔
0768-88-2772（須須神社）

〈M ▶ P.205〉珠洲市狼煙町／三崎町寺家4-2 P

JR金沢駅東口バスターミナル🚌珠洲特急線珠洲鉢ヶ崎乗り換え木の浦線葭ヶ浦🚶20分／寺家🚶5分

北陸鬼門鎮守のお社　海の守り嶽山の神

　狼煙漁港を過ぎ，県道28号線の山道を約1.8km行くと，葭ヶ浦バス停がある。木の鳥居が，山伏山への登り口を示している。山伏山は標高172mだが，禄剛崎や海上からは，椀を伏せたような秀麗な山容が眺められる。古来，岬の沖合を航行する船や地元漁民の目印として仰がれ，嶽山・鈴ケ嶽と崇められてきた神体山であり，のちに，山伏修験の霊地として，山伏山とよばれるようになった。

　照葉樹林の北限的群落をなす，スダジイとアカガシの山伏山社叢（県天然）をジグザグにのぼって行くと，山頂に須須神社奥宮（祭神美穂須須美命）がある。1879（明治12）年に改称される以前は，鈴奥大明神・鈴嶽奥神社・五社大明神と崇められてきた。平安時代前期の『延喜式』神名帳に記された式内社須須神社は，この嶽山そのものだったと考えられる。狼煙町にはお仮屋とよばれる遥拝所があり，山伏山と奥宮の管理や祭礼は狼煙の氏子が行ってきた。三崎町寺家の須須神社とは一線を画してきた点が，両社の関係をめぐる謎を物語っている。

須須神社社殿

　県道28号線へ戻り，約2.7km南へくだると，須須神社（祭神天津日高彦穂瓊瓊杵命・木花咲耶姫命・美穂須須美命）の大鳥居がある。社伝によれば，初め鈴ケ嶽に鎮座していたが，のち現在地に遷り，

引砂のさんにょもん

コラム 人

閻魔大王をもだましました奥能登民話の主人公

　奥能登民話の主人公三右衛門は、江戸時代に現在の珠洲市三崎町引砂に実在したといわれる人物である。「はつめい」で頓智に長け、ちょっとした話のトリックで人びとをだましたり笑わせたりする、どこか憎めない人物として語り継がれてきた。さんにょもん保存会が2003（平成15）年に発行した本には、40本の小話が採録されている。忘れ去られようとしていた民話が、ふるさと学習や町おこし・地域おこし活動のなかでよみがえった。代表的なさんにょもん話を1つ紹介したい。

　「がいもん（磬子の地方語。読経の際に打つ椀型の銅製仏具）」

　むかし、引砂のさんにょもんが京都に行って、仏具屋でがいもんを買おうとしたんやて。「このでっかいお椀は何文やけえ」と聞くと、番頭はこの男ちょっとおかしいなと思って、からかい半分に「お前といっしょで三文じゃ」というてしまった。喜んださんにょもんが、本当に三文だけおいて店を出ていったので、番頭はあわてて、「（三文に）ならん、ならん」といって追っかけてきたんやて。さんにょもんは手に持ったがいもんをガーンガンと鳴らしながら、「なります、なります」と逃げ帰ったんやて。そのがいもんは、三崎町粟津の琴江院に今も残っているそうや。

　ほかに「イカいっぱい」「五条の橋きり落とす」「だまされた閻魔大王」などがある。都人や権力をもつ者、欲にかられた者たちが、さんにょもんの頓智に乗せられて笑われ者に転落する小話が庶民の笑いを誘い、気晴らしになったのだろう。

琴江院山門

高座宮と金分宮の両社になったと伝える。三崎明神・珠洲権現・三崎権現などとよばれ、近世には北前船の船乗りたちの間にも信仰が広まり、奥能登の最有力神社として隆盛を誇った。

　スダジイ・タブノキなどの照葉樹が鬱蒼と茂る須須神社社叢（国天然）の中を3分ほどのぼると、社殿と宝物殿がある。鎌倉時代後期の木造男神像5軀（国重文）は、いずれも表情を異にした衣冠束帯姿の坐像で、素朴ななかに写実味をおびている。須須神社文書73通（県文化）のうち、1175（承安5）年の「能登国司庁宣」は、現存す

る県内最古の正文である。木版刷「能登国鈴三崎絵図」は，大宮司猿女友能が，1833（天保4）年に版行して，諸国の船主に配布したものである。日本海を航行する船の多くは，塩津湊（現，寺家漁港）で風待ち・潮待ちをし，飲料水を補給した。しかし，近海は暗礁・岩礁が多く，海難事故が絶えなかった。大宮司は藩の力を借りず，湊を利用する諸国の廻船商人・船主に寄付を募って，湊の整備を行い，出崎遭崎の上に常夜灯を設置した。「日本一灬四角一点之守護神」と称した須須神社の面目躍如たる話である。なお宝物殿の見学は，事前予約が必要である。

近くに，須須神社の別当であり，能登国三十三カ所観音霊場巡礼の結願所として栄えていた天台宗の高勝寺があった。明治時代初期の神仏分離政策によって破却されたが，平安時代末期の木造阿弥陀如来坐像などは，跡地に転入した翠雲寺（天台宗）に引き継がれている。

寺家バス停近くの鳥居前に，作家村上元三の「義経は　雪に消えたり　須々の笛」の句碑が立つ。奥州下向の際，須須権現の加護で海難を逃れた源義経が奉納したという蟬折の笛は，須須神社宝物殿にある。近くの三崎町粟津の琴江院（臨済宗）は，山門が美しい古寺で，「引砂のさんにょもん（三右衛門）」が寄進したという「がいもん（鑿子）」が伝わる。

珠洲焼資料館 ㉕　〈M▶P.205〉珠洲市蛸島町1-2-563　P
0768-82-6200　JR金沢駅東口バスターミナル🚌珠洲特急線りふれっしゅ村🚶すぐ

六古窯に並ぶ珠洲焼　日本の4分の1が商圏

須須神社から海岸沿いを南へ約9km行くと，りふれっしゅ村鉢ヶ崎がある。2006（平成18）年8月，付近一帯を会場に第14回日本ジャンボリーが開催され，珠洲市の総人口を超えるボーイスカウトたちが国内外から参集した。その記念モニュメント「風の不思議」が，鉢ヶ崎交差点を右折してすぐの路傍にある。

信号左手に，珠洲市立珠洲焼資料館がある。素朴で力強い造形美で知られる珠洲焼の魅力を，当時の信仰・生活との関わりのなかで，わかりやすく紹介している。珠洲古窯は「退化した須恵器」といわれたこともあったが，1961（昭和36）年，「珠洲焼」「珠洲窯」と命名

珠洲市立珠洲焼資料館

され，以後，六古窯におとらない珠洲焼の生産・流通の実態が明らかにされてきた。

　珠洲焼は平安時代末期から室町時代の終わりにかけての約350年間，現在の珠洲市と鳳珠郡能登町の一部で生産された。それまで窯業の伝統がなかった地に突如出現し，一大産地を形成した背景には，能登最大の荘園若山荘（現，珠洲市・旧珠洲郡内浦町）の存在があった。窯跡は宝立町周辺に多く，領家日野家の祈禱所法住寺（宝立町春日野）が窯の経営に関与していたと考えられる。技術的には，東播磨地方の須恵器系陶器窯（兵庫県神出窯など）からの技術移入と東海地方の瓷器系陶器窯（愛知県常滑・渥美窯など）の影響を受けたとみられる。

　丘陵の斜面に築かれたトンネル状の窖窯で還元焔焼成され，1200℃以上の高温で焼き締める。さらに，火をとめる段階で密閉して窯内を酸欠状態にする「燻べ焼き」によって，粘土に含まれる鉄分が黒く発色する。器種は貯蔵用の甕・壺，調理用の鉢が多いが，ほかに経筒や仏神像などもあり，その種類の多さも特徴の1つである。日本海側では競合相手のなかった珠洲窯が，多様な需要にこたえた結果であろう。

　海上輸送によって，鎌倉時代には越前から東北地方の日本海側まで，室町時代には北海道南部まで運ばれ，日本列島の約4分の1を商圏とした。窯の多くは沿岸部に築かれ，馬緤・塩津・鵜飼などの湊から積み出されたとみられる。日本海から貝類がびっしり付着した珠洲焼が引き揚げられることがあり，商圏の広さを物語っている。最古の窯跡とみられる上戸町寺社のカメワリ坂窯跡，天井部分も含めてほぼ完全な姿を残している宝立町柏原の西方寺1号窯など，珠洲陶器窯跡（国史跡）は約40基を数える。しかし，若山荘の衰退とともに，15世紀後半には急速に衰え，まもなく廃絶した。

　現在，珠洲焼の多くは市外に流出した。珠洲鳥樹文小壺・珠洲

輪島から珠洲へ　　233

秋草文壺・珠洲鳥樹文壺（いずれも県文化）は、石川県立歴史博物館が所蔵している。近くの珠洲市陶芸センターでは、復興された珠洲焼の陶芸体験ができる（要予約）。

蛸島漁港のすぐ東側に、高倉彦神社がある。毎年9月11日の秋祭りの夜、境内の舞殿で早船狂言（附早船1隻・木偶9個、県民俗）が演じられる。江戸時代から続く由緒ある出し物である。勅使の送迎に早船を出したことに由来し、芸者に熱をあげて出港を渋る船頭と彼に詰め寄って出港を決心させる艫取りの絶妙な掛け合いが、見物客を沸かせる。漁師町蛸島の勇壮華麗なキリコ祭りの夜に繰り広げられる、ユーモラスで悠長な舞台である。高倉彦神社から飯田町方面へ約3km行くと野々江町だが、本江寺地区（野々江本江寺遺跡）で、2007（平成19）年、全国最古となる木製笠塔婆2基および木製板碑1基（いずれも12世紀後半～13世紀前半）が出土し、話題になった。中世の墓制・墓標の初源を考えるとき、重要な資料として注目されたのである。

黒丸家住宅 ㉖
0768-82-5792

〈M▶P.205〉珠洲市若山町上黒丸2-33　P
JR金沢駅東口バスターミナル🚌珠洲特急線飯田車庫乗り換え飯田線上黒丸🚶5分

中世名主の系譜を引く日本有数の古民家

高倉彦神社の西約4km、若山川の河口に位置する飯田町は、近世の珠洲における最大の町場として、早くから政治・経済・文化の中心地であった。太田道兼が著した地誌『能登名跡志』には、「家数三百軒計り、二・七の日市あり、のこらず商家繁昌なり」と紹介される。中世の六斎市の名残りをとどめる飯田の朝市は、今も2・7の日に開かれている。

飯田町から国道249号線を若山川に沿って約5.5km遡り、宇都山で左折して、県道40号線に入る。

黒丸家住宅

飯田の燈籠山祭

コラム

祭

奥能登最大の曳山祭

　飯田町は珠洲市のほぼ中央にあり，江戸時代には在郷町の性格を有していた。飯田町の鎮守が春日神社であり，毎年7月20・21日に，春日神社の祭礼として行われるのが納涼祭（おすずみ祭）の燈籠山祭である。

　この祭の由来は，寛永年間（1624～44）の初期，土用の入りの暑気甚だしい頃，春日神社の神々に町への夕涼みを願ったことが始まりという。その際町の人びとは賑々しく神をお迎えし，山車をつくって町内を曳きまわり，神慮を慰めたのだという。

　1814（文化11）年には，大きな木枠をつくり，紙を貼り，絵を描き，蠟燭の明かりを点し，竹竿でかついで供奉した。その後白木作りの屋台・枠障子・小台・大台・人形を重ねあげる大きな山車（燈籠山）になった。高さが約8間（約14.5m）に達したため，大正時代以降，電線架設のために燈籠山は曳けなくなった。

　現在は屋台だけの山車8基が曳きまわされる。また，大灯籠を飾りつけた燈籠山が3基復元されたので，短い距離ながら往時を偲ぶことができる。

　7月20日午前9時，おすずみ祭の祭典が執行される。午前10時，各町内の燈籠山の清祓の神事が行われる。

　夕刻になると，神輿を迎えるために燈籠山が春日神社に集合する。春日神社の神輿が町内の御旅所へ渡御する。このとき燈籠山が同時に巡幸し，町民は木遣り囃子にあわせて燈籠山を曳く。神輿が御旅所に到着すると，春日神社の神々は夕涼みのためしばらく御旅所に鎮座する。その間町民は参拝し，燈籠山は町内を巡幸する。

　午後10時，神輿が春日神社に還幸すると，燈籠山は各町内へ戻り，祭は終わる。

　飯田から約11km，上黒丸バス停近くに黒丸家住宅（内部非公開）がある。黒丸家は，中世名主の系譜を引く家柄と考えられ，同家の過去帳には，「明応九（1500）年」「永正二（1505）年」などの年号がみられる。おそらく，その頃に能登に土着した土豪で，前田利家入国後，初期の十村（大庄屋に相当する村役人）をつとめたこともある旧家である。

　山を背にした敷地のほぼ中央に主屋（国重文）がある。桁行12間・梁間8間半，茅葺きの入母屋造で，四面に瓦葺きの庇がめぐらされている。建造年代は明確でないが，元禄年間（1688～1704）と考えら

れ、県内最古の民家である。現在も当主一家の生活の場となっており、内部の見学はできない。玄関を入ると「にわ」とよぶ広い土間があり、そこに立つ4本の独立柱の太さに驚かされる。近世末期に改築されてはいるが、軸組はよく残っている。書院・仏間・上座敷・下座敷などの間取りは、奥能登型(能登Ⅲ型)とよばれる形式で、主屋の北側に納屋と米蔵、裏手には味噌蔵(いずれも国重文)と道具蔵が立ち、池庭も配置されている。

奥能登では海岸線の景観に目を奪われがちだが、黒丸家周辺の中世の面影を残す山里のたたずまいも、能登の深さを実感させてくれる。

春日神社と能登塩田再興碑 27 28
0768-82-7130

〈M▶P.205〉珠洲市飯田町17-49
P／上戸町北方
JR金沢駅東口バスターミナル🚌珠洲特急線飯田車庫乗り換え三崎線飯田港🚶10分／北方🚶すぐ

大伴家持の歌碑 明治維新期に塩士の困苦を救う

黒丸家を出て、国道249号線を南下して飯田町へ向かう。珠洲駅西口交差点を右折して西へ約200m行くと、珠洲市役所と春日神社がある。境内には、越中国司大伴家持が、748(天平20)年、珠洲巡察のおりに詠んだ「珠洲の海に朝びらきして漕ぎ来れば 長浜の浦に月照りにけり」の歌碑が、万葉仮名で刻まれている。

春日神社を出て、珠洲市役所前交差点を渡ると、左手前方に飯田わくわく広場がある。さらに100mほど進み、市役所口交差点を右折する。上戸町北方の家並みを200m余り行くと、右手に肝煎桜井喜兵衛家の母屋だった能登記念館喜兵衛どんがある。能登の揚浜式製塩用具166点、能登の漆掻きおよび加賀能登の漆工用具1445点(いずれも国民俗)が収

能登塩田再興碑

集・展示されていたが，2002(平成14)年3月以来，閉館している。天然塩やにがりの需要が伸び，外浦海岸で新たな製塩業が営まれているなかで，貴重な資料の再公開が待たれる。

喜兵衛どんのすぐ西，珠洲郵便局前交差点を左折した飯田港の一画に，2006(平成18)年7月，ラポルトすず(珠洲市多目的ホール)が開館し，音ミュージアムが併設された。須須神社の「蟬折の笛」にちなみ，世界の竹笛を展示している。工房では，竹笛作り体験(要予約)ができる。

珠洲郵便局前交差点へ戻り，西へ約400m行った北方バス停付近に，江戸時代の加賀藩御塩蔵があった。今は，能登塩田再興碑が立っている。加賀藩は塩を専売品として能登一円で生産させていたが，廃藩置県直前の1871(明治4)年7月に，塩専売制と米の前貸し制度を廃止したので，塩士たちの生活が困窮した。そのとき，能登国第十二区長だった北方村の医師藻寄行蔵は，塩士たちの生活再建と塩田の復興に立ち上がった。たまたま視察に訪れた七尾県知事兵頭正懿に直訴し，政府から製塩資金を借りることに成功した行蔵は，みずから製塩取締役となって指導にあたった。1888年，奥能登の塩士たちが行蔵の業績をたたえるため，能登塩田再興碑を建立した。

北方村の豪農の家に生まれた行蔵は，15歳で江戸に出て昌平坂学問所に学び，のち京都の小石元瑞に入門して医術を学んだ。さらに，1811(文化8)年，江戸で加賀藩蘭方医藤井方亭に入門したことが，『鶴村日記』に記されている。金子鶴村は，1816年春，内浦筋を珠洲岬まで往復し，紀行文『能登遊記』を残した。

国道249号線の上戸保育所前交差点から北東約300mの高照寺(真言宗)門前に，樹齢900年と推定される，高さ12mの倒スギ(県天然)がある。張り出した枝が，マツの老樹のように捻転・下垂している。

法住寺と白山神社 ㉙㉚
0768-84-1583(法住寺)

〈M▶P.205〉珠洲市宝立町春日野83-15 P／春日野82-20 P
JR金沢駅東口バスターミナル🚌珠洲特急線珠洲鵜飼🚶35分／🚶35分

倒スギから国道249号線を南へ約3.3km進み，県道26号線と交差

輪島から珠洲へ

白山神社本殿

珠洲で唯一の仁王門 空海伝説の里

する金峰寺の信号の手前を右折したあと、山中を約2.3km入ると法住寺(高野山真言宗)がある。珠洲で唯一の仁王門に、高さ約2.4mの木造金剛力士像が立つ。向かって右が阿形像、左が吽形像である。1995〜97(平成7〜9)年の解体修理の際、胎内墨書や納入文書が確認され、1453(享徳2)年に、奥能登住人の幅広い勧進により、京都院派の仏師院勝・院超の手で造像されたことが明らかになった。材質が能登に自生するアテ(アスナロ)であることが判明したことから、おそらく、当地で制作されたものであろう。

仁王門をくぐり、老杉の間の急坂をのぼると、本堂がある。1891(明治24)年の火災で焼失した本尊にかわり、高野山から移された木造不動明王坐像が安置されている。寺伝では、法住寺は弘仁年間(810〜824)、空海(弘法大師)の創建とされる。空海が留学先の唐で師恵果から授けられた密教法具三杵を、追いかけてきた唐僧たちの手から守るために、「日域の地、密教有縁のところにゆきて、我を待つべし」と、東方に向かって投げた。五鈷杵は、能登の吼木山のサクラの木に、三鈷杵は高野山のマツの木に、独鈷杵は佐渡の小比叡山のヤナギの木にかかった。佐渡から船で能登にやってきた空海が、山中に分け入って五鈷杵を発見し、その地に一宇を創建した。これが、法住寺であるという。全国各地に残る弘法伝説の1つだが、スケールの大きな話である。

1197(建久8)年3月、法住寺は九条家を本家とする若山荘(現、珠洲市・旧珠洲郡内浦町)の領家日野家の祈禱寺と定められた。以来、寺領の寄進などの手厚い保護を受け、堂塔伽藍が立ち並ぶ能登随一の霊場となった。寺域内には法住寺3号窯などの珠洲窯跡が確認されており、法住寺が直接経営していたとみられる。

山門横の坂道を約100mのぼると、白山神社本殿(国重文)がある。

白山神社は，法住寺の鎮守（ちんじゅ）として，9世紀後半に創建されたという。1284（弘安7）年の地頭の寄進状などにより，鎌倉時代には存在が確認できる。現存する本殿は三間社流造（さんげんしゃながれづくり）で，形式・技法などからみて，室町時代後期の建造とみられる。「応安五（1372）年」の墨書銘をもつ県内最古の木造白山神社獅子頭（ししがしら）（県文化）が伝わるが，木造王舞面（おうぶめん）とともに，石川県立歴史博物館に展示・保管されている。

　国道249号線の金峰寺交差点から400mほど南下し，見附島（みつけじま）西口の信号を左折する。道なりに約700m行くと，眼前に見附島が迫ってくる。標高28mの頂（いただき）には照葉樹が茂り，比較的単調な内浦海岸にアクセントをつけている。この島を形成している黄白色の地層は，飯塚珪藻泥岩（いいづかけいそうでいがん）とよばれる堆積岩の一種である。別名軍艦島（ぐんかんじま）ともよばれ，親しまれている。

3 輪島から門前へ

輪島から西に向かい、外浦海岸の力強く男性的な風景を眺め、旧門前町の總持寺を目指す。宗教文化の多様さも実感できる。

重蔵の神と舳倉島 ㉛
0768-22-0695（重蔵神社）
〈M ▶ P. 204, 240〉輪島市河井町4-68 P（重蔵神社）
JR北陸本線金沢駅東口バスターミナル🚌輪島特急線輪島駅前🚶10分

日本海航路の守護神　日本海の孤島が神体

　道の駅「輪島ふらっと訪夢」から北に進み、朝市通りまで行き、河井小学校前交差点を右折して200mほど進むと、左に重蔵神社（祭神天之冬衣命・大国主命など）がある。2007（平成19）年3月25日の朝までは大鳥居が目印だったが、9時45分に発生した能登半島地震で倒壊した。重蔵神社は、今は「ジュウゾウ」とよぶが、かつては「ヘクラ」といった。『延喜式』式内社の辺津比咩神社に比定される。旧国宝で中世後期造営の社殿は、1910（明治43）年に火災に遭い、今は法会に使った木造菩薩面（国重文）だけが残り、東京国立博物館に寄託されている。なお、毎年3月1～7日に行われる如月祭のお当行事（附 お当行事関係文書9点、県民俗）は、数え年49歳を迎えた男性氏子の当人たちによって行われる、神秘的な行事である。

　社殿は海を背にしており、輪島沖約50kmの海上にある舳倉島の

輪島市役所周辺の史跡

重蔵神社

『延喜式』式内社奥津比咩神社(祭神田心姫命)の遥拝所である。約20km沖合の七ツ島は、「ナカツシマ(仲津島)」と考えられる。重蔵神社(辺津比咩神社)―七ツ島(仲津島)―舳倉島(奥津比咩神社)の関係は、北九州と朝鮮半島を結ぶ航路の守護神として有名な筑前の宗像三女神、辺津宮(福岡県宗像市田島)―中津宮(大島)―奥津宮(沖ノ島)の配置とよく似ている。古代には、大陸と結ぶ日本海航路の守護神がまつられていたのだろう。

　舳倉島は周囲約5km、海抜12.4mの平坦な島で、夏には輪島の海士町から海女が渡って潜り漁を行う。絶海の孤島であるため、300種を超える渡り鳥が中継地として羽を休め、近年はバードウォッチングの穴場となっている。輪島・舳倉島間に毎日1往復の定期船が就航しているが、天候により運休となるので確認が必要である。
　七ツ島は現在は無人島で、海鳥オオミズナギドリの県内唯一の繁殖地である。

石川県輪島漆芸美術館と輪島漆器会館 ㉜
0768-22-9788／0768-22-2155

漆芸専門の美術館、漆器作りの体験も

〈M▶P. 204, 240〉 輪島市水守町四十刈11 Ｐ／輪島市河井町24-55 Ｐ
JR金沢駅東口バスターミナル🚌輪島特急線輪島駅前🚶20分／輪島漆器会館前🚶すぐ

　道の駅「輪島ふらっと訪夢」を出て左折し、輪島高校東交差点を左折して直進する。河原田川・鳳至川を越えて、さらに道なりに行くと、国道249号線に出る。漆芸美術館前交差点を右折すると、すぐに石川県輪島漆芸美術館がある。全国でも数少ない漆芸専門の美術館として、1991(平成3)年に開館した。外観は奈良の正倉院の校倉造をイメージしたデザインで、館内は漆の美術館ならではの趣がある。輪島塗の紹介だけにとどまらず、重要無形文化財保持者(人間国宝)を始め、古今の漆芸家の名品を数多く展示している。また、日本各地の漆器産地が紹介され、アジアを中心に世界に広がる

輪島から門前へ

漆器の文化に触れることができる。

　美術館を出て，国道249号線を北上する。稲荷町交差点を右折して河原田川に架かる新橋を渡ると，すぐ左に輪島漆器会館がある。1階は輪島塗の展示販売所だが，2階が輪島漆器資料館となっており，江戸時代後期から昭和時代初期までの輪島塗の製作用具及び製品3804点(国民俗)が公開されている。輪島塗の工程と歴史を知ることができ，実演コーナーもある。

中段の板碑と白山神社石造五重塔 ㉝

〈M▶P.204〉 輪島市中段町後谷 P／中段町入道29 P
JR金沢駅東口バスターミナル🚌輪島特急線輪島駅前乗り換え輪島線小伊勢🚶20分

　輪島市街地から国道249号線を門前方面に進み，鳳至川に架かる小伊勢橋の手前を右に折れて進むと，中段町に入る。右側の丘陵の山裾にある「アミダドウ」とよばれる平地に立つ小堂に，阿弥陀三尊種子を刻む中段の板碑(県史跡)がある。高さ129cm・幅36cm・厚さ4cmで，埼玉県秩父産の緑泥片岩を使用した武蔵型板碑で，石川県では類例をみない。現在は劣化のために確認できないが，「正応五(1292)年」に造立されたことが知られている。造立者は，大屋荘の地頭で鎌倉御家人の長谷部氏と推定されているが，確証はない。

　さらに，小堂から500mほどのぼると中段町の白山神社が鎮座し，境内に石造五重塔(県文化)が立つ。石塔は相輪の上部を欠くがほぼ完形で，初層部内に宝冠をいただく如来型石仏を安置する。石材は凝灰岩，総高321cmを測り，鎌倉時代後期の造立とみられる。同神社には，同時代の銅造毘沙門天立像や懸仏なども残る。

　国道249号線をさらに進み，二俣町から左に折れると，別所谷町の別所谷八幡神社が鎮座し，「明応二(1493)年」銘の八幡大菩薩祈禱札2枚(県文化)を所蔵する。土地を寄進した温井俊宗は，輪島一帯の領主であった。

　また，輪島市街地から県道1号線を3kmほど南下すると，石休場町の伊勢神社に，樹齢推定450年の大スギがある。樹高38m・根元周囲10.52m・胸高幹周囲7.31mで，伊勢神社の大スギ(県天然)

関東から運ばれた武蔵型板碑　鎌倉時代の石造遺物

輪島塗

コラム

産

堅牢で優美な漆器 多くの作家を輩出

　日本人と漆の出会いは，縄文時代にまで遡る。福井県若狭町鳥浜貝塚，石川県七尾市三引遺跡など，日本列島各地の縄文遺跡から漆製品が出土している。しかし，今日のような輪島塗があらわれたのは室町時代と考えられ，1397（応永4）年頃につくられた重蔵神社本殿内陣の扉が残っている。

　輪島が漆器の一大産地となった理由としては，近くに原材料である「ケヤキ」「アテ（能登ヒバ）」などが豊富に生育し，加賀藩が「ウルシ」の植林を奨励したこと，沖合いを対馬暖流が流れ，漆の乾燥に必要な湿潤な気候に恵まれていたことなどが考えられる。おそらく，地域の寺や神社の椀・膳をつくったのが始まりであろう。

　17世紀後半には，珪藻土を粉末にした「地の粉」を下地に用いる技法が確立し，堅牢な漆器として知られるようになった。諸国より敦賀湊（現，福井県）への入津品に「輪島そうめん・同椀」とあり，京・大坂方面へ商品として運ばれていた。18世紀後半には沈金技法が，19世紀前半には蒔絵技法が導入され，輪島塗は全国に名声を博した。明治時代以降は製品に芸術性が加わり，多数の漆芸作家が誕生した。今日では，日本を代表する漆芸の里となっている。

　その背景には，組合を組織して品質管理を徹底し，「椀講」という分割払いの販売方法を確立するなど，生産・販売両面の工夫があった。また，曹洞宗大本山總持寺（總持寺祖院）の用達をつとめ，全国の末寺への仏具・什器，椀・膳の訪問販売は，規模を縮小しつつ，今日までも続いている。陸路での行商以外に，日本海沿岸の港を結ぶ海運の発達によって，大量の製品輸送が可能になり，さらに販路を拡大できたことも大きな要因であった。

　輪島市は輪島塗のあらたな情報発信基地・体験施設として輪島工房長屋（河井町）を設置し，市街地の町並み整備を進めてきた。そのさなか，2007（平成19）年3月25日の朝に発生した能登半島地震（M6.9）は，輪島塗の工房や商店街を直撃した。その後，市内に点在する各工房の見学も再開されるなど，復興への道を歩んでいる。

震災から復興した漆器店

として崇められている。

輪島から門前へ　　243

皆月海岸と猿山岬灯台 ㉞㉟

〈M ▶ P.204〉輪島市門前町皆月／門前町吉浦
P（娑婆捨峠駐車場）
のと鉄道七尾線穴水駅🚌穴水線本市口乗り換え皆月線皆月🚶1分／🚌皆月線五十洲🚶50分

荒々しい日本海とユキワリソウ

　輪島市街地から国道249号線を門前方面に進み、中屋トンネルを過ぎ、浦上に至り、右に折れて峠をくだると、皆月湾が開けてくる。この一帯は、中世の志津良荘である。同湾の北側皆月海岸の背後に、1896（明治29）年、ロシア艦隊に備え、日本海の防衛基地として皆月海軍望楼が設置された。一時撤去されたものの、太平洋戦争開戦時の1941（昭和16）年には、皆月海軍特設見張所が構築された。現在、跡地は望楼台公園となっている。

　皆月湾に臨む皆月・鵜山・五十洲、さらに小崎をめぐった所に位置する吉浦の4集落には、マガキ（間垣）が今も残る。マガキは日本海からの強風をやわらげたり、波をよけるため、タケ（苦竹・真竹）を用いた垣根で、2～4mの高さで並ぶ。能登外浦特有の景観をみることができる。

　吉浦を経て駐車場のある娑婆捨峠に至ると、ここから約4kmの猿山自然歩道が深見まで続く。猿山は、能登半島北西端に位置する標高332mの山で、なだらかな東側にくらべ、西側では200mを超える断崖が日本海に落ち込み、猿山岬とよばれる。断崖の上には、1920（大正9）年建設の猿山岬灯台が立つ。猿山岬灯台のレンズは能登半島地震（2007〈平成19〉年3月25日）で破損したが、その後修復されて道の駅赤神で展示されている。このレンズは1885（明治18）年に宗谷岬灯台に設置されたフランス製フレネルレンズを転用した

皆月海岸

ものでで、高さ約2.3m、直径約1.5mである。明治期の近代化遺産ともいえる実物レンズを至近距離でみることができる。猿山は、早春に花をつけるユキワリソウの群生地で、能登半島国定公園の特別保護区となっている。

皆月・五十洲に伝わる正月の民俗行事に、能登のアマメハギ（国民俗）がある。アマメとは囲炉裏の火によって足にできるアザ状のもので、仮面をつけたアマメハギが怠け者のアマメを剝ぐために家々をまわる。また皆月には、民謡として、輪島の素麺作りの麦屋でうたわれた「粉ひき歌」といわれる能登麦屋節（県民俗）が伝わる。

總持寺祖院 ㊱
0768-42-0005
〈M▶P.204〉輪島市門前町門前1-18甲 P
JR金沢駅東口バスターミナル🚌門前急行線總持寺前🚶1分

曹洞宗大本山總持寺の祖院と文化財

輪島市街地から国道249号線を南下し、旧門前町中心部にある總持寺口の信号を左に折れて直進すると、正面に大本山總持寺祖院（曹洞宗）がみえる。總持寺は諸岳山と号し、1321（元亨元）年、永光寺（羽咋市酒井町）を拠点としていた瑩山紹瑾が、諸岡観音堂を禅院に改めたことに始まる。弟子の峨山韶碩が長氏らの在地武士の支持を得るとともに、二十五哲とよばれる弟子を育成、全国的な教団形成の基礎を築いた。江戸時代には加賀藩主前田家の外護を得て、伽藍の整備が進み、越前永平寺（福井県吉田郡永平寺町）と並ぶ両本山として、曹洞宗の中心寺院であった。住持は、峨山の弟子五哲を開基とする五院（普蔵院・妙高庵・洞川庵・伝法庵・如意庵）による輪住制をとっていた。境内には五院のほか、前田利家夫人の位牌を安置する芳春院らの塔頭22ヵ寺が建立されて、大伽藍を成していた。

ところが、1898（明治31）年4月、法堂付近より出火して、わずかに経蔵・伝灯院・慈雲閣を残して焼失した。再建の動きのなか、1903年、現在の神奈川県横浜市鶴見区に移転が決定し、

總持寺祖院

輪島から門前へ　245

門前住民は激しい反対運動を行った。しかし，1911年，鶴見に移転し，跡地には總持寺別院が設立され，1969(昭和44)年に大本山總持寺祖院と改称した。

焼失を免れた経蔵(県文化)は，1743(寛保3)年に加賀藩6代藩主前田吉徳の寄進によるものである。大西久左衛門を棟梁とし，3間四方の宝形造・檜皮葺きの身舎に，同葺きの裳層をつける形式で，堂内に回転式の八角輪蔵をおく。本山であったことを物語る文化財に，「建長六(1254)年」の銘を刻む金銅五鈷鈴，中国の明から伝来した絹本著色明画十六羅漢図16幅，朝鮮李氏王朝時代に制作された紙本著色頻婆娑羅王・韋提希夫人像2幅(いずれも県文化)がある。また，中国元朝末期から明朝初期に描かれた紙本水墨元画浪龍図や伝狩野元信作の紙本著色花鳥図2幅(ともに県文化)，中国明朝の漆芸による桃尾長鳥鎗金手箱(県文化，石川県輪島漆芸美術館寄託)なども所蔵する。

境内近くに，輪島市櫛比の庄「禅の里交流館」がある。江戸時代後期の總持寺の模型がおかれるほか，パネルなどによって歴史や年中行事が概観できる施設となっている。

宝泉寺 ㊲

0768-43-1327

〈M▶P.204〉輪島市門前町道下22-31甲 P

JR金沢駅東口バスターミナル🚌門前急行線新道道下🚶5分

中世から近世を生きぬいた密教寺院

新道道下バス停で下車し，国道249号線の道下交差点を右折して突き当りを左折する。500mほど進んで右に曲がると左手に宝泉寺(高野山真言宗)があり，「ゴマンドウ」と通称される。空海(弘法大師)の創建と伝え，1313(正和2)年の恵勝の中興という。諸岡観音堂(總持寺の前身)を瑩山紹瑾に譲った定賢律師が，来住したとされる。中世前期，櫛比荘に展開した密教寺院で，唯一現存する寺院である。

1582(天正10)年，能登に入部してまもない前田利家から道下村のうち10俵の寄進を得て，加賀藩の外護を得るようになり，祈禱でこれにこたえた。また毎年1月には，職人層の信仰を得て，聖徳太子像を本尊とする太子講が行われ，「日本番匠始」が読みあげられる。

木造多聞天立像・木造釈迦三尊坐像・木造地蔵菩薩坐像・木造

浦上泉家のアテの古木

コラム

県木アテの元祖 奥州から伝わる

　県木であるアテは，ヒノキ科アスナロの変種で，北陸で呼称される地方名である。マアテ・クサアテ・カナアテなどの品種がある。輪島市門前町浦上地区は，アテ林業の盛んな地区の1つである。浦上に居住する泉家は，江戸時代に山廻り役をつとめた豪農で，奥州藤原氏の子孫と伝える。泉家には，同家の先祖が奥州よりもたらしたとの伝承がある2本の元祖アテ（県天然）がある。2本のアテは樹高約30mを測り，幹周りは約4.0mと約3.6mで，県内最大のものである。

　浦上から国道249号線を道下に進み，右に折れて鹿磯から海岸沿いの道を経て，猿山の麓に位置する深見に到着する。集落のある海岸部から少し奥へ進むと，滝神社社叢スダジイ林（県天然）があり，海抜約150mの所にスダジイが生育する。海に近く，季節風の影響を受けながらも，原始林の姿をよく残す。暖地性のムギラン・ノコギリシダの北限となるほか，ヤマウツボ・ユウシュンランなどの希少種を残す。このような植生は，社叢が古くから「入らずの森」として，大切に守られてきたことで維持されたものである。

十一面観音坐像などの中世造立の仏像類を安置するほか，「天文十五（1546）年」銘をもつ袈裟，1556（弘治2）年寄進の瓶子や古文書を多数所蔵する。

黒島天領北前船資料館 ㊳
0768-43-1193

〈M▶P.204〉輪島市門前町黒島町ロの114-2　🅿
JR金沢駅東口バスターミナル🚌門前急行線南黒島🚶5分

伝統的町屋をつくりあげた北前船と能登天領

　宝泉寺から国道249号線を南西に進むと，黒島町に至る。旧黒島村は櫛比荘を流れる八ヶ川河口の南岸に位置し，能登に点在する幕府直轄領（天領）1万石のうち，最大石高を有する村落であった。本来，漁村として発展した村で，1721（享保6）年には北隣の加賀藩領鹿磯村と海境争論がおこり，幕府の評定所で裁定がなされた。

　幕府直轄領の村として経済力を蓄えると，海運業者らが多数登場し，番匠屋・森岡屋・中屋・角屋・樽屋・浜岡屋などといった船主が，江戸時代中期から明治時代中期まで活躍した。船主ばかりではなく，船頭や水主として生計を立てる村人も多くいた。船主の1人

輪島から門前へ　　247

輪島市黒島天領北前船資料館

である2代目森岡屋又四郎(またしろう)は俳人として玞卜(ふぼく)と号し,松尾芭蕉(まつおばしょう)の句を刻んだ名月塚(めいげつづか)を造立している。

幕末期から明治時代にかけて活躍した角屋の角海家住宅及(かどみけ)び土蔵(県文化)は,木造2階建ての主屋と土蔵4棟からなる。建造年次は不明であるが,主屋は1871(明治4)年に焼失し,翌年に再建されたという。外壁の大部分を板で覆う押縁下見張(おしぶちしたみば)りは,日本海の強風から建物を保護しており,力強い。幕末・明治維新期における船主の住宅の規模をよく伝える。

南黒島バス停から北へ行った右手にある輪島市黒島天領北前船資料館では,幕府直轄領であった黒島の歩みと北前船の船主や船頭・水主の活躍を示す資料,船の模型や船内・船体道具を多数展示している。また毎年8月17・18日に行われる黒島天領祭で曳(ひ)かれる2基の山車(だし)のうち,1基が毎年交替で収蔵庫をかねる展示場におかれている。

黒島町には格子戸(こうしど)や押縁下見張りをもつ町屋(まちや)が続き,伝統的な景観をよく残していることから,重要伝統的建造物群保存地区に選定された。

阿岸本誓寺(あぎしほんせいじ) ㊴
0768-45-1355

〈M ▶ P.204〉輪島市門前町 南(みなみ) カ26乙 P
JR金沢駅東口バスターミナル 🚌 門前急行線池田(いけだ) 🚶10分

茅葺きの偉容とアギシコギコギザクラ

黒島町から国道249号線を南下すると,左側前方の丘陵の山裾に南集落があり,阿岸本誓寺の茅葺(かや)きの本堂が姿をあらわす。本誓寺は真宗大谷派の寺院で,文永年間(1264〜75)に善了(ぜんりょう)の開基と伝える古刹(こさつ)である。戦国時代に能登 畠山(はたけやま)氏や越後(えちご)(現,新潟県)上杉(うえすぎ)氏らと交渉をもち,江戸時代に鳳至郡の浄土真宗東寺寺院の触頭(ふれがしら)として,加賀藩の宗教政策の一端をになった。

境内には,本堂・山門(さんもん)・鼓楼(ころう)・鐘楼(しょうろう)・庫裏(くり)・書院などの伽藍が並ぶ。阿岸本誓寺本堂(県文化)は,桁行(けたゆき)9間・梁間(はりま)10間,入母屋造(いりもや)

阿岸本誓寺

平入・総茅葺きで，1792（寛政4）年に上棟した。正面の向拝の蟇股や手挟の彫刻は，優品である。

戦国時代から明治時代までの阿岸本誓寺文書471点（県文化）を蔵するほか，典籍に阿岸本『沙石集』などがある。江戸時代後期に公家の二条家より輿入れした五百姫の調度品も注目される。「火除けの太子様」とよばれる聖徳太子像（孝養像）も，童顔で興味深い。また鐘楼近くのアギシコギクザクラ（県天然）はヤマザクラ系の菊咲き品種で，花弁が70～200枚におよび，紅色の花蕾から開花に従い白色花となる。

阿岸本誓寺から再び海岸線に沿う国道249号線を南へ進むと，仁岸地区に入る。仁岸川河口右岸には，越中守であった大伴家持が国内巡行のときに訪れて詠んだ和歌「妹にあわずひさしくなりぬ饒石川　清き瀬ごとにみな占はえてな」の歌碑が立つ。河口左岸に広がる浜が泣き砂の浜（琴ヶ浜）で，砂が適度に湿ると，キュキュと泣くような音がする。ここから，村娘お小夜の悲恋の物語が生まれている。

仁岸川河口付近の劒地には，加賀一向一揆を滅ぼした織田信長勢に加賀の木越村（現，金沢市木越）を追われた光琳寺（真宗大谷派）がある。上流の馬場には，江戸時代に十村（大庄屋に相当する村役人）をつとめ，3273点の近世文書を伝えてきた伊藤家がある。現在，伊藤家文書（県文化）は，石川県立図書館が所蔵している。

あとがき

　1973(昭和48)年に刊行された,最初の『石川県の歴史散歩』は庶民や暮らしに視点を定め,未指定文化財のなかからも価値あるものを掘り起こし意欲的であった。編集代表の浅香年木氏の慧眼により,文化財の再発見ができ啓蒙の書としても感銘を与えた。

　今回は,文化財の現状をともかく正確に記述することに徹した。編集・執筆作業を進めるにしたがい,単なる文化財ガイドに終わってはいけない,という思いが深くなった。現存する文化財に直接ふれたとき,その文化財が今日までどのように利用され,現在どういう役割を果たし,今後いかに活用されていくのか,こうした疑問がつぎつぎにわいてくる。多くの観光客が訪れる恵まれた文化財がある一方で,忘れられた文化財もある。浅香氏の意図した「忘れられた文化財」の再発見は,いまも大きな課題である。

　指定文化財は,この20年で大きく増え,その裏付けとなる歴史研究は拡大・深化し,細分化も著しい。文化財をよりよく理解し,わかりやすく紹介するには,歴史学・考古学・民俗学にとどまらず,美術工芸史・建築史など多くの分野にまたがり研究成果を咀嚼する必要がある。今回は,そのことにのみ追われたが,背後にある人物や事件にも,できるだけ言及したつもりである。新しい研究成果を加味する工夫も行ったが,不十分なところがあれば,ひとえに編集代表の非力によるものである。

　編集作業の最初の段階で,田嶋明人氏から助言や指導を得たことに,この場をかり感謝申し上げたい。今回は,文化財関係の研究者と高校教員が協力する編集・執筆体制となったが,そのメンバーにも深く感謝したい。本書での経験が,それぞれの仕事や今後の研鑽において,なにがしか益することがあれば,望外な成果である。

　　　2010年6月

　　　　　　　　　　　　　　　　『石川県の歴史散歩』編集委員会代表
　　　　　　　　　　　　　　　　木越隆三

【石川県のあゆみ】

立地と特色

　日本海のほぼ中央，若狭湾と富山湾の間に位置する本県は，北に突き出した能登半島から，その底部に展開する白山(2702.2m)山系まで，南北200kmの細長い県土をもつ。その中央部，宝達山(637.4m)の付近でもっとも細くなり，能登と加賀の境目は，この宝達山系の南にある三国山(323.7m)から流れ出る大海川付近にあった。

　古代に設定された加賀国と能登国をあわせた地域が本県の領域として確定されたのは，1883(明治16)年のことである。1871(明治4)年の廃藩置県で，加賀・能登・越中(現，富山県)の3国10郡にまたがる巨大な金沢藩(加賀藩前田家領102万石)が解体された。その後，幾多の再編により，白山麓18カ村および能登沿岸部にあった幕府直轄領の村々を加え，加賀・能登をあわせた全域が石川県として1872年末に一旦は編成されたものの，1876年に越中4郡ついで越前(現，福井県北部)7郡が県域に加えられ「大石川県時代」を迎えた。しかし，早くも1881年に越前7郡が分離，1883年には越中4郡も分離し，今日の本県の県域が確定されたのである。

　1883年以降の本県は，白山山系に水源をもつ手取川を始め，梯川・犀川・浅野川などが形成した加賀平野，能登半島と七尾湾に浮かぶ能登島，半島の付け根に展開する邑知平野など特色ある地域からなり，北陸の中心県として近代化の道を歩んだ。

　県都金沢は城下町となった16世紀末期から前田領3カ国(加賀・能登・越中)の政治・経済・文化の中心として繁栄を遂げ，明治時代以後は県庁所在地として中枢機能を持ち続けた。七尾，小松も近世初期の城下町に端を発する拠点都市であり，それぞれ，能登と南加賀の中心都市として発展した。近年は金沢周辺に人口が一極集中し，県人口の半分以上が北加賀の金沢市・白山市・野々市町・内灘町に集中し，能登地方は深刻な過疎化と高齢化に見舞われている。

　面積も人口も，ほぼ全国数値の1％であることから，多くの全国統計で本県の数字は全国の1％程度となることが多く，俗に「1％県」とよばれる。その一方で，民謡・茶の湯・能楽・華道など伝統芸能や伝統文化に親しむ人の割合(人口10万人当たりの行動者率)や，石鹸・シャンプーなどの1世帯当たりの家計消費支出が全国1～3位であることは注目される。和菓子だけでなくアイスクリームの消費支出も多く，昆布・カニなど魚介類の消費量も多い。また，大学などの高等教育機関の設置比率や進学率も高い。江戸時代から明治時代にはぐくまれた伝統文化を大切にし，清潔好きで教育熱心な県といえそうである。

　夏の湿潤と冬の豪雪が北陸の気候の特徴であり，多毛作を行うには不利で，明治時代以降は米単作の早場米地帯として個性を発揮した。絹織物業・金箔業が明治

時代以降発展したのも、気候・風土に負うところが大きい。近世にはぐくまれた伝統工芸を粘り強く守り育ててきたのも特色であり、その影響で日展入選者や日本伝統工芸展の入選者が多い。工芸部門の人間国宝をのべ18人輩出したことは、1％県として特筆すべきである。こうした職人精神をいかし、最先端をいく技術分野でニッチトップと評価される中小企業が活躍し、行政もその支援に力を入れている。

原始

約8500カ所といわれる県内の遺跡のうち、旧石器時代の遺跡は約50カ所である。最初の旧石器時代遺跡の発見は、能美市灯台笹で1970（昭和45）年に行われた発掘調査であった。そのきっかけは、高校生の採集石器のなかに旧石器が含まれていたことに高校教師が気づいたことにあった。灯台笹遺跡で出土した数少ないブレイド（石刃）、スクレイパー（搔器）などから、県内最初の旧石器時代の遺跡であることが学術的に確認された。その後の調査で県内最古の旧石器人は約3万年前に登場したとされる。

今から1万年前頃に始まった温暖化による海面上昇で、日本海は内陸湖から内海に拡張、日本列島と大陸をつなぐ陸橋が消えた。日本列島に縄文土器をもつ高度な狩猟採集文化が展開した。縄文時代の始まりである。能登町真脇遺跡・かほく市上山田貝塚のような海岸部や、白山市鶴来舟岡山遺跡のような丘陵先端に多くの縄文集落がつくられた。しかし貝塚をもつ集落は少なく、それが北陸など日本海側の特徴とされる。縄文時代中期以降、沖積平野の自然堤防上にも集落がつくられたが、野々市市御経塚遺跡などはその代表である。

数ある縄文遺跡のうち注目されるのは、前期から晩期まで長期にわたって営まれた大型集落の真脇遺跡である。300体を超えるイルカの骨、後期の土面、晩期の高さ2.5ｍの彫刻柱列などが出土し、イルカ漁で生計を立て、巨木を立てて祭祀を行う縄文人の生活風景が浮かび上がった。晩期の巨木祭祀遺構は、金沢市チカモリ遺跡などでも確認され、北陸の縄文文化の特色とされる。また、穴水町比良遺跡で出土した御物石器は、中部地方一円に分布する祭祀具であるが、能登町鵜川、中能登町能登部、野々市市御経塚遺跡などでも出土しており、能登と加賀で共通の祭祀文化の影響下にあったことがわかる。

北部九州に伝来した水田稲作文化は、北陸地方にどのように伝わったのであろうか。日本海側ルートで北上、伝来したという説が有力とされる。縄文時代晩期から弥生時代前期に形成されていた玉造の文化と交流がその背景にあった。弥生時代中期になると県内に大型農耕集落が出現する。小松市八日市地方遺跡、羽咋市吉崎・次場遺跡などがその代表で、農耕文化の定着を雄弁に語ってくれる。

農耕社会の成熟は、集落ごとの共同体的結束を強め、ムラとムラとの対立を引きおこす。それが原因となり広範囲にわたる支配者を生み出し、いわゆるクニの形成に結果する。中国の歴史書にみえる小国家が形成される頃、クニの首長は特別目

石川県のあゆみ

立つ墓をつくり権力を誇示し始めた。古墳時代の幕開けであり、地域国家(地方豪族)の連合体から中央集権的なヤマト政権が地方を支配する時代へと徐々に歩みを早める。

弥生時代末期の「倭国の大乱」に関連する軍事性の強い高地性集落としては、かほく市大海西山遺跡や中能登町杉谷チャノバタケ遺跡などが知られ、古墳時代の首長墓への移行を示すものとしては、金沢市吉原七ッ塚墳墓群(消滅)などの台状墓(墳丘墓)、白山市旭遺跡群などがある。旭遺跡群では山陰系の四隅突出型墳丘墓が発見され、注目された。

3世紀後半の初期古墳の遺構としては七尾市上町マンダラ古墳群、かほく市宇気塚越1号墳などがある。3世紀後半以降、ヤマト政権は前方後円墳に代表される王墓をつくり、それを各地に広げていく。4世紀には、北陸でもこうした動向を明確に認めることができる。加賀市分校カン山1号墳、能美市和田山9号墳、邑知平野周辺の古墳などに、ヤマト政権の前期古墳の影響をみることができる。

4世紀末期になると、邑知平野の中心部に雨の宮古墳・小田中親王塚古墳などが出現し、能登臣の祖先にあたる首長墓であったとされる。同じ頃、加賀の能美丘陵でも北陸最大級の前方後円墳とされる秋常山古墳が登場し、口能登や手取川南岸の豪族がヤマト政権との関係を強めたことがうかがえる。

5世紀になると埴輪列をともなう大型の前方後円墳・円墳が首長墓の大勢を占める。加賀市の狐山古墳、能美市の和田山5号墳、金沢市の長坂二子塚古墳などがその代表である。同じ頃、片山津玉造遺跡を始めとする多くの玉造遺跡が越前(現、福井県北部)にかけて確認され、ヤマト政権との関係強化や玉造を通した奉仕関係なども想定されている。ヤマト政権と北陸地方の豪族、地域首長たちとの関係は、6世紀により明確なものとなる。

6世紀から7世紀にかけての後期古墳は、数も築造地域も大きく増加する。ムラの有力者までも横穴古墳などをつくり始めたからである。加賀市法皇山横穴古墳群や珠洲市の横穴古墳群はその代表である。首長墓では切石積の横穴式石室をもつ古墳が南加賀にみられ、能登では宝達志水町散田金谷古墳・七尾市院内勅使塚古墳など横穴式石室をもつ古墳が登場する。また、七尾市蝦夷穴古墳の横穴式石室は隅三角持ち送りという技法をもち、朝鮮半島や中国東北部の影響が指摘されている。

古代

7世紀後半に律令国家が確立する以前、ヤマト政権は各地の地域首長(豪族)を国造などに任命し、地方支配を進めた。コシとよばれた北陸地方は、のちに越前(現、福井県北部・石川県)・越中(現、富山県)・越後(現、新潟県)という3つの国に編成されるが、このうち本県域は越前北部にあたり、能登半島部には能登臣、口能登に羽咋君、北加賀に道君、南加賀に江沼臣という国造がおり、ヤマト政権から姓を得るとともに、在地では氏族という擬制血縁集団を形成し、地域首長

として在地を掌握していた。それぞれの地域に分布する古墳群や首長墓は、4つの豪族に対応するという。彼らの一族からヤマト政権に出仕する人材が出ており、采女となって天智天皇の皇子(施基皇子)をもうけた道君伊羅都売のような例もあった。律令国家が確立すると、彼らの一族の多くは国衙の下級官人や郡司となり、中央から派遣されてきた国司のもと、地方行政をになった。

　このうち、手取川以北の平野部を中心とする北加賀に勢力を張った道君は、570年高句麗からきた使節に大王であると偽り、貢ぎ物を横領したという。この横領事件をヤマト政権に報告したのは南加賀の豪族江沼臣であり、その提訴によりヤマト政権から膳傾子が派遣され査察を受けた。この事件から加賀地方で勢力を張り合っていた江沼氏と道氏が、ヤマト政権の権勢を借りてみずからの立場を強化した様子がうかがえる。

　660年には、能登臣馬身龍がヤマト政権(阿倍比羅夫)による粛慎征伐に参加し、北辺で戦死したといい、能登で造船を行い、兵員を募り日本海を北上し、北海道や樺太付近まで遠征したことが想定されている。律令国家が越後・出羽(現、山形県・秋田県)の蝦夷征伐に邁進している頃の出来事であり、能登半島はヤマト政権による北方の異民族征服事業の軍事拠点・兵站地として大きな役割をはたしていた。

　710(和銅3)年の平城遷都とともに律令政治は全盛期を迎え、地方政治の整備もはかられた。越前国の北端にあった能登郡・羽咋郡・珠洲郡・鳳至郡の4郡を分割し、能登国設置を断行したのは藤原不比等政権であった。しかし、国守が任命された形跡がないまま741(天平13)年、能登国は越中国に吸収された。越中守となった大伴家持が能登半島を巡回したのは748年のことであり、能登の国歌3首や能登で家持が詠んだ和歌が『万葉集』に載り、能登の民衆生活を知る手がかりとなっている。

　757(天平宝字元)年に能登国は越中国から分立した。国守が派遣され、七尾市古府町付近に国衙がつくられたが、国分寺の設置は約100年も遅れて843(承和10)年頃、既設寺院を転用したものであった。折しも渤海国との対岸交流が始まった頃であり、それが2回目の立国の背景にあった。

　渤海使節が初めて日本海沿岸に漂着したのは727(神亀4)年のことで、出羽に着岸した。922(延喜22)年まで35回来航したうち北陸地方に来着したのは21回で、能登には3回、加賀には4回漂着した。国家使節の来貢とはいえ、冬の日本海の荒波を北西の季節風に乗ってくる渤海使の着岸場所は不定であった。命がけで日本のいずれかの海辺に漂着すると、村人から国衙に到着情報が届き、国衙の役人がかけつけて救護と接待にあたり、都に送り出した。渤海に帰るとき、能登福良津(現、志賀町福浦港)で造船したという記録がある。渤海使は能登・加賀から帰国したのである。渤海使を迎え、送り出す施設として能登に客院が設けられたのは、804(延暦23)年のことである。加賀・能登の地方官にとって渤海使節の送迎はきわめ

て重要な任務の1つであった。761(天平宝字5)年に日本から派遣された遣渤海使船に「能登」という名をつけた背景には、こうした事情があった。

加賀の立国は、794(延暦13)年の平安遷都から30年経った823(弘仁14)年のことであり、律令体制下では最後の立国であった。越前国の江沼・加賀2郡を分割して成立したが、同時に江沼北部に能美郡、加賀南部に石川郡を分置し、加賀(のち河北)・石川・能美・江沼の4郡で加賀国はスタートした。渤海との交渉の重要性が高まったことが立国の大きな要因とされ、行政効率をあげることも基底にあった。

加賀立国からまもない849(嘉祥2)年に、加賀郡の役人から郷村の村長らに発令された触書の高札が「加賀郡牓示札」である。この牓示札が津幡町の加茂遺跡で発見されたのは、2000(平成12)年のことであった。8カ条にわたる農民の心得が具体的であるだけでなく、律令政府から発せられた命令を、国衙の役人(国司)が加賀の民情を勘案し加賀郡の役人に通達、郡司は実情を調査し、その下にいる田領という地方役人に口頭で諭すだけでなく、「官道に高札として掲げよ」と指示した。このように中央政府→国衙(国司)→郡司→田領→刀禰・駅長というプロセスを経て国家法令が平安時代の村人に通達されたことがわかる点で、とても重要な発見であった。駅家や官道の景観・役割もうかがえる重要な遺跡である。

7世紀末の加賀平野に建立された末松廃寺(現、野々市町)は、越前などコシ地域に仏教を広めた最初の拠点として注目される。古代寺院の存在を知らせる廃寺跡は県内に10カ所以上あるが、多くは9世紀以降の遺構であり、7～8世紀の寺院跡は少ない。法起寺式の伽藍配置をもつ末松廃寺の金堂が、7世紀末の加賀平野に確実に存在したことは注目される。しかし、北陸における仏教文化と寺院建立の展開はきわめて限定され、仏教が庶民のものになるには中世を待たなければならなかった。加賀・能登の民衆の多くは、白山や能登の石動山(565m)・高爪山(341m)などに神の存在を感じ取り、素朴な信仰生活を営んでいた。それが明確な遺構・遺物をともない、文献にも登場してくるのは平安時代末期からであった。

中世

加賀・能登の中世は、平氏打倒の命令に呼応した木曽(源)義仲の挙兵によって始まる。平安時代末期から鎌倉時代の加賀平野では、白山本宮(現、白山比咩神社〈白山市鶴来〉)の神主をつとめた上道一族や、林氏・富樫氏など藤原(斎藤)利仁流の土着の開発領主たちによって、私領が切り開かれ、武士団が形成された。開発私領のなかには、白山本宮の免田・神領となるものも多くあった。白山信仰の加賀における拠点は、白山本宮と中宮(現、筥笠中宮神社〈白山市中宮〉)に分かれ、相互に勢力を伸ばしていたが、本宮は11世紀末から12世紀に加賀一宮となり、また比叡山延暦寺の末寺となって天台密教と融合する。白山妙理大権現＝十一面観音という神仏習合説を主張して勢力を拡大した結果、国司や平氏政権と対峙することもあった。とくに1176(安元2)年から77(治承元)年にかけての安元事件

は、都で神輿を振り、加賀国司の非法を強訴した事件であり、後白河政権を震撼させた。

　1183(寿永2)年、木曽義仲が北陸に進軍し、俱利伽羅峠の戦いで平維盛を敗走させた頃、加賀・能登は平家の知行国であった。しかし、北陸の武士の間では平氏政権の評判は悪く、加賀・能登の多くの開発領主や武士団は木曽義仲軍に合流し、都に攻めのぼった。翌年1月、義仲が源義経に敗れると、源頼朝の命令で鎌倉殿勧農使比企朝宗が北陸道諸国を支配することになった。その後、鎌倉幕府の命令で外来武士が地頭として加賀や能登の荘園や公領に入った。その代表が、能登大屋荘地頭となった長谷部信連であり、その子孫が戦国大名畠山氏、ついで近世大名前田氏の重臣となった能登長氏であった。

　1221(承久3)年、後鳥羽上皇が幕府に反旗を翻すと(承久の乱)、加賀の有力武士団林氏はこれに呼応したが敗れ、北条氏によって滅ぼされた。事件後、守護となった北条朝時のもと、加賀武士は北条政権下におかれたが、白山本宮の勢力は依然大きく、加賀平野の武士団と対立事件を繰り返し引き起こし、能美郡の中宮八院とともに勢威を増した。その間に徐々に力をたくわえたのが富樫氏であった。1289(正応2)年越前(現、福井県北部)永平寺の徹通義介が、地頭富樫氏から招かれ、野々市で大乗寺を開き、その2年後、遊行上人2世他阿弥陀仏真教が北陸筋で念仏を広めた。その頃から鎌倉仏教は北陸の庶民の間にしっかり入り込んでいく。

　1221年の「能登国田数注文」によれば、能登4郡には約80か所の荘園・公領があった。奥能登には若山荘・町野荘といった広大な荘園が目立ち、国衙のある七尾周辺は小規模な公領が多い。12世紀以後、珠洲郡の若山荘や方上荘では珠洲焼の生産が始まり、14世紀に最盛期を迎える。1294(永仁2)年には日蓮の孫弟子にあたる日像によって、能登羽咋に日蓮宗が根づいた。その後、七尾や加賀にも弘通する。加賀に入った曹洞禅はまもなく能登に広まる。1318(文保2)年に大乗寺2世瑩山紹瑾が鹿島郡に永光寺を開き、6年後に鳳至郡の諸岡観音堂で總持寺が開かれた。

　1333(正慶2・元弘3)年、鎌倉幕府が滅び、建武の新政が始まるが、1335(建武2)年に行き詰まり、南北朝の内乱の時代に向かう。この内乱のなかで富樫高家は足利尊氏方につき、加賀国守護となった。しかし、14世紀末には管領斯波義将の弟斯波義種が加賀国守護となり、能登でも従来の吉見氏・本庄氏にかわり管領畠山基国が守護となる。このように加賀・能登の守護職は室町幕府中枢の政治動向に左右されやすい状態にあった。

　加賀では、1414(応永21)年、富樫氏が守護職を回復したが、嫡流と庶流に分かれ、半国守護として一国を分けあった。その後、嫡流が一国守護となるが、嘉吉の変(1441年)のあと嫡流の兄弟が守護職を争う(富樫両流相論)。この富樫両流の抗争は、のち応仁の乱(1467〜77年)の頃の加賀の争乱の原因の1つとなった。

　能登国守護職は、1408(応永15)年、足利義満の死去を契機に畠山本家から分家の

満慶に譲られ、以後、能登畠山家（修理大夫家）がその地位を保持、やがて戦国大名へと発展する。当初国衙のあった七尾古府（現、七尾市古府町）付近に守護所を構えていたが、16世紀になると標高300mの山頂部に七尾城をつくり、そこに居館を構えた。戦国時代の七尾城下は、都から多くの文人墨客が来訪し、文芸や法華文化が栄えた。絵師長谷川等伯は、戦国時代の七尾のこうした繁栄を背景に活躍し、都に出たのである。

　加賀には室町幕府の御料所や五山系の禅院領が多かったため、幕府奉公衆や有力国人衆の勢力が強く、守護富樫氏の経済基盤が弱かった。将軍家でおきる政変は、そのたびに富樫一族の内部対立を惹起し、加賀の民心は守護家から離れた。応仁の乱がおきた頃、本願寺8世蓮如は京都をのがれ、1471（文明3）年には越前吉崎（現、福井県あわら市）に庵を結び、北陸布教を精力的に展開し、多くの門徒を得た。もともと白山系の浄土信仰があり、時宗の念仏信仰や真宗諸流による布教がなされていた素地を利用し、蓮如が御文・講を通し、往生極楽の思想をわかりやすく説いた結果であった。

　1467（応仁元）年以来、東軍と西軍に分かれ抗争していた北陸の守護被官や国人たちも、本願寺門徒の勢力拡大をみて、これを味方につけようとした。当時加賀で劣勢にあった富樫政親は、弟幸千代が真宗高田派門徒を味方につけていたことから1474年、本願寺門徒の力を借り、小松蓮台寺城の幸千代を討ち破り、一国守護の立場を確保した（文明一揆）。しかし、権力を得た政親はその後、門徒衆を弾圧し守護方と本願寺門徒は対立した。1488（長享2）年、近江（現、滋賀県）出陣中の政親は、ついに本願寺門徒を中心に国人衆・白山本宮なども加わる「一国の一揆」の蜂起に遭い、急遽帰国したが、高尾城（現、金沢市）において自刃するに至った。これが長享一揆であり、こののち加賀は「百姓ノ持チタル」国のようであると評された。しかし、その実態は、蓮如の子息たちが住職をつとめる加州三カ寺（若松本泉寺・波佐谷松岡寺・山田光教寺）が、国人・土豪・門徒百姓という多様な階層を統轄するものであった。

　京都の将軍職をめぐる抗争や隣国での政争のたびに一向一揆の国は動揺したが、同時に一揆衆の擁立した守護（富樫泰高）の力も衰微した。1531（享禄4）年の享禄の錯乱で加州三カ寺が没落すると、本願寺の影響が加賀に直接およぶようになる。初め本願寺証如と結ぶ藤島超勝寺・和田本覚寺による間接支配であったが、1546（天文15）年に金沢御堂（金沢坊）が大坂本願寺の末寺として建立されたあと、本願寺の直轄支配が強まり、直参門徒が支える国へと変貌した。1568（永禄11）年、織田信長が足利義昭を奉じて入京すると、戦国の争乱は一層激化した。本願寺が反信長の姿勢を明確にしたため、1570（元亀元）年から本願寺・一向一揆は、各地で信長軍と激しく戦い（石山合戦）、加賀から多くの兵員や物資が送られた。

近世

　1580(天正8)年，勅命により本願寺顕如と織田信長との間に講和が成り，10年にわたる石山合戦が終結した。しかし，越前(現，福井県北部)の柴田勝家は北加賀(現，金沢市周辺)を攻略して金沢御堂を奪い取り，能登にまで軍勢を進めた。北加賀制圧により佐久間盛政が金沢御堂に入り，近世城郭(金沢城)につくりかえ，白山麓などで抗戦する一揆衆と戦った。鳥越城はその攻防を示す代表遺構だが，織田方が使用したときの痕跡も目立ち，一向一揆方の戦国的な遺構とだけみることはできない。

　能登では1577(天正5)年，越後(現，新潟県)の上杉謙信の攻撃を受けて七尾城が落城，戦国大名能登畠山氏はここに滅びた。家臣団の裏切り・内応者があり自壊したといってよいが，翌年，謙信が死去すると七尾城の上杉方のなかに織田方への内応者が出た。織田軍が加賀を制圧すると雪崩のように七尾城も織田方の手に落ち，能登の城破りがなされ，1581年には前田利家が能登国主として入部した。こうして加賀・能登は1580～81年に織田政権の支配下に入ったが，入部した佐久間氏・前田氏は，柴田氏と同形式の村請の検地を実施し，新しい知行制を始め，在村武士の兵農分離を進めた。

　1582年の本能寺の変のあと，信長の後継をめぐり羽柴秀吉と柴田勝家が対立，翌年近江(現，滋賀県)賤ヶ岳で戦ったが，前田利家は勝家軍の劣勢をみて退却し，秀吉方に服属して加賀に攻め入り，北加賀2郡を加増され金沢城主となった。こののち嫡男前田利長は越中(現，富山県)3郡を得，前田父子は秀吉政権のもとで立身を遂げ，2人で80万石を超える領地を得た。利家は豊臣五大老に列し，1598(慶長3)年の秀吉死去後，徳川家康・利家の両大老が豊臣秀頼政権を支えたが，翌年利家が死去すると，家康が実権を掌握して石田三成らと対立し，1600年の関ヶ原の戦いに発展した。しかし，利長は利家の遺言に背いて徳川方につき，西軍についた大聖寺城主山口氏を攻め滅ぼすなどの戦果をあげた。その結果，南加賀2郡を与えられ，加賀・能登・越中3カ国120万石の領地を確保した。この段階で徳川家につぐ巨大大名となり，以後歴代藩主は，改易を避けることに腐心した。

改作法と十村制度　加・能・越3カ国を死守するため，3代利常から6代吉徳まで，将軍家および御三家・保科家など徳川宗家の近親者の子女を正室に迎え，前田家は御三家につぐ格式を獲得した。織田・豊臣・徳川という政権交代をじつに見事に乗り切り，領土を増やしていったのは，大名の処世術としては類いまれな成功例である。

　御家安泰の代償として，軍事よりも政治・文化にエネルギーをそそいだのが歴代藩主の姿勢であった。とくに2代利長が1604(慶長9)年に始めた十村制度は，一向一揆を支えた村の土豪層を前田家の村方支配をになう公儀の能吏に編成するものであり，治世の安定に大きく貢献した。能登の時国家や粟蔵家のような村落土豪層を

扶持百姓に取り立てたのが始まりだが，1604年からは10カ村に1人「十村肝煎」が設置された。3代利常の時代に拡充・発展され，改作法実施にあたっては，彼らの民情報告を受け，空前の農政改革が行われた。その結果，数十カ村ごとにおかれた十村（3カ国10郡で70～80人）が，郡奉行・改作奉行の下で十村支配の元締めとなった。

勧農の指導者，徴税の番人として功労のあった十村は扶持人十村となり，苗字や槍をもつことが許された。その下に十村組行政を担当する平十村，郡内の新田の管理にあたる新田裁許，山林の管理支配にあたる山廻り役といった十村の諸階層が17世紀後半までに整備され，藩による地域支配の重要な担い手となった。

十村制とともに重要とされた一揆国懐柔のための施策は，真宗教団の監督と協調であった。金沢の本願寺末寺（東・西別院）を保護するともに，郡部にあった有力真宗寺院は城下町に移住させ，監視を強めて政治的な安定をはかった。

3代利常は大坂の陣（1614・15年）で将軍の婿として期待にこたえ，加賀百万石の基礎を固め，1639（寛永16）年に小松城に隠居した。その際，2男利次に富山11万石，3男利治に大聖寺7万石を分与して富山藩と大聖寺藩を立藩させ，自身は隠居領22万石を得て，嫡子光高に80万石で本藩を相続させた。1658（万治元）年に利常が小松で死去するまで加賀藩は80万石であったが，利常死後，隠居領22万石が本藩に加えられ，102万石の加賀藩（加賀・能登・越中3カ国10郡）の領域が確定した。

利常は隠居した小松城において，1651（慶安4）年から改作法という改革を行った。幼君（5代綱紀）の後見人として，地方知行の完全廃止，平均免制導入など大胆な知行制改革を行い，のちの藩主の政治の手本となった。とくに，思い切った百姓救済とともに，増税の自主申告，堕農追放・精農育成といった百姓選別を行い，十村を利用して農耕と諸稼ぎへの精励を巧みに強制した点は卓越していた。これによって，かつての一揆の国は念仏を唱えながら農耕に専念する真宗門徒の国へと変貌し，『耕稼春秋』（土屋義休著）・『農事遺書』（鹿野小四郎著）などのすぐれた農書が生まれた。

綱紀の文治と八家の制　名君の代表とされる5代綱紀は，1661（寛文元）年に入国したのち，改作法の徹底，新田開発，城下町・在郷町の整備を進め，多くの文人・技術者を招き文化振興に努めた。その文治は60年余りにおよび，100万石の藩政はここに安定をみた。しかし，士分だけで約8000人（陪臣含む），足軽なども加えると2万人近い前田家中は，巨大な武家社会をつくり城下町の繁栄につながったが，反面その後の庶民経済や民力増進の足かせとなった。

家臣団の頂点には，将軍家から叙爵を公認された1万石以上の知行をもつ八家があり，この八家から藩の執政役である年寄が任命され，各軍団（人持組）の長である人持組頭も八家に固定された。これが加賀八家の制であり，18世紀初頭に確立した。その結果，八家・人持・平士・与力・御歩・御歩並・足軽・中間・小者と

いう身分秩序も整備され、幕末まで堅持された。

2万人にのぼる藩家臣団を養ったのは、改作法の巧みな増徴によって村請年貢を納めた3カ国の3400の村々であったが、6代吉徳の頃から藩財政に翳りがみえ、その死後におきた加賀騒動と若い藩主のあいつぐ早世で武家の士気は沈滞し、風紀は乱れた。村社会では小作人の成長がみられ、切高（持高の売買）や小作料をめぐる紛争が増加した。洪水などで耕地が失われても改作法で決められた石高は下げられず、高に対し相応の耕地がないという地不足問題が深刻化した。

停滞から改革へ　財政難に苦しむ藩は、1755（宝暦5）年初めて銀札を発行したが凶作・物価高と重なり、翌年金沢を始め、領内各地で銀札騒動がおき、支配者を震撼させた。1759年に金沢で未曾有の大火がおき、金沢城も大半が焼失した。これ以降慢性的な財政赤字に苦しみ、藩政は停滞の一途をたどる。藩政挽回のため、1778（安永7）年、国産奨励の機関として産物方が設置され、産物調査が始まったが、天明の飢饉と1785（天明5）年の「御改法」で頓挫した。

11代治脩は1792（寛政4）年、藩校を設置し人材育成を進め、12代斉広は洋学や実学に通暁したすぐれた人材の登用を行った。その頃、海保青陵や本多利明が藩内にきて、上田作之丞や寺島蔵人ら改革を志す藩士に大きな影響を与えた。この両名は「前門の狼、後門の虎」とよばれ、八家や上士層から恐れられた。

斉広は産物方を復活させ、国産奨励や国産品の領外移出を計画し、改作方復古という農村復興も試みたが、改作法ほどの成果はなかった。藩士を「教諭」することばかり目立ち、結果として増税一方となり、村の復興は村人自身の努力に委ねられた。

13代斉泰は1837（天保8）年以降、重臣奥村栄実を登用して天保改革を推進し、「高平均」政策や徳政類似の仕法を行い、株立の廃止により株仲間の弊害を除去しようとした。しかし、商人たちの反発にあい、失敗した。他方で新興の北前船商人銭五（銭屋五兵衛）と結び藩営海運に着手したが、栄実の死去により頓挫した。その後、長連弘や黒羽織党が藩政の実権を握ったものの世論の支持がなく、再び保守派が藩政を掌握した。幕末に産物方政策が復活し、産物会所が設置されたが、藩の保守的体質と一貫性のない藩主の態度で、どれも成功したとはいえない。

幕末の緊迫した政情のなかにあって、人材登用は概して十分でなく、藩士の危機感が薄く脱藩者が1人もない状態で、元治の変（1864年）で「なけなしの尊王攘夷の志士」40人余りが処断された。こうして維新変革の流れに大きく遅れをとることになる。しかし、14代慶寧による卯辰山開発や隠居した13代斉泰が唱えた三州割拠説は注目される。

近代・現代

1869（明治2）年の版籍奉還で前田家領は金沢藩となり、1871年の廃藩置県を契機に金沢藩102万石は金沢県、大聖寺藩は大聖寺県となった。その後の統合や拡大再

編ののち，1883年にようやく現在の石川県域がかたまった。その間の金沢藩に対する明治新政府の処遇は冷たく，1872年2月，県庁が金沢から石川郡の美川町に移転され，県名も石川県と改められた。維新に遅れをとった藩の名は，県名に採用されず，山・川などの名や郡の名が使われたという説もある。

士族身分の解体にともない不平士族の自己主張がやっと表面化し，過激な行動に出た。1878年に内務卿大久保利通を暗殺した長連豪・島田一良らはその典型であるが，西南戦争(1877年)に参戦できなかった鬱憤を晴らしたにすぎない。その後，不平士族は民権運動に邁進するが，豪農層の民権拡張運動の足を引っ張ることが多かった。

巨大な家臣団が解体されたことは，城下町金沢を急速に疲弊させ，幕末に12万あった人口は明治時代中頃10万人を下回り，1897年には8万人まで凋落した。金沢城跡におかれた名古屋鎮台分営は1875年に第七連隊と改称され，1898年には第九師団司令部が設置され，「軍都」として再生の道を求めた。一方で1887年の第四高等中学校(のちの四高)・金沢工業学校の創立，1901年の金沢医学専門学校・県高等女学校創立など高等教育機関の充実もはかられた。

1877年までに金沢製糸場・金沢撚糸会社・金沢銅器会社が金沢市内に設立され，殖産興業の芽生えとなったが，松方デフレであえなく衰えた。しかし，1900年に津田式力織機が発明され，工場での採用がなると，織物工業が大きく発展する。繊維王国石川の歴史の始まりとして注目すべきことであった。1898年に北陸本線小松・金沢間および金沢・高岡間が開通したことも追い風となった。同年，金沢・七尾間を結ぶ七尾鉄道(民営)も開通した。こうした近代化の動きにより，金沢の人口も大正時代に12万人に戻り，1943(昭和18)年には周辺村を合併し，20万人を超えた。

県人口は1878(明治11)年の61万人から1912(大正元)年に77万人を超えた。その後，これを超えることはなく終戦を迎えた。第二次世界大戦後のベビーブームで1947(昭和22)年に92万人となり，1970年に100万人を超えた。また1889(明治22)年の市制・町村制の施行で，約2000あった町・村は1市8郡15町258村の新行政区に編成された。その後，1930(昭和5)年に約200の町・村に統合され，1953～60年の町村合併で7市28町7村となり，さらに「平成の大合併」で41市町村(8市27町6村)から19市町に統合された。その結果，歴史的に由緒ある地名が数多く自治体名から消えた。

農業の近代化では，明治時代中頃，上安原村の高多久兵衛がのちに「石川方式」と称される耕地整理に着手，田区改正の先駆けとされ，大正時代から昭和時代の耕地整理や技術改良を促した。江戸時代以来の伝統工芸も時代に即した改良を重ね，海外へ販路を求めて地場産業として復活した。九谷焼・輪島塗・能登上布・牛首紬などが，その代表である。鉱山業では，旧八家の横山家による尾小屋鉱山が著名であり，明治時代末期から大正時代に産額を伸ばしたが，労働争議も頻発し，経

営は悪化した。昭和時代に入って横山家の手を離れ，大手の傘下に入ったが，戦後は鉱毒問題などもおき，1971(昭和46)年に閉山した。

独特の国家主義を展開した三宅雪嶺，哲学者の西田幾多郎，ジャーナリストの桐生悠々ら多くの思想家や，高峰譲吉・木村栄らの科学者が輩出されたことも，注目される。第九師団は日露戦争(1904～05年)の際，旅順・奉天の激戦地で多数の戦死者を出したが，バイカル博士とよばれた東京帝国大学教授の戸水寛人は，日露戦争前に主戦論を主導したことで知られる。大正デモクラシーと普選運動を指導した永井柳太郎は，大正時代を代表する政党政治家である。昭和恐慌から戦争の時代に向かうなか，真宗革新を唱えた暁烏敏の説教，中田邦造の読書普及活動，喜多一二(鶴彬)のプロレタリア川柳などが庶民の生き方や考え方に影響を与えた。

戦後石川県の出来事として注目されるのは，金沢城跡の旧軍施設が武装解除されて金沢大学のキャンパスとなったことであり，民主化の象徴といえよう。また，1952(昭和27)年の内灘試射場反対運動は，反基地・反戦の平和運動の先駆であり，占領が終わった直後の民衆運動として注目される。

県政は明治時代初期から40人を超える官選知事によって運営されてきたが，第二次世界大戦後は4人の知事が就任した。とくに中西陽一知事は8期32年(1963〈昭和38〉～95〈平成7〉年)という長期政権であり，高度成長の流れに乗り，道路網整備や我谷ダム・手取川ダムなど電源開発を進めた。そのなかで，内灘火力発電所・七尾大田火力発電所の反対運動や珠洲原子力発電所反対など，環境問題で県民の声が明確に示されたこともあった。一方，文化政策の面でも今日の土台をつくった。

少子高齢化と人口減少を背景に，過疎と財政赤字が深刻となった21世紀の石川県は，多くの課題を抱えている。伝統文化を見直し，活かすなかに活路を求める動きもみられ，これまでになく本県の歴史・文化に対する関心が高まっている。本県の文化財にとって，あらたな時代を迎えつつある胎動を感じる。

【地域の概観】

城下町金沢と加賀北部

　手取川の北に広がる石川郡と河北郡は，かつて北加賀2郡とよばれた。河北郡は室町時代まで加賀郡とよばれ，加賀立国(823年)以前は越前国(現，福井県北部)の1郡にすぎなかった。加賀立国に際して石川郡を分出し，北加賀2郡が成立した。北加賀は，石川平野や河北潟が広がる地域であり，河北潟の北は宝達山まで低丘陵が続き，海岸部は砂丘地の白砂青松が続く。

　石川郡と河北郡の郡境は浅野川であった。浅野川は河北潟へとそそぎ出るので浅野川と河北潟の北が河北郡であり，石川郡はその南に広がる。能登地方に連なる地域にかほく市，北陸道沿いに富山県へ続く地域に津幡町，河北潟と日本海の間の砂丘地には内灘町がある。この1市2町と金沢市の北部が，かつての河北郡である。

　河北潟は県内随一の潟湖であり，近世を通して沿岸で埋め立てが行われ，新田開発が進んだ。能登方面に向かう旅人はこの湖上を船で移動したといい，潟漁業も盛んで城下町の台所に食材を提供した。河北潟の水田化は，宮腰(現，金沢市)の豪商銭五(銭屋五兵衛)が試みて以来，沿岸農民の悲願であった。1964(昭和39)年に始まった国営干拓事業は1985年に竣工したが，時代は減反政策と米余りの時代にかわっており，干拓地での稲作は制限され，米以外の農業や酪農を選ばざるを得ないという苦渋に満ちた境遇にある。

　金沢市南部を流れる犀川から南は，手取川扇状地が広がる石川平野であり，石川郡には浅野川の南に広がる金沢市の中心部と石川平野が含まれていた。石川平野は，古墳時代から平安・鎌倉時代に開発が進み，手取川の河道は北から南に移動した。室町時代までに開墾は終わり，江戸時代に七カ用水が整備されたが，明治時代末期からあらたに耕地整理が行われ，七カ用水の合同取水口もでき，水田単作早場米の穀倉地帯となった。戦後は都市化が進み，金沢市に編入されたほか，「平成の大合併」で白山市(松任市・美川町・鶴来町などが合併)と野々市市の2市に統合された。

　北加賀の黎明期の代表遺跡は，縄文時代晩期の御経塚遺跡(野々市町)や巨木祭祀遺構が検出されたチカモリ遺跡(金沢市)である。金沢港周辺には古代における渤海との交渉にかかわる遺跡が多い。手取川扇状地の末松廃寺跡や守護館が野々市に営まれたことは，石川平野の開発と深くかかわるものであろう。加賀立国直後の国衙の位置は未確定である。北加賀にあったとすれば，対外交渉の外港(国津)のあった金沢付近が有力候補地とみられている。

　中世の北加賀を特徴づけるのは，白山信仰と一向一揆である。15世紀末に，一向一揆が守護勢力を排除し，門徒衆が主導権をもって国支配に関与したことは，日本史上に特筆される著名な出来事であった。100年にわたる一向一揆の時代が終焉したあと，尾張(現，愛知県西部)生まれの前田利家が，近江(現，滋賀県)・越前に

領知を得たのち能登国主となり、1583(天正11)年から金沢城主となった。

近世の北加賀は、前田氏による城下町づくりと農政によって、あらたな時代に向き合う。今日残る文化財や伝統工芸・伝統文化の多くは、この時代にはぐくまれた。前田氏支配下の300年は、政治・文化でみるべき点が多く、比較的安定した治世であった。その結果、時代に取り残されることにもなった。加賀藩は明治維新の政局に立ち後れたが、卯辰山の開拓など注目すべき事業もあった。その前提には、1670(寛文10)年から「非人小屋」を設置し、組織的に推進した貧民救済の社会事業があった。なお、ここでいう「非人」は貧民乞食であり被差別民のことではない。

県都金沢の歴史は、今から460年余り前、浅野川・犀川に挟まれた小立野台地先端に金沢御堂(金沢坊)が設置された1546(天文15)年から始まる。一向一揆の国につくられた大坂本願寺の末寺であっただけに、御堂下に坊主・門徒衆の旅屋ができ、商工民が集住して寺内町が形成された。北国往還と浅野川が交わる北加賀の交通の要衝であったことも賑わいの創出につながり、のちの発展の基盤となった。金沢城主となった前田利家はここを居城と定め、城下町づくりを本格化し、これを2代利長・3代利常が受け継ぎ、惣構の建設や河川改修によって現在の金沢の町の骨格ができた。

金沢市では城下町時代の文化財を始め、伝統技術・文化の保護・育成に力を入れ、観光誘客に熱心である。城下町都市・文化創造都市としてさまざまな試みを行っており、現代的なものと城下町文化が融合した、新しい景観や文化を楽しむことができるであろう。

大聖寺・小松と加賀南部

加賀南部は手取川のほぼ以南、かつての江沼郡・能美郡と一部石川郡を含み、南加賀と通称される。「平成の大合併」以後、現在は加賀市・小松市・能美市・能美郡川北町と白山市からなる。

地形的には、大聖寺川・動橋川・梯川の流域(江沼平野・能美平野)と、白山麓の手取川・大日川の流域(手取谷)からなり、南側は白山連峰から連なる山塊で、北側はほとんど、これらの河川によって形成された沖積平野である。梯川下流部の小松城や小松飛行場の周辺は低湿地であったが、その南に低い起伏のある丘陵地が広がり、盆地状の江沼平野へと続く。その北東側にかつては加賀三湖(木場潟・今江潟・柴山潟)という潟湖があり、能美平野へと続く。律令政府が823(弘仁14)年に加賀国を独立させるまで、加賀南部は越前国(現、福井県北部)の江沼郡とよばれたように、人びとの生活の舞台は「江と沼のクニ」であった。

手取川扇状地方の能美丘陵では後期旧石器時代遺跡(能美市灯台笹遺跡など)が発見され、手取谷では縄文時代中期から後期の集落遺跡(白山市舟岡山遺跡・吉野ノミタニ遺跡)があって、山河に糧を求めた人びとの足跡が確認される。能美平野の梯川近くで発見された弥生時代中期の大型農耕集落遺跡(小松市八日市地方遺

跡)は，農耕文化の定着と人びとの暮らしぶりを物語り，丘陵部で発見された2世紀頃の環壕集落(同市河田山遺跡)は，『魏志』倭人伝にいう「倭国の大乱」の時期のものといわれる。

5世紀になると，地域の政治的首長の成長を物語る記念碑ともいえる加賀市の狐山古墳や能美市の能美古墳群があらわれ，前者の主ともいわれる豪族江沼臣は，6世紀初め，畿内の王朝交替劇の主役となった継体天皇の母方の里ともいい，570年，漂着した高句麗使に大王と偽った北加賀の豪族道君を告発したのも江沼臣であった。

加賀立国の際，もとの江沼郡から5郷を分けて能美郡とし，国府が能美郡野身郷におかれたという。古代の北陸道は，北部の丘陵地帯から海岸部を西から東北へ通っていた。

一方，霊峰白山の山懐にあたる手取谷は，谷頭から約60kmもある奥深い谷で，冬期は豪雪地帯となり，白山信仰の拠点となった白山七社が点在した。谷頭付近の本宮四社は北加賀の平野部と関係が深かったのに対し，中宮三社は，国府のある能美平野や江沼平野と関係が深かった。白山の神輿が上洛，延暦寺衆徒とともに後白河上皇に強訴し，中央政権を震撼させた安元事件(1177年)は，加賀国目代がおこした事件が契機であった。

蓮如が加賀国境に近い越前の吉崎(現，福井県あわら市)で浄土真宗本願寺派の布教を開始して以来，加賀でも本願寺門徒が増大し，南加賀では山田光教寺・波佐谷松岡寺が一向一揆のリーダーとなり，江沼・能美両郡と白山麓「山内」の山の民，門徒衆の力を背景に，戦国期加賀の歴史舞台に登場した。

江戸時代には，加賀藩の指導により九谷焼が生産され，中世以来の加賀絹とともに伝統産業の下地が形成され，橋立・瀬越・塩屋の浦々には，北前船の主役となった海商たちが成長した。白山麓18カ村は，越前福井藩との相論の結果幕府直轄領となり，福井藩の事実上の支配を受けたが，1872(明治5)年，石川県に編入されている。

近世以来の温泉をいかした観光産業，あらたな鉱山開発，伝統的な窯業と繊維産業が近代南加賀の顔となったが，小松を中心に機械工業も成長した。近年は能美丘陵に先端技術の知的開発拠点が設置されるなど，注目を集めている。

口能登と羽咋・七尾

能登半島の付け根に位置する口能登は，近世には口郡ともよばれ，外浦側の羽咋郡と内浦側の鹿島郡からなる。「平成の大合併」により，外浦側は羽咋市・宝達志水町(押水町・志雄町が合併)・志賀町(志賀町・富来町が合併)の1市2町，内浦側は七尾市(七尾市・田鶴浜町・中島町・能登島町が合併)と中能登町(鳥屋町・鹿島町・鹿西町が合併)の1市1町に再編成された。

口能登には能登最大の平地である邑知平野が，南西から北東方向へ横断し，七尾

市と羽咋市を結んでいる。この帯のような平野に、強い西寄りの季節風「タマ風」と対馬海流に乗って、出雲(現、島根県)や畿内あるいは朝鮮半島から新しい文化が持ち込まれ、この平野の民衆や首長は素早く吸収した。弥生人の拠点的集落である吉崎・次場遺跡(羽咋市吉崎町・鶴多町)からは、さまざまな文物が西日本から伝えられ、農耕文化が定着していった様子がわかる。4世紀には、中能登町の小田中親王塚古墳や小田中亀塚古墳、眉丈山の最高所に築かれた雨の宮1号墳・2号墳など、邑知平野の要地に首長墓が築かれたが、これらを築いた勢力は日本海を利用して畿内の文化を取り入れ、のちに羽咋君や能登臣と称する国造へと発展した。能登臣馬身龍が660年にヤマト政権の北方遠征に従軍して戦死したことが『日本書紀』にみえるが、これは能登半島がヤマト政権の東国経営・蝦夷支配に深くかかわっていたことを物語る。また8世紀の能登立国に際し、能登臣の根拠地香嶋津(現、七尾港)に面し国府が設けられたが、日本海交流ぬきに能登臣一族の発展はなかったことがうかがえる。

　中世の口能登を特徴づけるのは、新旧の多様な信仰が重層的かつ複合してみられる点である。能登一宮気多神社にまつられた、海を渡ってきた外来の神々や、石動山における真言系の修験は、能登の民間信仰に大きな影響を与えていた。こうした宗教的伝統のうえに鎌倉新仏教が根をおろす。日蓮宗では羽咋法華・七尾法華とよばれる信仰圏が室町時代から戦国時代にかけて形成され、曹洞禅では鎌倉時代末期に加賀大乗寺から瑩山紹瑾が羽咋に入り、永光寺が創建され、奥能登の總持寺とともに曹洞宗の全国展開の拠点となっている。

　南北朝時代の守護吉見氏、室町・戦国時代の守護大名畠山氏は、七尾に守護所や城郭を構えた。加賀・能登・越中(現、富山県)を支配した前田家の祖利家は、七尾城主としてこの地の支配にあたり、在地土豪層を扶持百姓に取り立てるなど工夫したことも注意しておきたい。1583(天正11)年、前田家の居城は金沢に移るが、能登一円は一部幕府直轄領や土方家領などが混在するものの、江戸時代を通じて加賀藩前田家領であった。また、郡村支配につくした有力な十村家が多く残り、古文書・建造物ほか多くの文化財を現在もみせてくれる。喜多家・岡部家が十村家としては双璧であるが、雄谷家も初期十村家として貴重である。

　1871(明治4)年の廃藩置県により金沢県管下となり、同年七尾県が設置されるも、翌年には石川県に合併され、現在に至る。邑知平野では近世からの繊維産業を明治時代以降も発展させており、古代の香嶋津以来、天然の良港として栄えてきた七尾は港町として近代化した。産業構造の変化とモータリゼーションの進展は、もちろんこの地にも影を落とし、加賀・能登の地域間格差の問題を今後どう乗り越えるのかも課題である。

輪島・珠洲と能登半島

鳳至・珠洲の2郡(現、鳳珠郡)からなる能登半島北部は、古来「奥能登」とよば

地域の概観　　267

れ,「さいはて」の地,「僻遠」というイメージでみられてきたが, 網野善彦によれば, それは陸上交通中心の見方であり, 畿内中心史観に毒された偏見にすぎない。中央集権の体制が弱く, 各地に多様な生業や文化が併存していた時代には, 海を媒介に豊かな文化交流があった。その頃の奥能登は僻地どころか日本海交易の中心にあって, 文化交流の恩恵をたくさん受けていた。奥能登の両時国家に残る膨大な古文書を整理し研究した結果, 近世までの奥能登がいかに豊かであったかが明らかにされた。また中世の日本海を渡った大量の珠洲焼や, 加賀にはみられない古仏の優品に出会ったとき, その思いを深くする。しかし今, 過疎のスピードは少子高齢化によって拍車がかかっている。

奥能登地域は「平成の大合併」で, 鳳珠郡門前町は輪島市に合併, 鳳至郡能都町・柳田村は珠洲郡内浦町とともに鳳珠郡能登町となり, 変更のなかった珠洲市・鳳珠郡穴水町と, 2市2町に統合された。

平野が少なく, 大部分が低い山地と丘陵地で, 気候は対馬暖流の影響を受け, タブノキ・スダジイ・ヤブツバキなどの照葉樹の森が所々に残る。輪島市から珠洲市禄剛崎までの西海岸は「外浦」とよばれ, 荒々しい岩礁・岩石海岸が続く。禄剛崎から穴水までの東海岸「内浦」は, 北部の砂浜と南部のリアス式海岸で景観は大きくかわるが, 概して波静かで立山連峰を望むことができる。

半島先端部では晩期旧石器時代の尖頭器が発見され, この地に1万数千年前から人びとが住んでいたことがわかる。縄文時代が始まると, おもに東海岸の小水系の河口部や台地上に集落が営まれた。能登町真脇遺跡の発見によって, 暖流に乗って回遊するイルカを捕獲し, 生活の糧とする縄文人の姿が浮かび出された。

珠洲市は北陸最大の古墳密集地であり, 500基を超える。『出雲国風土記』の国引き神話, 若狭地方から伝播した土器製造などは, 日本海を介した文化交流を物語る例である。能登国最大の荘園である若山荘が形成されると, 仏教文化が定着し, ほかから技術移入した珠洲焼が大量生産された。奥能登各地の寺院には, 平安時代から室町時代の作柄のすぐれた仏像がたくさん残っている。江戸時代には, 加賀藩から生産を奨励された塩が, 藩の専売品となり, 厳しく管理された。この時代に技術が確立した輪島塗は, 北前船の繁栄とともに全国に広まった。

明治時代になって輸送手段が船から鉄道へ大転換し, 奥能登は「さいはて」となった。鉄道が徐々に延伸され, 1935(昭和10)年に輪島, 1964年にようやく蛸島まで開通し,「奥能登秘境ブーム」で旅行客の足となった。しかし, 車社会の到来と沿線人口の減少によって逐次廃止された。かわって1982年に全線開通した能登有料道路(金沢・穴水間)が基幹交通となり, 県都金沢から輪島や飯田へ約2時間で行けるようになった。名古屋圏とは東海北陸自動車道・能越自動車道で結ばれ, 2003(平成15)年には能登空港が開港し, 首都圏と約1時間で結ばれた。

奥能登は三方を海に囲まれた景勝地であり, 海のかなたのロシアや朝鮮半島・中

国を身近に感じことができる。かつて国策の一環として，この地の多くの青壮年が家族ぐるみでこの海を渡った満蒙開拓団の悲惨な歴史を語る石碑も多い。今後は環日本海交流を盛んにし，奥能登広域圏として魅力のアピールに努めることが大事であろう。

　里山・里海とそこから得た豊かな山の幸・海の幸，あるいは古来守り続けてきた祭礼や民俗芸能がいたるところにみられる奥能登の「地域力」は2010（平成22）年FAOによって評価され，世界農業遺産に認定された。ユネスコが「あえのこと」を世界無形文化遺産に選定したのにつづくハプニングであったが，能登の農業や歴史文化が著しい人口減少によって危機に瀕していることのあらわれでもある。春夏秋冬，時々刻々に色をかえる日本海を眺めつつ，山腹の古刹を訪ね，幾百年の年月を経た柔和な表情の古仏と対話する，そんな旅に奥能登は絶好である。多くの人々に奥能登をみていただきたい。

【文化財公開施設】　　　　　　　　　　　　　　　①内容，②休館日，③入館料

石川県九谷焼美術館　　〒922-0861加賀市大聖寺地方町1-10-13　TEL0761-72-7466　①古九谷を中心とする九谷焼関係の美術資料，②月曜日(祝日をのぞく)，③有料

北前船の里資料館　　〒922-0554加賀市橋立町イ乙1-1　TEL0761-75-1250　①北前船船主住宅，北前船関係資料，②無休，③有料

九谷焼窯跡展示館　　〒922-0242加賀市山代温泉19-101-9　TEL0761-77-0020　①再興九谷窯跡，九谷焼製作関係資料，②火曜日(祝日をのぞく)，③有料

魯山人寓居跡いろは草庵　　〒922-0242加賀市山代温泉18-5　TEL0761-77-7111　①魯山人寓居跡，魯山人関係資料，②水曜日(祝日・12月29日〜1月3日をのぞく)，③有料

深田久弥 山の文化館　　〒922-0067加賀市大聖寺番場町18-2　TEL0761-72-3313　①明治時代の絹織物工場の事務所を用い深田久弥の関係資料を展示，②火曜日(祝日をのぞく)，12月30日・1月1日，③有料

無限庵　　〒922-0127加賀市山中温泉下谷町ロ6　TEL0761-78-0160　①旧加賀藩横山家別邸書院(県文化)，漆器を始めとする美術資料，②年末年始，③有料

北前船主屋敷 蔵六園　　〒922-0554加賀市橋立町ラ47　TEL0761-75-2003　①北前船船主住宅・庭を公開，②無休，③有料

石川県立尾小屋鉱山資料館　　〒923-0172小松市尾小屋町カ1-1　TEL0761-67-1122　①鉱具と鉱石類の展示，②水曜日(祝日の場合は翌日)，祝日の翌日，12月1日〜3月24日，③有料

小松市立博物館　　〒923-0903小松市丸の内公園町19　TEL0761-22-0714　①小松市を中心として収集された歴史・考古・民俗・美術・植物化石・生物標本，②月曜日，祝日の翌日，展示替え期間，年末年始，③有料

小松市埋蔵文化財センター　　〒923-0075小松市原町ト77-8　TEL0761-47-5713　①矢田野エジリ古墳出土埴輪(国重文)など小松市内の遺跡の出土資料，②月曜日(祝日をのぞく)，祝日の翌日，12月29日〜1月3日，③有料

小松市立河田山古墳群史跡資料館　　〒923-0061小松市国府台3-64　TEL0761-47-4533　①河田山古墳群出土品と石室の復元展示，②水曜日(祝日の場合は翌日)，祝日の翌日，12月29日〜1月3日，③無料

錦窯展示館　　〒923-0931小松市大文字町95-1　TEL0761-23-2668　①徳田八十吉の工房兼住居。錦窯，初代〜3代八十吉の作品を展示，②月曜日(祝日の場合は翌日)，祝日の翌日，12月29日〜1月3日，③有料

登窯展示館　　〒923-0833小松市八幡己20-2　TEL0761-47-2898　①近代九谷磁器窯，九谷焼製作関係資料，②月曜日(祝日の場合は翌日)，祝日の翌日，12月29日〜1月3日，③無料

那谷寺普門閣　　〒923-0336小松市那谷町ユ122　TEL0761-65-2111　①加賀藩主前田利常寄進の美術工芸品，②無休，③有料

能美市立博物館　　〒923-1246能美市倉重町戊80　TEL0761-52-8050　①能美市を中心として収集された歴史・考古・民俗資料，②月曜日，12月28日〜1月4日，③無料

能美市立歴史民俗資料館　　〒923-1121能美市寺井町を20　TEL0761-58-6103　①和田山・末寺山古墳群(国史跡)の出土品，旧寺井町域の歴史・考古・民俗資料，②月曜日(祝日の

場合は翌日），12月28日〜1月4日，③無料

能美市九谷焼資料館　〒923-1111能美市泉台町南56　TEL0761-58-6100　①九谷焼の歴史と作業工程，②月曜日(祝日の場合は翌日)，12月28日〜1月4日，③有料

石川県立白山ろく民俗資料館　〒920-2501白山市白峰リ30　TEL076-259-2665　①白山の出作り用具，かんこ踊りなどの民俗芸能用具，野外に移設された小倉家(国重文)・尾田家など旧家の展示，②木曜日(祝日の場合は翌日)，祝日の翌日，12月11日〜3月9日，③有料

白山市立松任博物館　〒924-0871白山市西新町168-1　TEL076-275-8922　①人間国宝であった故隅谷正峯の作品，旧松任市域の考古・民俗・歴史資料，②月曜日(祝日の場合は翌日)，年末年始，館内特別整理期間，③有料

白山市立鶴来博物館　〒920-2111白山市鶴来朝日町81　TEL076-273-1522　①旧鶴来町の歴史・美術・民俗・考古資料，②月曜日(祝日の場合は翌日)，年末年始，館内特別整理期間，③無料

石川ルーツ交流館　〒929-0215白山市美川南町ヌ138-1　TEL076-278-7111　①北前船関係資料，おかえり祭り関係資料，②月曜日(祝日の場合は翌日)，年末年始，館内特別整理期間，③有料

東二口歴史民俗資料館　〒920-2336白山市東二口卯106-1　TEL076-256-7459　①国無形民俗文化財・尾口のでくまわしで使用する文弥人形の保管・展示・上演，農具などの民俗資料，②予約により開館，③無料

白山市立鳥越一向一揆歴史館　〒924-2368白山市出合町甲26　TEL076-254-8020　①一向一揆の資料，鳥越城跡附二曲城跡(国史跡)の出土遺物，②月曜日(祝日の場合は翌日)，年末年始，展示替え期間，③有料

呉竹文庫　〒929-0217白山市湊町ヨ146　TEL076-278-6252　①明治・大正時代に北前船主が収集した書籍・美術工芸品，②月曜日(祝日の場合は翌日)，年末年始，展示替え期間，③有料

白山市立千代女の里俳句館　〒924-0885白山市殿町57-1　TEL076-276-0819　①江戸時代の女流俳人千代女関係資料，②月曜日(祝日の場合は翌日)，年末年始，③有料

松任ふるさと館　〒924-0885白山市殿町56　TEL076-276-5614　①明治〜昭和時代初期に金融・米穀業などで活躍した吉田家の邸宅を公開，②月曜日(祝日の場合は翌日)，年末年始，③無料

白山比咩神社宝物館　〒920-2114白山市三宮町ニ105-1　TEL076-272-0680　①白山比咩神社に伝わる山岳信仰遺物・書籍・彫刻・工芸品・絵画などの国宝・国重文を展示，②12〜3月(申し出のある場合開館)，③有料

加賀藩千石預り肝煎役の館 多川家歴史史料館　〒924-0852白山市四ツ屋町38　TEL076-277-1718　①大正年間改築の農家住宅・美術品・古文書・民俗資料，②無休，③有料

野々市ふるさと歴史館　〒921-8801野々市市御経塚1-182　TEL076-246-0133　①御経塚遺跡(国史跡)の出土品，野々市町内の考古資料，②月曜日(祝日の場合は翌日)，祝日の翌日(土・日曜日をのぞく)，年末年始，③無料

野々市市郷土資料館　〒921-8815野々市市本町3-19-24　TEL076-246-2672　①江戸時代の農家である旧魚住家住宅の公開と野々市市を中心として収集された民俗資料を展示，②

	月曜日(祝日の場合は翌日)，祝日の翌日(土・日曜日をのぞく)，年末年始，③無料
喜多記念館	〒921-8815野々市市本町3-8-11　TEL076-248-1131　①酒造を営んだ町屋喜多家(国重文)，生活道具など，②無休，③有料
石川県立美術館	〒920-0963金沢市出羽町2-1　TEL076-231-7580　①前田育徳会所蔵品，色絵雉香炉(国宝)，石川県ゆかりの美術工芸品・近代美術品など，②年末年始，展示替え期間，③有料
石川県立歴史博物館	〒920-0963金沢市出羽町3-1　TEL076-262-3236　①石川県の原始から現代までの考古・歴史・民俗資料・金沢製糸場の復元模型，②12月28日〜1月3日，展示替え期間，③有料
石川県四高記念文化交流館	〒920-0962金沢市広坂2-2-5　TEL076-262-5464　①旧第四高等学校関係資料，石川県ゆかりの文学者の著書・遺品・愛蔵品など，②12月29日〜1月3日，展示替え期間，③有料
石川県立伝統産業工芸館	〒920-0936金沢市兼六町1-1(兼六園内)　TEL076-262-2020　①九谷焼，大樋焼，加賀友禅，輪島塗などの伝統工芸品，②第3木曜日(12〜3月は毎週木曜日)，年末年始，展示替え期間，③有料
石川県埋蔵文化財センター	〒920-1336金沢市中戸町18-1　TEL076-229-4477　①旧石器から近世までの県内の遺跡出土品，②12月29日〜1月3日，展示替え期間，③無料
尾張町町民文化館	〒920-0902金沢市尾張町1-11-8　TEL076-222-7670　①旧金沢貯蓄銀行の土蔵造の建物(県文化)を公開，②月〜金曜日(祝日をのぞく)，8月15日，12月29日〜1月3日，③無料
石川県銭屋五兵衛記念館	〒920-0336金沢市金石本町ロ55　TEL076-267-7744　①江戸時代の豪商銭屋五兵衛の遺品・関係資料，②無休(5〜11月)，火曜日(12〜4月，祝日の場合は翌日)，12月29日〜1月3日，③有料
銭五の館	〒920-0351金沢市普正寺町参字85-1　TEL076-267-2333　①旧銭屋の本宅の一部と3階建ての土蔵を公開，銭屋の関係資料，②無休(5〜11月)，火曜日(12〜4月，祝日の場合は翌日)，12月29日〜1月3日，③有料
石川県金沢港大野からくり記念館	〒920-0331金沢市大野町4-甲2-29　TEL076-266-1311　①幕末のからくり師大野弁吉の作品，②水曜日(祝日の場合は翌日)，年末年始，③有料
金沢市立安江金箔工芸館	〒920-0831金沢市東山1-3-10　TEL076-251-8950　①金沢金箔の伝統的な製造工程や道具類，製品，②12月29日〜1月3日，展示替え期間，③有料
金沢市立中村記念美術館	〒920-0964金沢市本多町3-2-29(本多公園内)　TEL076-221-0751　①中村栄俊収集・寄贈の美術工芸品(茶道関係多数)，②12月29日〜1月3日，展示替え期間，③有料
前田土佐守家資料館	〒920-0981金沢市片町2-10-17　TEL076-233-1561　①加賀八家前田土佐守家伝来の古文書・武具・書画など，②12月29日〜1月3日，展示替え期間，③有料
金沢くらしの博物館	〒920-0938金沢市飛梅町3-31　TEL076-222-5740　①明治時代の旧制中学校の建物(県文化)，加賀の大工・左官などの職人道具，②年末年始，展示替え期間，③無料
金沢能楽美術館	〒920-0962金沢市広坂1-2-25　TEL076-220-2790　①能装束・能面などの

能楽の資料，②月曜日(祝日の場合は翌日)，年末年始，展示替え期間，③有料

武家屋敷寺島蔵人邸跡　〒920-0912金沢市大手町10-3　TEL076-224-2789　①加賀藩士寺島蔵人の邸宅と蔵人直筆の書画など，②12月29日～1月3日，展示替え期間，③有料

金沢市立埋蔵文化財収蔵庫　〒921-8062金沢市新保本町5-48　TEL076-240-2371　①チカモリ遺跡(国史跡)から出土した木柱根，金沢市内の遺跡の出土遺物，②火曜日，12月29日～1月3日，展示替え期間，③無料

金沢市埋蔵文化財センター　〒920-0374金沢市上安原南60　TEL076-269-2451　①埋蔵文化財の整理作業の見学，金沢市内の遺跡の出土遺物，②土・日曜日，祝日，年末年始，③無料

泉鏡花記念館　〒920-0910金沢市下新町2-3　TEL076-222-1025　①泉鏡花の作品，ゆかりの品，②12月29日～1月3日，展示替え期間，③有料

徳田秋聲記念館　〒920-0831金沢市東山1-19-1　TEL076-251-4300　①徳田秋声の作品，ゆかりの品，②12月29日～1月3日，展示替え期間，③有料

室生犀星記念館　〒921-8023金沢市千日町3-22　TEL076-245-1108　①室生犀星の作品，ゆかりの品，②12月29日～1月3日，展示替え期間，③有料

金沢ふるさと偉人館　〒920-0993金沢市下本多町6-18-4　TEL076-220-2474　①三宅雪嶺を始めとする明治時代以降の金沢出身の偉人の業績を紹介，②12月29日～1月3日，③有料

西茶屋資料館　〒921-8031金沢市野町2-25-18　TEL076-247-8110　①島田清次郎関係資料，②無休，③無料

旧江戸村施設茅葺き農家群　〒920-1122金沢市湯涌荒屋町42　TEL076-220-2208(金沢市歴史建造物整備課)　①旧江戸村内に展示されていた茅葺き農家の建物を公開，②火曜日(祝日の場合は翌平日)，③無料

老舗記念館　〒920-0865金沢市長町2-2-45　TEL076-220-2524　①1579(天正7)年開業の薬種商の店舗を公開，②無休，③有料

足軽資料館　〒920-0865金沢市長町1-9-3　TEL076-263-3640　①江戸時代の足軽の住宅を公開，②無休，③無料

成巽閣　〒920-0936金沢市兼六町1-2　TEL076-221-0580　①江戸時代後期の加賀前田家の御殿(国重文)・庭園(国名勝)，前田家伝来の美術工芸品，歴史資料，②水曜日(祝日の場合は翌日)，12月29日～1月2日，③有料

藩老本多蔵品館　〒920-0963金沢市出羽町3-1　TEL076-261-0500　①加賀八家本多家伝来の歴代当主の遺品・武具・書画・古文書，②木曜日(11～2月)，12月29日～1月3日，③有料

金沢大学資料館　〒920-1192金沢市角間町　TEL076-264-5215　①金沢大学の歴史を示す資料，学術資料，②土・日曜日，祝日，12月28日～1月4日，展示替え期間，③無料

大樋美術館　〒920-0911金沢市橋場町2-17　TEL076-221-2397　①初代大樋長左衛門作を中心とする歴代の大樋焼の茶陶，②無休，③有料

宗桂会館　〒920-0177金沢市北陽台3-1　TEL076-257-4277　①山川孝次の作品を始めとする加賀象嵌の作品と製作工程を示す展示，②無休，③無料

内灘町歴史民俗資料館　風と砂の館　〒920-0264河北郡内灘町宮坂に455　TEL076-286-1189

文化財公開施設

①凧，内灘町を中心として収集された歴史・民俗資料，②第1火曜日，12月29日〜1月3日，③有料

津幡町歴史民俗資料収蔵庫　〒929-0466河北郡津幡町吉倉夕51　TEL076-287-1553　①津幡町を中心として収集された歴史・民俗資料を展示，②土・日曜日，祝日，年末年始，③無料

石川県西田幾多郎記念哲学館　〒929-1126かほく市内日角井1　TEL076-283-6600　①西田幾多郎の遺品・遺墨など，②月曜日(祝日の場合は翌日)，12月29日〜1月3日，展示替え期間，③有料

海と渚の博物館　〒929-1177かほく市白尾ム1-3　TEL076-283-8880　①能登半島で使われていた漁具などの民俗資料，②月曜日(祝日の場合は翌日)，12月29日〜1月3日，③有料

国指定重要文化財喜多家　〒929-1332羽咋郡宝達志水町北川尻ラ1-1　TEL0767-28-3199　①江戸時代後期の十村屋敷の建物(国重文)，喜多家伝来の近世文書・民具・美術工芸品など，②第1月曜日(祝日の場合は翌日)，年末年始，③有料

羽咋市歴史民俗資料館　〒925-0027羽咋市鶴多町鶴多田38-1　TEL0767-22-5998　①農具・漁具・生活道具・婚礼用品などの民俗資料，考古資料，②月曜日，祝日(1〜2月)，12月28日〜1月4日，③有料

ふるさと創修館　〒929-1715鹿島郡中能登町一青こ部19-1　TEL0767-74-2735　①旧鳥屋町域で行われた曳山や中能登町を中心として収集された歴史・考古・民俗資料，②火曜日，12月28日〜1月4日，③有料

雨の宮能登王墓の館　〒929-1601鹿島郡中能登町西馬場7部12　TEL0767-72-2202　①雨の宮1号墳(国史跡)の主体部・出土品のレプリカ，②月〜木曜日(祝日をのぞく)，11月中旬〜3月)，③有料

石動山資料館　〒929-1812鹿島郡中能登町石動山ラ部1-2　TEL0767-76-0408　①石動山の仏像・仏具・絵図・古文書など，②火曜日(祝日の場合は翌日)，12月1日〜3月20日，③有料

七尾城史資料館　〒926-0024七尾市古屋敷町夕8-2　TEL0767-53-4215　①七尾城跡出土の陶磁器，武具類，能登守護畠山氏関係資料，②月曜日(祝日の場合は翌日)，祝日の翌日，12月29日〜1月3日，12月11日〜3月10日は予約により開館，③有料

蝦夷穴歴史センター　〒926-0213七尾市能登島須曽町夕部21-5　TEL0767-85-2022　①蝦夷穴古墳(国史跡)の出土品，能登島内の考古・民俗資料，②火・水曜日(祝日の場合は翌日)，展示替え期間，③有料

懐古館　〒926-0024七尾市古屋敷町夕部8-2　TEL0767-53-6674　①江戸時代後期の農家住宅を公開，②月曜日(祝日の場合は翌日)，祝日の翌日，12月29日〜1月3日，12月11日〜3月10日は予約により開館，③有料

能登国分寺展示館　〒926-0821七尾市国分町リ部9　TEL0767-52-9850　①能登国分寺から出土した瓦，復元模型など，②月曜日(祝日の場合は翌日)，祝日の翌日，12月28日〜1月4日，③有料

中島お祭り資料館・お祭り伝承館　〒929-2226七尾市中島町横田1部148　TEL0767-66-2200　①熊甲二十日祭(国民俗)の枠旗行事を始めとする旧中島町内の祭りの展示，②月

曜日(祝日の場合は翌日),年末年始,12月11日〜3月10日は予約により開館,③有料

明治の館(室木家住宅)　〒929-2213七尾市中島町外ナ部13　TEL0767-66-0175　①明治時代に廻船業・酒造業で財を成した室木家の邸宅を公開,②月曜日(祝日の場合は翌日),12月11日〜3月10日は予約により開館,③有料

穴水町歴史民俗資料館　〒927-0027鳳珠郡穴水町字川島ラ197-15　TEL0768-52-2231　①鎌倉時代の地頭の流れを汲む長家文書(県文化),穴水町内の考古・民俗資料,②月曜日,祝日,年末年始,③有料

能登中居鋳物館　〒927-0015鳳珠郡穴水町字中居ロ110　TEL0768-56-1231　①能登中居でつくられた灯籠や茶釜などの鋳物や鋳物師に関する資料,②月曜日,祝日の翌日,年末年始,③有料

石川県輪島漆芸美術館　〒928-0063輪島市水守町四十苅11　TEL0768-22-9788　①人間国宝の作品を始めとする古今の漆芸作品,②12月29〜31日,展示替え期間,③有料

輪島市黒島天領北前船資料館　〒927-2165輪島市門前町黒島町ロ114-2　TEL0768-43-1193　①黒島天領祭の曳山や北前船の関係資料,②月曜日,祝日の翌日,12月29日〜1月3日,③無料

輪島市櫛比の庄 禅の里交流館　〒927-2151輪島市門前町走出6-10　TEL0768-42-3550　①總持寺祖院関係資料,②月曜日(祝日の場合は翌日),祝日の翌日,12月29日〜1月3日,③有料

輪島漆器資料館　〒928-0001輪島市河井町24-55　TEL0768-22-2155　①輪島塗の製作用具や作品など,②無休,③有料

上時国家　〒928-0204輪島市町野町南時国13-4　TEL0768-32-0171　①江戸時代後期の庄屋上時国家の住宅(国重文)・庭園(国名勝),上時国家関係資料,②無休,③有料

時国家　〒928-0205輪島市町野町西時国2-1　TEL0768-32-0075　①江戸時代中期の肝煎下時国家の住宅(国重文)・庭園(国名勝),②冬季の平日(1週間前までに予約で開館),③有料

南惣美術館　〒928-0233輪島市町野町東大野ク100　TEL0768-32-0166　①天領庄屋南惣家の美術収蔵品,②無休,③有料

真脇遺跡縄文館　〒927-0562鳳珠郡能登町字真脇48-100　TEL0768-62-4800　①真脇遺跡出土品(国重文)を展示,②月・火曜日,③有料

能登町郷土館・能登町歴史民俗資料館　〒927-0433鳳珠郡能登町字宇出津イ112-1・イ112-4(遠島山公園内)　TEL0768-62-3669　①江戸時代末期の農家および農具など民俗資料,②月曜日,年末年始,③有料

能登天領黒川村中谷家　〒928-0300鳳珠郡能登町字黒川28-130　TEL0768-76-1551　①江戸時代中期の庄屋屋敷(県文化),中谷家伝来の歴史資料,②不定休(要予約,12〜2月は休館),③有料

珠洲市立珠洲焼資料館　〒927-1204珠洲市蛸島町1-2-563　TEL0768-82-6200　①12〜16世紀製作の珠洲焼,②12月29日〜1月3日,③有料

【無形民俗文化財】

[国指定]

能登のアマメハギ　　輪島市門前町五十洲　1月2日
　　　　　　　　　　輪島市門前町皆月　1月6日
　　　　　　　　　　鳳珠郡能登町秋吉　2月3日
尾口のでくまわし　　白山市　2月中旬の土・日曜日
能登の揚浜式製塩の技術　　珠洲市清水町　4～10月
青柏祭の曳山行事　　七尾市　5月3～5日
熊甲二十日祭の枠旗行事　　七尾市　9月20日
奥能登のあえのこと　　輪島市・珠洲市・鳳珠郡穴水町・鳳珠郡能登町　12月5日・2月9日
気多の鵜祭の習俗　　羽咋市寺家町・七尾市鵜浦町　12月12～16日

[県指定]

ぞんべら祭と万歳楽土　　輪島市門前町鬼屋　2月6・11・12日
　　　　　　　　　　　　輪島市門前町走出　2月12日
　　　　　　　　　　　　輪島市門前町清水　2月25日
御願神事　　加賀市大聖寺敷地　2月10日
重蔵神社如月祭のお当行事　　輪島市河井町　3月1～7日
小木とも旗祭り　　鳳珠郡能登町小木　5月2・3日
お旅まつりの曳山行事　　小松市京町・材木町・中町・寺町・八日市町・西町・大文字町・龍助町　5月中旬
美川のおかえり祭り　　白山市　5月20日前後の土・日曜日
能登麦屋節　　輪島市　6月上旬の日曜日
宇出津のキリコ祭り　　鳳珠郡能登町宇出津　7月7・8日
かんこ踊　　白山市白峰　7月第3日曜日
能登島向田の火祭　　七尾市能登島向田町　7月最終土曜日
輪島市名舟御陣乗太鼓　　輪島市名舟町　7月31日・8月1日
砂取節　　珠洲市　8月13日
二俣いやさか踊り　　金沢市二俣町　8月盆
能登の諏訪祭りの鎌打ち神事　　七尾市江泊町，鹿島郡中能登町金丸・藤井　8月27日
蛸島早船狂言　　珠洲市蛸島町　9月11日
鵜川のイドリ祭り　　鳳珠郡能登町・鳳珠郡穴水町　11月1～8日
能登のまだら　　七尾市，輪島市河井町・輪島崎町　随時

【おもな祭り】(国・県指定無形民俗文化財をのぞく)

十七夜祭(かぶら祭)　　鳳珠郡能登町年重(日宗屋神社)　1月6日
鳴り祝い　　輪島市河井町(重蔵神社)　1月7日
船方祭・えびす祭・起舟　　県内(とくに能登半島)の漁村　1月9～16日
面様年頭　　輪島市輪島崎町(輪島崎神社)・輪島市河井町(重蔵神社)　1月14・20日
火祭　　かほく市高松　2月5日

大将軍祭(こども祭)　　かほく市指江　2月6日
ふきのと祭(ふきのとう祭)　　輪島市門前町内保(太玉神社)　2月9日
もっそう祭(堂さま祭)　　輪島市久手川町　2月16日
お山祭(石仏祭)　　鳳珠郡能登町柿生新道　3月1・2日
だごだい祭　　鳳珠郡穴水町下唐川(八坂神社)　3月2・3日
的打神事　　珠洲市三崎町寺家(須須神社)　3月15日
平国祭(おいで祭・クニムケ祭)　　羽咋市寺家町(気多神社)　3月18〜23日
チャンチキ山祭(チョンコ山・曳山祭)　　七尾市所口町(気多本宮)・七尾市山王町(大地主神社)　4月12〜14日
大野湊神社の寺中神事能　　金沢市寺中町(大野湊神社)　5月15日
百万石まつり　　金沢市　6月第1土曜日
石動山開山祭(霊泉寺祭)　　鹿島郡中能登町石動山(伊須流岐比古神社)　7月7日
三国祭　　河北郡津幡町三国山(三国山神社)　7月15日
横江の虫送り　　白山市横江町　7月21日
綱引き祭　　羽咋郡志賀町堀松(住吉神社)　7月23日
野々市じょんがらまつり　　野々市市　8月1・2日
石崎奉灯祭　　七尾市石崎町　8月2日
こいこい祭　　加賀市山中温泉(白山神社)　8月22〜24日
ぐず焼き祭　　加賀市動橋(振橋神社)　8月27〜29日
八朔祭(くじりまつり)　　羽咋郡志賀町(富来八幡神社・住吉神社)　8月31日・9月1日
ほうらい祭　　白山市鶴来日詰町(金剣宮)　10月2〜4日
秋祭　　河北郡内灘町向粟崎(菅原神社)　10月5日
バッコ祭(苗裔祭)　　鹿島郡中能登町能登部上(能登部神社)　11月19日
田まつり　　金沢市清水谷町　12月5日

【有形民俗文化財】

[国指定]

能登の揚浜製塩用具　　珠洲市上戸町北方　能登記念館「喜兵衛どん」
能登の漆搔きおよび加賀・能登の漆工用具　　珠洲市上戸町北方　能登記念館「喜兵衛どん」
金沢の金箔製作用具　　金沢市北袋町　金沢市
北陸地方の木地製作用具　　金沢市北袋町　金沢市
加賀の手漉和紙の製作用具及び民家　　金沢市北袋町　金沢市
加賀象嵌製作用具　　金沢市北袋町　金沢市
輪島塗の製作用具及び製品　　輪島市河井町　輪島漆器商工業協同組合
白山麓の山村生産用具及び民家　　加賀市大聖寺敷地　加賀市
白峰の出作り民家(山の小屋)と生活用具　　白山市白峰　県立白山ろく民俗資料館
白峰の出作り生活の用具　　金沢市出羽町　県立歴史博物館
　　　　　　　　　　　　　白山市白峰　県立白山ろく民俗資料館
真成寺奉納産育信仰資料　　金沢市東山　真成寺
白山麓西谷の人生儀礼用具及び民家　　小松市丸の内公園町　小松市立博物館

おもな祭り・有形民俗文化財

　　　　　　　　　　　　小松市吉竹町元若杉　小松市
白山麓の積雪期用具　　加賀市大聖寺敷地　加賀市
能登内浦のドブネ　　鳳珠郡能登町真脇・宇出津山分　鳳珠郡能登町
［県指定］
坂網猟法と用具　　加賀市片野町地内　大聖寺捕鴨猟区協同組合
旧表道場　　白山市白峰　県立白山ろく民俗資料館
長岡博男眼鏡コレクション附眼鏡史関係資料　　金沢市出羽町　県立歴史博物館
白峰の山村生活用具と出作り民家(旧長坂家)　　白山市白峰　県立白山ろく民俗資料館

【無形文化財】

［国指定］
輪島塗　　輪島市河井町　輪島塗技術保存会
蒔絵　　野々市市清金　中野孝一
木工芸　　加賀市山中温泉上原町　川北良造
　　　　　金沢市牧町　灰外達夫
沈金　　輪島市河井町　前史雄
釉裏金彩　　小松市高堂町　吉田稔(美統)
銅鑼　　金沢市長町　魚住安彦(三代魚住為楽)
彫金　　金沢市入江　中川衛
髹漆　　輪島市山岸町　小森邦博(邦衞)
［県指定］
能登上布　　鹿島郡中能登町能登部下　能登上布保存会
九谷焼　　能美市寺井町　九谷焼技術保存会
加賀友禅　　金沢市専光寺町　加賀友禅技術保存会
友禅　　金沢市窪　二塚長生
牛首紬　　白山市白峰　牛首紬技術保存会
山中木地挽物　　加賀市山中温泉塚谷町　山中木地挽物技術保存会

【散歩便利帳】

[県外での問合わせ]

石川県東京事務所　〒102-0093東京都千代田区平河町2-6-3　都道府県会館14F
　TEL03-5212-9016
石川県大阪事務所　〒530-0047大阪府大阪市北区西天満4-14-3　住友生命御堂筋ビル2F
　TEL06-6363-3077

[県内の教育委員会・観光担当部署など]

石川県教育委員会文化財課　〒920-8575金沢市鞍月1-1　TEL076-225-1841
石川県観光推進課　〒920-8580金沢市鞍月1-1　TEL076-225-1538
金沢市文化財保護課　〒920-8577金沢市広坂1-1-1　TEL076-220-2469
金沢市歴史建造物整備課　〒920-8577金沢市広坂1-1-1　TEL076-220-2208
金沢市観光交流課　〒920-8577金沢市広坂1-1-1　TEL076-220-2194
かほく市教育委員会生涯学習課　〒929-1193かほく市浜北ハ6-1　TEL076-283-7137
かほく市産業振興課　〒929-1292かほく市高松ウ0-1　TEL076-281-3921
野々市市教育委員会文化振興課　〒921-8510野々市市三納18街区1　TEL076-227-6122
野々市市産業振興課　〒921-8510野々市市三納18街区1　TEL076-227-6082
津幡町教育委員会生涯教育課　〒929-0342河北郡津幡町北中条3-1　津幡町文化会館シグナス内　TEL076-288-2125
津幡町産業経済課観光交通室　〒929-0393河北郡津幡町加賀爪ニ3　TEL076-288-2129
内灘町教育委員会生涯学習課　〒920-0292河北郡内灘町大学1-2-1　TEL076-286-6716
内灘町産業振興課　〒920-0292河北郡内灘町大学1-2-1　TEL076-286-6708
加賀市教育委員会文化課　〒922-8622加賀市大聖寺南町ニ41　TEL0761-72-7888
加賀市観光交流課　〒922-8622加賀市大聖寺南町ニ41　TEL0761-72-7900
小松市教育委員会教育庶務課　〒923-8650小松市小馬出町91　TEL0761-24-8130
小松市観光政策課　〒923-8650小松市小馬出町91　TEL0761-24-8076
白山市教育委員会文化課　〒924-0885白山市殿町39　TEL076-274-9573
白山市観光課　〒924-8688白山市倉光2-1　TEL076-274-9544
能美市教育委員会生涯学習課　〒929-0113能美市大成町ヌ118　根上総合文化会館タント内　TEL0761-55-8551
能美市商工観光課　〒929-0192能美市中町子88　TEL0761-55-8509
川北町教育委員会社会教育課　〒923-1295能美郡川北町字壱ツ屋174　TEL076-277-1111
川北町産業経済課　〒923-1295能美郡川北町壱ツ屋174　TEL076-277-1111
七尾市教育委員会文化財課　〒926-8611七尾市袖ヶ江町イ25　TEL0767-53-8437
七尾市観光交流課　〒926-8611七尾市袖ヶ江町イ25　TEL0767-53-8424
七尾市能登島観光対策室　〒926-0292七尾市能登島向田町ろ1-1　TEL0767-84-1113
羽咋市教育委員会文化財室　〒925-0027羽咋市鶴多町鶴多田38-1　歴史民俗資料館内　TEL0767-22-5998
羽咋市商工観光課　〒925-8501羽咋市旭町ア200　TEL0767-22-1118
志賀町教育委員会生涯学習課　〒925-0198羽咋郡志賀町末吉千古1-1　TEL0767-32-9350

志賀町商工観光課　　〒925-0198羽咋郡志賀町末吉千古1-1　TEL0767-32-9341
宝達志水町教育委員会生涯学習課　　〒929-1392羽咋郡宝達志水町子浦そ18-1　生涯学習センター「さくらドーム21」内　TEL0767-29-8320
宝達志水町産業振興課　　〒929-1492羽咋郡宝達志水町子浦そ18-1　TEL0767-29-8240
中能登教育委員会教育文化課　　〒929-1692鹿島郡中能登町井田に50　生涯学習センター「ラピア鹿島」内　TEL0767-76-2808
中能登町企画課　　〒929-1792鹿島郡中能登町末坂9-46　TEL0767-74-2804
輪島市教育委員会文化課　　〒928-0001輪島市河井町20-1-1　文化会館内　TEL0768-22-7666
輪島市観光課　　〒928-0001輪島市河井町20-1-131　TEL0768-23-1146
輪島市門前総合支所　　〒927-2192輪島市門前町走出6-69　TEL0768-42-1111
珠洲市教育委員会事務局文化財係　　〒927-1204珠洲市蛸島町1-2-563　珠洲焼資料館内　TEL0768-82-6200
珠洲市観光交流課　　〒927-1295珠洲市上戸町北方1-6-2　TEL0768-82-7776
穴水町教育委員会事務局　　〒927-8601鳳珠郡穴水町川島ラ174　TEL0768-52-3720
穴水町産業振興課　　〒927-8601鳳珠郡穴水町川島ラ174　TEL0768-52-3670
能登町教育委員会事務局　　〒927-0695鳳珠郡能登町字松波13-75　TEL0768-72-2509
能登町ふるさと振興課　　〒927-0492鳳珠郡能登町字宇出津新1-197-1　TEL0768-62-8532

【参考文献】

『茜さす日本海文化――北陸古代ロマンの再構築』　浅香年木　能登印刷出版部　1989

『いしかわ遺跡めぐり』能登編　橋本澄夫　北國新聞社　1991

『石川県尾口村史』全3巻　尾口村史編纂専門委員会編　尾口村　1978・79・81

『石川県志雄町史』　石川県志雄町史編纂専門委員会編　志雄町　1974

『石川縣史』1-5　日置謙編著　石川県　1927-33

『石川県大百科事典』　北國新聞社出版局編　北國新聞社　1993

『石川県中世城館跡調査報告書』1-3　石川県教育委員会編　石川県教育委員会　2002・04・06

『石川県町村合併誌』上・下　石川県地方課編　石川県　1961・62

『石川県年表』大正篇・昭和篇1-5・平成篇1　石川県史編纂室　石川県　1956-93・2005

『石川県能都町真脇遺跡』本編・写真図版編　高堀勝喜監修・山田芳和編　能都町教育委員会真脇遺跡発掘調査団　1986

『石川県能都町真脇遺跡2002』『同2006』　能都町教育委員会真脇遺跡発掘調査団編　能都町教育委員会　2002・06

『石川県の百年 県民100年史17』　橋本哲哉・林宥一　山川出版社　1987

『石川県の文化財』　石川史書刊行会・「石川県の文化財」編集委員会編　石川史書刊行会　1985

『石川県の民家――民家緊急調査報告書』　石川県教育委員会編　石川県教育委員会　1973

『石川県の民謡――民謡緊急調査報告書』　石川県教育委員会文化課・石川県内民謡緊急調査委員会編　石川県教育委員会　1981

『石川県の歴史』　若林喜三郎監修　北国出版社　1970

『石川県の歴史 県史17』　髙澤裕一・河村好光・東四柳史明・本康宏史・橋本哲哉　山川出版社　2000

『石川県の歴史 県史シリーズ17』　下出積與　山川出版社　1970

『石川県の歴史散歩 全国歴史散歩シリーズ17』　石川県高等学校社会科教育研究会編　山川出版社　1973

『石川県羽咋郡宝達志水町 末森城等城館跡群発掘調査事業等報告書』　末森城等城館跡群調査委員会編　宝達志水町教育委員会　2007

『石川県民俗分布図――緊急民俗文化財分布調査報告書』　石川県教育委員会編　石川県教育委員会　1980

『石川県銘文集成』1-4　櫻井甚一編　北国出版社　1971-73

『石川の祭り・行事――石川県祭り・行事調査事業報告書』　石川県教育委員会編　石川県教育委員会　1999

『一向一揆の研究』　井上鋭夫　吉川弘文館　1968

『一向一揆の研究』　北西弘　春秋社　1981

『イメージ・オブ・金沢――伝統都市像の形成と展開』　本康宏史　前田印刷出版部　1998

『内浦町史』1-3　内浦町史編纂専門委員会編　内浦町　1981-84

『奥能登と時国家』調査報告書編1-3, 研究編1・2　神奈川大学日本常民文化研究所奥

能登調査研究会編　平凡社　1994-96・2001
『奥能登の研究——歴史・民俗・宗教』　和嶋俊二　平凡社　1997
『加賀片山津玉造遺跡の研究』　大場磐雄編　加賀市教育委員会　1963
『加賀市史』通史上・下，資料編1－4　　加賀市史編纂委員会編　加賀市　1975-79
『加賀志徴』上・下　　森田平次　石川県図書館協会　1936・37
『加賀大乗寺史(増補版)』　舘残翁ほか編　北國新聞社　1994
『加賀辰巳用水——辰巳ダム関係文化財等調査報告書』　高堀勝喜編　辰巳ダム関係文化財等調査団　1983
『加賀傳燈寺——歴史資料調査報告』　傳燈寺関係歴史資料調査団編　傳燈寺保存会　1994
『加賀能登の年中行事』　今村充夫　北国出版社　1977
『加賀能登の文学碑』　高畠鳳外　北国出版社　1979
『加賀能登の歴史』　若林喜三郎編　講談社　1978
『加賀・能登　歴史と文化』　歴史書刊行会編　石川県教育委員会　1991
『加賀・能登　歴史の扉』　加能史料編纂委員会編　石川史書刊行会　2007
『加賀・能登　歴史の窓』　加能史料編纂委員会編　石川史書刊行会　1999
『加賀藩大工の研究——建築の技術と文化』　田中徳英　桂書房　2008
『加賀藩における都市の研究』　田中喜男　文一総合出版　1978
『加賀藩農政史の研究』上・下　若林喜三郎　吉川弘文館　1970・72
『加賀吉野 祇陀寺の歴史』　「加賀吉野 祇陀寺の歴史」編集委員会編　吉野谷村教育委員会　1994
『鹿島町史』通史・民俗編，資料編続上・下，石動山資料編　鹿島町史編纂専門委員会編　鹿島町　1982-86
『角川日本地名大辞典17 石川県』　「角川日本地名大辞典」編纂委員会編　角川書店　1981
『金沢市史』資料編1-19・通史編1－3　　金沢市史編さん委員会編　金沢市　1996-2006
『金沢城と前田氏領内の諸城 日本城郭史研究叢書5』　喜内敏編　名著出版　1985
『加能郷土辞彙』(改訂増補)　日置謙編　北國新聞社　1973
『加能史料』奈良平安1－平安4，鎌倉1・2，南北朝1－3，室町1－4，戦国1－8　　加能史料編纂委員会編　石川県　1982-2010
『河北郡宇の気町宇気塚越遺跡』　石川県教育委員会　石川県教育委員会　1973
『上山田貝塚』　石川考古学研究会編　宇ノ気町教育委員会　1979
『北前船——日本海海運史の一断面』　牧野隆信　柏書房　1964
『郷土史事典 石川県』　髙澤裕一編　昌平社　1980
『郷土資料事典 石川県』　人文社観光と旅編集部編　人文社　1985
『キリシタンの記憶』　木越邦子　桂書房　2006
『金栄山妙成寺誌』　櫻井甚一　妙成寺　1981
『近世北陸農業史——加賀藩農書の研究』　清水隆久　農山漁村文化協会　1987
『九谷古窯跡発掘調査報告書』　石川県教育委員会編　石川県教育委員会　2007
『軍都の慰霊空間——国民統合と戦死者たち』　本康宏史　吉川弘文館　2002
『源平合戦と北陸——義経伝説を育んだふるさと』　石川県立歴史博物館編　石川県立歴史博物館　2005

『兼六園全史』　兼六園全史編纂委員会・石川県公園事務所編　兼六園観光協会　1976
『兼六園を読み解く――その歴史と利用』　長山直治　桂書房　2006
『稿本 金沢市史』全14巻　金沢市役所編　金沢市役所　1916-37
『古九谷と石川県立美術館 朝日・美術館風土記シリーズ』　朝日新聞社編　朝日新聞社　1983
『古代地域史の研究 北陸の古代と中世1』　浅香年木　法政大学出版局　1978
『小松史』史料篇上・下　川良雄編　小松町役場　1940
『小松市史』1-5　川良雄編　小松市教育委員会　1950-68
『志賀町史』資料編1-4・沿革編　志賀町史編纂委員会編　志賀町　1974-80
『治承・寿永の内乱論序説 北陸の古代と中世2』　浅香年木　法政大学出版局　1981
『史跡 雨の宮古墳群』　鹿西町教育委員会編　鹿西町教育委員会　2005
『織豊期検地と石高の研究』　木越隆三　桂書房　2000
『書府太郎 石川県大百科事典』(改訂版)上・下　北國新聞社編　北國新聞社　2004・05
『白峰村史』上・下・3　白峰村史編集委員会編　白峰村　1959・62・91
『新修小松市史』資料編1-9　新修小松市史編集委員会編　小松市　1999-2010
『新修七尾市史』1-13　七尾市史編纂専門委員会編　七尾市　1999-2009
『新修門前町史』資料編1-6・通史編　門前町史編さん専門委員会編　門前町　2002-06
『新版 石川県の歴史散歩 新全国歴史散歩シリーズ17』　石川県の歴史散歩研究会編　山川出版社　1993
『末森城跡発掘調査報告書』　末森城跡調査団編　押水町教育委員会　1989
『珠洲市史』1-6　珠洲市史編さん専門委員会編　珠洲市　1976-80
『珠洲市の文化財』　珠洲市文化財保護審議会編　珠洲市教育委員会　1994
『珠洲のれきし――珠洲市制五十周年記念』　珠洲のれきし編さん委員会編　珠洲市　2004
『図説 穴水町の歴史――町制施行五十周年記念』　図説穴水町の歴史編纂委員会編　穴水町役場　2004
『図説 石川県の歴史』　髙澤裕一編　河出書房新社　1988
『図説 押水のあゆみ』　押水町史編纂専門委員会編　押水町役場　2001
『図説 中島町の歴史と文化』　中島町史編纂専門委員会編　中島町役場　1995
『図説 七尾の歴史と文化』　七尾市史編さん専門委員会編　七尾市　1999
『図説 根上町の歴史』　新修根上町史編集専門委員会編　根上町役場　1996
『図説 野々市町の歴史――野々市町合併50周年記念』　野々市町史編纂専門委員会編　野々市町　2005
『図説 白山信仰』　白山本宮神社史編纂委員会編　白山比咩神社　2003
『図説 門前町の歴史――町制施行50周年記念』　門前町史編さん専門委員会編　門前町　2004
『図説 輪島の歴史』　図説輪島の歴史編纂専門委員会編　輪島市　2003
『銭屋五兵衛と北前船の時代』　木越隆三　北國新聞社　2001
『大聖寺山ノ下寺社群調査報告書』　大聖寺山ノ下寺社群調査委員会編　加賀市教育委員会　1987
『たかまつ物語――地域を彩った人々』　「たかまつ物語」計画作成委員会編　高松町教育

委員会　2003
『辰口町史』1-6　　辰口町史編纂専門委員会編　辰口町　1982-2005
『地域社会の史料と人物──加能地域史研究会創立30周年記念論集』　加能地域史研究会編　北國新聞社　2009
『地域社会の歴史と人物──加能地域史研究会創立30周年記念論集』　加能地域史研究会編　北國新聞社　2008
『中世北陸の社会と信仰 北陸の古代と中世3』　浅香年木　法政大学出版局　1988
『津幡町史』　津幡町史編纂委員会編　津幡町　1974
『鶴来町史 歴史篇』原始・古代・中世, 近世・近現代　鶴来町史編纂室編　鶴来町　1989・97
『寺島蔵人と加賀藩政──化政天保期の百万石群像』　長山直治　桂書房　2003
『伝統都市の空間論・金沢──歴史・建築・色彩』　田中喜男・島村昇・山岸政雄　弘詢社　1976
『富樫氏の歴史と伝承』　富樫氏と高尾城の歴史研究会編　金沢市都市政策局圏域交流課　2007
『富来町史』通史編・資料編・続資料編　富来町史編纂委員会編　富来町　1974-77
『特別名勝兼六園──その歴史と文化』本編・資料編　橋本確文堂企画出版室編　橋本確文堂企画出版室　1997
『利家・利長・利常──前田三代の人と政治』　見瀬和雄　北國新聞社　2002
『中居鋳物史』　長谷進　穴水町文化財保護専門委員会　1970
『中島町史』資料編上・下, 通史編　中島町史編纂専門委員会編　中島町役場　1994-96
『七尾市史』通史・資料編1-6　七尾市史編纂専門委員会編　七尾市　1968-74
『七塚町史』　七塚町史編纂専門委員会編　七塚町　1976
『日本海域の土器・陶磁』中世編・古代編　吉岡康暢　六興出版　1989・91
『日本海文化叢書 加越能寺社由来』上・下　日本海文化研究室編・井上鋭夫校訂　石川県図書館協会　1974・75
『日本海文化叢書 白山史料集』上・下　下出積與監修・日本海文化研究室編　石川県図書館協会　1979・87
『日本近世の村夫役と領主のつとめ』　木越隆三　校倉書房　2008
『日本の古代遺跡 石川』　橋本澄夫　保育社　1990
『日本の民俗 石川』　小倉学　第一法規出版　1974
『日本歴史地名大系17 石川県の地名』　平凡社地方資料センター編　平凡社　1991
『能登加賀の中世文化 石川県銘文集成6研究編』　櫻井甚一　北國新聞社　1990
『能登志徴』上・下　森田平次　石川県図書館協会　1938
『能登総持寺』　佃和雄　北国出版社　1974
『能都町史』1-5　能都町史編集専門委員会編　能都町　1980-83
『能登のくに──半島の風土と歴史』　能登のくに刊行会編　北國新聞社　2003
『能登の塩』　下出積與　宇都宮書店　1968
「能登はやさしや土までも」『地図中心』2009年4月号(通巻439号)　日本地図センター　2009

『能登 仏像紀行』　石川県立歴史博物館編　石川県立歴史博物館　2003
『野々市町史』資料編1-3・集落編・民俗と暮らしの事典・通史編　野々市町史編纂専門委員会編　野々市町　2001-06
『信長と石山合戦——中世の信仰と一揆』　神田千里　吉川弘文館　1995
『羽咋市史』原始・古代編, 中世・社寺編, 近世編, 現代編　羽咋市史編さん委員会編　羽咋市　1972-75
『白山——自然と文化』　白山総合学術書編集委員会編　北國新聞社　1992
『白山信仰史年表』　白山本宮神社史編纂委員会編　白山比咩神社　2008
『白山 聖地へのまなざし』　石川県立歴史博物館編　石川県立歴史博物館　2007
『幕藩制市場と藩財政』　見瀬和雄　巖南堂書店　1998
『幕藩制都市の研究』　田中喜男　文献出版　1986
『発見！古代のお触れ書き——石川県加茂遺跡出土加茂郡牓示札』　平川南監修・石川県埋蔵文化財センター編　大修館書店　2001
『半島国の中世史——能登の政治・社会・文化』　東四柳史明　北國新聞社　1992
『百万石の光と影——新しい地域史の発想と構築』　浅香年木　能登印刷出版部　1988
『普正寺』　石川考古学研究会編　石川考古学研究会　1970
『普正寺遺跡』　石川県立埋蔵文化財センター編　石川県立埋蔵文化財センター　1984
『ふるさと石川歴史館』　橋本澄夫ほか編　北國新聞社　2002
『文化誌日本 石川県』　高堀勝喜監修・講談社編　講談社　1988
『法住寺史料調査報告書』　珠洲市教育委員会文化課編　珠洲市教育委員会　1999
『北陸社会の歴史的展開』　髙澤裕一・金沢大学日本史学研究室四十周年記念事業発起人会編　能登印刷出版部　1992
『北陸真宗教団史論——小松本覚寺史』　浅香年木　能登出版印刷部　1983
『北陸の古代史』　橋本澄夫　中日新聞北陸本社　1974
『北陸の風土と歴史』　浅香年木　山川出版社　1977
『前田土佐守家資料館図録』　金沢市・前田土佐守家資料館編　前田土佐守家資料館　2002
『松任市史 現代編』上・下　松任市史編さん委員会編　松任市　1981・83
『永光寺遺跡——境内地の発掘調査』　石川県立埋蔵文化財センター編　石川県立埋蔵文化財センター　1997
『永光寺遺跡——永光寺川荒廃砂防工事に伴う緊急発掘調査報告書』　羽咋市教育委員会編　羽咋市教育委員会　1988
『永光寺の名宝』　石川県立歴史博物館編　石川県立歴史博物館　1998
『よみがえる金沢城』1・2　石川県教育委員会事務局文化財課金沢城研究調査室・石川県金沢城調査研究所編　石川県教育委員会　2006・09
『歴史探究——加賀・江沼』　牧野隆信　橋本確文堂企画出版室　1994
『歴史の道調査報告書』1-6　石川県教育委員会編　石川史書刊行会　1994-99
『若山荘を歩く——能登最大の中世荘園』　石川県立歴史博物館編　石川県立歴史博物館　2000
『輪島市史』通史編・民俗文化財編, 資料編1-6　輪島市史編纂専門委員会編　輪島市　1971-76

【年表】

時代	西暦	年号	事項
旧石器時代			能美市灯台笹遺跡
縄文時代		前期	能登町真脇遺跡(～晩期)
		中期	かほく市上山田貝塚, 金沢市古府遺跡・北塚遺跡
		晩期	野々市町御経塚遺跡, 金沢市チカモリ遺跡・中屋遺跡, 白山市下野遺跡
弥生時代		中期	加賀市柴山遺跡, 小松市八日市地方遺跡, 羽咋市吉崎・次場遺跡(～後期)
		後期	加賀市猫橋遺跡, かほく市大海西山遺跡
古墳時代		初期	金沢市塚崎遺跡・吉原七ツ塚墳墓群, かほく市宇気塚越1号墳, 七尾市上町マンダラ古墳, 白山市旭遺跡群
		前期	中能登町小田中親王塚古墳・雨の宮古墳群, 能美市秋常山古墳, 加賀市片山津玉造遺跡, 金沢市小坂古墳群
		中期	能美市和田山5号墳, 金沢市長坂二子塚古墳, 羽咋市柴垣円山古墳, 加賀市狐山古墳
		後期	加賀市法皇山横穴古墳群, 珠洲市岩坂・鈴内横穴群の線刻壁画, 宝達志水町散田金谷古墳, 七尾市院内勅使塚古墳
飛鳥時代	570	(欽明31)	北加賀の豪族道氏, 高句麗使に大王と偽る。南加賀の豪族江沼氏の密告により膳傾子が派遣されてくる
	660	(斉明6)	能登臣馬身龍, 阿倍比羅夫の北方遠征に従軍して戦死。この頃, 蝦夷穴古墳(七尾市)築造される
	668	(天智7)	道君伊羅都売, 天智天皇の子の施基皇子を生む。この頃末松廃寺・保賀廃寺など, 建立される
奈良時代	717	養老元	泰澄, 白山を開く
	718	2	越前国のうち能登郡・鳳至郡を割き, 能登立国(第1次)
	740	天平12	この年の「越前国江沼郡山背郷計帳」の一部現存
	741	13	能登国を越中国に併合
	748	20	この春, 越中守大伴家持, 能登地方を巡見する
	755	天平勝宝7	橘古那可智, 江沼郡幡生荘を東大寺に寄進
	757	天平宝字元	越中国から能登国を分立させる(第2次能登立国)
	761	5	加賀郡司道勝石, 私出挙を行い処罰される
	772	宝亀3	漂着した渤海使を能登国羽咋郡福浦津におく
平安時代	804	延暦23	能登国に渤海使のための客院をおく
	818	弘仁9	酒人内親王, 加賀郡横江荘を東大寺に寄進
	823	14	越前国の加賀・江沼2郡を割き, 加賀立国(律令制下最後の立国)。加賀郡より石川郡, 江沼郡より能美郡を分離
	841	承和8	加賀の勝興寺を国分寺に転用

	843	承和10	能登郡の定額寺大興寺を能登国分寺に転用
	849	嘉祥2	加賀郡の郡司から,百姓たちの心得るべき箇条(加賀郡牓示札)を掲げる(加茂遺跡出土)
	883	元慶7	渤海帰国船建造のため,能登国福浦津の大木伐採を禁じる
	1012	寛弘9	加賀国百姓ら,加賀国守源正職の非法32条を訴え,敗訴に終わる(寛弘事件)
	1042	長久3	白山,噴火する
	1147	久安3	白山宮,延暦寺の末寺となる
	1154	仁平4	延暦寺衆徒ら,加賀の林光家の釈放に抗議。光家,再び拘禁される(仁平事件)
	1176	安元2	能美郡の鵜川涌泉寺をめぐり,加賀守藤原師高の目代師経と白山宮衆徒が衝突
	1177	3	白山佐羅宮の神輿が延暦寺にのぼり,延暦寺衆徒と合流して強訴。加賀守師高・目代師経兄弟を流罪にさせる(安元事件)
	1181	養和元	能登・加賀の武士も鎌倉方に味方し内乱に参加。能登守平教経の目代を追放,その郎従を殺害する
	1183	寿永2	木曽(源)義仲,北陸の武士を率い,砺波山(倶利伽羅山)で平維盛軍を破り,安宅,篠原でも撃破し入京
	1185	文治元	平時忠,流人として能登国にくだる
	1186	2	この頃,長谷部信連,能登国大屋荘地頭となり入部する
鎌倉時代	1221	承久3	承久の乱で,加賀の林家綱ら京方に味方し,幕府方の長野氏を誅殺,のち守護北条朝時により処断される。「能登国田数注文」(大田文)がつくられる
	1289	正応2	徹通義介を石川郡の大乗寺に迎える
	1291	4	他阿弥陀仏真教,加賀国を遊行する
	1294	永仁2	日像,京都進出の途中,羽咋郡に妙成寺を開くという
	1318	文保2	大乗寺2世瑩山紹瑾,鹿島郡に永光寺を開く
	1321	元亨元	瑩山紹瑾,鳳至郡の諸岡観音堂を總持寺とする
南北朝時代	1335	建武2	富樫高家,加賀国守護となる。鹿島郡の石動山,反足利方に属して焼かれる。吉見頼為,能登国守護となる
	1387	嘉慶元 元中4	富樫昌家の没後,斯波義種,加賀国守護となる
	1391	明徳2 8	本庄宗成の没後,幕府管領の畠山基国,能登国守護を兼ねる
室町時代	1408	応永15	管領畠山家の庶流満慶,能登一国の守護となる
	1414	21	加賀の守護職,富樫嫡流満春と庶流満成の両家に戻され,それぞれ半国守護となる
	1441	嘉吉元	嘉吉の変で6代将軍義教が殺害され,加賀の守護職も改替される(富樫両流相論始まる)
	1447	文安4	富樫泰高と成春,加賀の守護職を折半し,互いに反目する

年表

	1458	長禄2	赤松政則, 加賀半国の守護となる
	1471	文明3	本願寺の蓮如, 越前の吉崎にくる
	1474	6	富樫政親, 一向一揆の助勢で, 蓮台寺城の富樫幸千代を破り, 加賀の守護職に復す(文明一揆)
	1488	長享2	加賀の一向一揆, 守護富樫政親を高尾城に滅ぼし, 惣国一揆による支配始まる(長享一揆)
	1506	永正3	加賀・能登の一向衆ら, 越前で朝倉氏と, 越中で長尾氏と戦う(永正一揆)
	1526	大永6	歌人冷泉為広, 畠山義総のいた七尾城で没する
	1531	享禄4	一向一揆, 2派に分裂して争い, 加州三カ寺派没落する(享禄の錯乱)
	1537	天文6	加州三カ寺派, 失地回復を試みて失敗(天文の乱)
	1546	15	浅野川と犀川の間に位置する小立野台地先端に, 大坂本願寺の末寺として金沢御堂(金沢坊)がおかれる
	1554	23	白山, 噴火する
安土桃山時代	1577	天正5	越後の上杉謙信, 七尾城を奪い取り, 能登畠山氏滅亡。長続連一族謀殺され, 長連龍による能登奪還の戦い始まる
	1580	8	織田信長と本願寺和睦。北陸の織田勢, 金沢御堂を占領し, 能登を攻める。佐久間盛政, 金沢城主となり北加賀を支配。信長, 長連龍に鹿島半郡を与える
	1581	9	信長の命により前田利家, 能登国主となり, 七尾城に入る
	1582	10	手取谷で抵抗を続けた一向一揆滅ぶ。本能寺の変のあと, 前田利家・佐久間盛政ら北陸の織田勢は越前の柴田勝家の下に結束。織田方に敵対した石動山衆徒敗れ, 兵火に遭う
	1583	11	賤ヶ岳の戦いで柴田勝家が滅びたあと, 羽柴秀吉方に味方した前田利家, 金沢城主となり, 北加賀および能登を支配。南加賀は越前の丹羽長秀の与力大名溝口氏・村上氏が支配
	1584	12	小牧・長久手で徳川家康と羽柴秀吉が対戦したあと, 秀吉方の利家, 徳川方の越中国主佐々成政と対峙。利家, 成政が羽咋郡の末森城を包囲すると, 金沢城から援軍を送り奪い返す
	1586	14	この頃, 金沢城の天守造営される
	1592	文禄元	小立野台地から金沢城地を切り離し, 本丸に高石垣を建造する
	1598	慶長3	村上氏・溝口氏の越後転封により, 丹羽長重, 松任から小松城主として入る。越前の小早川秀秋の家臣山口正弘, 大聖寺城に入る。利長, 家督を継ぎ, 2代藩主となる
	1599	4	利家, 大坂の前田邸で死去。利長, 家康から加賀征伐の恫喝を受け弁明に努める。利長, 金沢で惣構の建設を始める(〜1610)
江戸時代	1600	5	徳川方の前田利長, 大聖寺城を攻め, 西軍の山口宗永(正弘)・修弘父子を滅ぼす。その帰路, 能美郡の浅井畷で小松城の丹羽長重に背後を襲われるが, のち和睦し, 再度関ヶ原へ向かって

		進軍。関ヶ原の戦い後，利長に南加賀2郡が加増され，加賀・能登・越中3カ国を治める大名となる
1601	慶長6	徳川秀忠の娘珠姫，利常に嫁す
1604	9	この年，十村肝煎の設置始まる
1605	10	江戸幕府2代将軍に徳川秀忠就任。利長，富山城に隠居，利常，家督を継ぎ3代藩主となる。珠姫の婿である利常に松平姓が許される
1606	11	能登の1万石，土方雄久の領地となる
1614	19	高山右近，金沢を去り国外追放となる。利長，高岡城で病死。利常，初めて徳川家から領知安堵の朱印状を得る。大坂冬の陣に利常出陣
1615	元和元	利常，大坂夏の陣出陣。本多政重と横山長知が執政として利常を補佐する体制確立
1627	寛永4	能登奥2郡，藩の蔵入地となる。まもなく能登奥2郡で塩の専売制始まる
1631	8	金沢の大火で，金沢城も焼失。二の丸を拡張して二の丸御殿など創建，再建に努める。幕府から不審の嫌疑を受け，利常・光高，江戸にて弁明（寛永の危機）
1632	9	辰巳用水を建設し，城内に引水する
1634	11	利常，3代将軍家光の上洛に随行し入京。金沢城玉泉院丸に庭園を築造
1639	16	利常，長男光高に家督を譲り，2男利次を富山に，3男利治を大聖寺におき，支藩をつくる
1643	20	4代光高が金沢城北の丸に勧請した金沢東照宮竣工
1645	正保2	4代光高，江戸藩邸で急死。綱紀，3歳で家督を継ぎ5代藩主となり，小松城の隠居利常，後見役となる
1651	慶安4	利常，改作法を始める
1656	明暦2	加賀藩102万石の領内に村御印が発行される。この頃，江沼郡の九谷古窯跡で磁器が焼かれる
1666	寛文6	藩年寄の長家内部で浦野事件がおきる。翌年前田家に提訴し幕府も介入，浦野一族処罰され，十村の久江村道閑，処刑される
1668	8	白山麓の18カ村，幕府直轄領となる
1670	10	領内村々に，改訂された村御印が下付。城下郊外笠舞に御救小屋設置し，貧民を収容
1671	11	年寄長家の領地替えを行い，長家による鹿島半郡の一円支配終わる
1684	貞享元	能登の土方雄隆領，幕府直轄領となる
1686	3	5代綱紀による職制改革が行われる。このあと加賀八家の制が固まる
1689	元禄2	『おくのほそ道』の旅にあった松尾芭蕉，加賀を訪れ，金沢の

		仲間と句会を頻繁に行う
1693	元禄6	切高仕法,発令される
1707	宝永4	石川郡の十村土屋義休,『耕稼春秋』を著す
1712	正徳2	大聖寺藩で大一揆おこる(正徳の大一揆)
1745	延享2	6代吉徳死去。吉徳の近習大槻朝元,弾劾の声高まり要職を去る,翌年蟄居
1748	寛延元	大槻朝元,五箇山に流刑となる。江戸藩邸で毒物発覚し,大槻の関与が取り沙汰される。大槻,配流所で自殺(加賀騒動)
1755	宝暦5	藩財政が困窮し,初めて銀札を発行
1756	6	金沢で打ちこわしが発生,宇出津でも十村宅が打ちこわしに遭う(宝暦の銀札くずれ)
1759	9	金沢で空前の大火がおき,城下1万余戸および金沢城の大半を焼く
1778	安永7	11代治脩,初めて産物方を設け,年寄村井長穹に産物調査を命じる(産物方政策の始まり)
1792	寛政4	藩校として,明倫堂と経武館を設置する
1803	享和3	伊能忠敬,加賀藩領の沿岸を測量する
1805	文化2	海保青陵,高岡に滞在し,金沢にも遊ぶ
1808	5	金沢城の二の丸御殿焼失。領民や家臣・豪商などの献金で御殿再建始める
1809	6	本多利明,金沢にくる
1820	文政3	卯辰茶屋町・石坂町に茶屋町をおき,遊郭公許
1822	5	12代斉広隠居し,隠居御殿として竹沢御殿造営
1823	6	吉田屋伝右衛門,九谷焼再興
1824	7	斉広,教諭方設置,寺島蔵人らを起用し,士風刷新を促す
1825	8	寺島蔵人失脚,1836年能登島に流される
1837	天保8	200石以上の藩士に半知借上げを断行。借財方仕法・高方仕法などを発し,藩の天保改革始まる
1843	14	奥村栄実死去し,天保改革は中途で終わる
1849	嘉永2	長連弘ら黒羽織党の藩士,政権を握り,改革に着手
1852	5	銭屋五兵衛一族,河北潟への投毒の嫌疑で処罰される
1854	安政元	黒羽織党失脚。金沢に壮猶館設置し,西洋砲術や洋学の習得を進める
1858	5	金沢の窮民,卯辰山にのぼり,米価高を訴える(安政の泣き一揆),騒動は領内30カ所余りに広がる
1862	文久2	七尾に軍艦所設ける
1864	元治元	禁門の変がおき,長州藩との周旋を意図していた在京中の前田慶寧,無断で退京。のち慶寧の周辺にあった尊王攘夷派40人余りが処罰される(元治の変)
1867	慶応3	アーネスト・サトウら能登・金沢を通る。14代慶寧による卯辰

			山の開拓始まる
明治時代	1868	明治元	加賀藩,官軍に帰順,北越戦争に兵を出す
	1869	2	金沢藩執政本多政均,暗殺される。七尾に語学所をおく。浦上のキリシタン信者を卯辰山におく
	1871	4	廃藩置県で金沢県・大聖寺県が成立。大聖寺県で農民一揆おきる(みのむし騒動)。「開化新聞」発刊される
	1872	5	県庁を石川郡の美川町に移し,金沢県を石川県と改称。七尾県を石川県に併合
	1876	9	越中4郡と越前7郡,石川県に併合(大石川県の成立)
	1878	11	東京紀尾井町で石川県士族の長連豪・島田一良ら大久保利通暗殺。明治天皇,北陸を巡幸する
	1881	14	越前7郡,分離される
	1883	16	越中4郡分離し,富山県となる。現在の石川県域成立する
	1887	20	第四高等中学校・金沢工業学校創立
	1888	21	高多久兵衛,耕地整理開始
	1889	22	市制・町村制始まる。金沢市制施行
	1892	25	壬辰の選挙干渉で,能美郡寺井町など各地に流血事件おこる
	1897	30	北陸本線福井・小松間開通
	1898	31	北陸本線小松・高岡間開通,七尾鉄道金沢・七尾間開通。金沢城内に第九師団司令部がおかれる
	1900	33	津田米次郎,津田式力織機発明,まもなく県内工場で導入すすむ
	1901	34	金沢医学専門学校(のちの医科大学)・石川県高等女学校開校
	1904	37	第九師団,日露戦争に動員,旅順で戦う。横山鉱業部創設
	1911	44	西田幾多郎,『善の研究』刊行。外堀を埋めた百間堀道路開通
大正時代	1914	大正3	金石電鉄長田町・金石間開通。友愛会金沢支部結成
	1917	6	永井柳太郎,兼六園にて衆議院議員選挙落選感謝演説。金沢立憲青年会結成
	1918	7	金沢で米騒動,県内各地に騒動波及する
	1919	8	金沢の市電開通
	1920	9	能美郡尾小屋鉱山で大規模な争議始まる(1932年まで頻発)
	1925	14	能登鉄道羽咋・高浜間開通,浅野川電鉄七ツ屋・新須崎間開通,能美電鉄新寺井・天狗橋間開通,粟ヶ崎遊園開園
昭和時代	1929	昭和4	兼六園で初の公然メーデー
	1930	5	金沢放送局でラジオ放送始まる。第七連隊赤化事件で鶴彬が活動。四高反帝事件おこる
	1931	6	新興仏教青年同盟金沢支部,活動始める。中田邦造,県立図書館長となる
	1932	7	第1次上海事件に第九師団動員される。金沢で「産業と観光の大博覧会」開かれる

年	元号	事項
1933	昭和8	日置謙の手になる『石川県史』完成
1934	9	手取川大氾濫
1935	10	石川門,旧国宝となる
1936	11	大本教に解散命令,北陸別院が撤去される
1937	12	林銑十郎(金沢市出身)内閣成立。県初の満州入植。第九師団,南京城入城
1939	14	七尾市制施行。阿部信行(金沢市出身)内閣成立
1940	15	大政翼賛会石川県支部結成。小松市制施行
1945	20	七尾港で中国人労働者と衝突おこる(七尾事件)
1946	21	衆議院選挙で,社会党の女性代議士初当選。メーデー復活。金沢美術工芸専門学校開校
1947	22	第1回知事選挙で柴野和喜夫当選。第2回国体,金沢で開催
1949	24	金沢大学開学。衆議院選挙で,共産党代議士初当選
1950	25	天狗橋事件を中心に大規模な土木疑獄おこる
1952	27	米軍の内灘試射場設置を閣議決定,反基地の平和運動盛り上がる(内灘闘争)
1953	28	内灘試射場接収問題,参議院選挙の争点となり,反対派の井村徳二,国務大臣林屋亀次郎を破る
1954	29	輪島市制施行。珠洲市制施行
1955	30	田谷充実,知事初当選
1957	32	小松基地の米軍基地閉鎖。NHK金沢放送局,日本海側で最初のテレビ放送始める
1958	33	加賀市制施行。羽咋市制施行。大日川ダム起工
1963	38	38豪雪で,県下は1カ月近く孤立。中西陽一,知事初当選
1964	39	能登線全線開通。河北潟干拓工事始まる
1967	42	金沢市湯涌温泉に江戸村開村。金沢の市電廃線
1968	43	石川県立郷土資料館開館
1969	44	北陸本線の複線電化完成。金沢市街に自衛隊のジェット機墜落
1970	45	金沢火力発電所建設問題をめぐり反対運動おこる。高尾城跡,高速道路の土取りのため破壊される。金沢新港開港
1972	47	金沢・小松両市に初めて革新市長当選。北陸自動車道金沢西・小松間開通
1973	48	白山自然保護センター開設
1974	49	能登海浜道路内灘・羽咋間開通。手取川ダム起工
1975	50	七尾市に初めて革新市長誕生。北陸自動車道福井・富山間開通
1976	51	羽咋市で寺家遺跡発見。兼六園有料化
1977	52	尾小屋鉄道廃線。輪島塗,国重要無形文化財に指定。白山スーパー林道尾口村・岐阜県白川村間開通
1978	53	七尾火力発電所建設問題で,北陸電力と漁民衝突
1979	54	手取川ダム貯水開始。河北潟営農開始

	1980	昭和55	能登半島縦貫道路全線開通。全国高校総合文化祭開催
	1981	56	56豪雪
	1982	57	金沢開市400年祭開催。能登島大橋開通。能登有料道路全線開通
	1983	58	県立美術館，出羽町に新築移転
	1984	59	環日本海金沢国際シンポジウム開催
	1985	60	兼六園，国特別名勝に指定。河北潟干拓事業竣工。全国高校総体開催
	1986	61	県立歴史博物館，出羽町に移転
	1987	62	国鉄民営化。能登線を営業する第3セクターのと鉄道設立。北陸鉄道金名線廃線
	1988	63	のと鉄道穴水・蛸島間開通。能登町真脇遺跡，国指定史跡となる
平成時代	1989	平成元	珠洲原子力発電所問題混迷。参議院選挙で連合候補当選。白峰村桑島の化石壁で恐竜の歯発見
	1991	3	石川国体開催。台風19号，能登地方に大きな被害。中西知事8選，全国最多選知事となる
	1993	5	能登半島沖地震。加賀市の片野鴨池，ラムサール条約の登録湿地に決定。志賀原子力発電所1号機，営業運転開始。
	1994	6	いしかわ動物園開園。中西知事死去。反自民連合の支持を受けた谷本正憲，知事初当選
	1996	8	金沢市が中核市となる。珠洲市長選，最高裁判決により再選挙となる
	1997	9	島根沖でロシア船籍タンカー「ナホトカ号」が座礁，大量の重油流出し沿岸部に漂着，ボランティアの高校教諭，重油除去の作業中に死去
	1998	10	県畜産総合センターで世界初の体細胞クローン牛双子誕生。蓮如500年遠忌
	1999	11	尾山神社で前田利家没後400年祭開催。いしかわ動物園移転・リニューアルオープン
	2000	12	森喜朗(能美郡根上町〈現，能美市〉出身)内閣成立。津幡町加茂遺跡で「加賀郡牓示札」出土
	2001	13	のと鉄道能登線穴水・輪島間廃線。県立音楽堂完成。全国都市緑化いしかわフェア開催。金沢城菱櫓・五十間長屋・橋爪門続櫓が復元公開される
	2002	14	NHK大河ドラマ，『利家とまつ』放映
	2003	15	県庁，金沢市広坂から同市鞍月の新庁舎に移る。能登空港開港
	2004	16	中島町・能登島町などを併合した新制七尾市，宇ノ気町・七塚町・高松町が合併したかほく市発足。県内初の併設型中・高一貫校となる県立金沢錦丘中学校開校。金沢21世紀美術館開館

2005	平成17	白山市・能美市・宝達志水町・中能登町・能登町が発足し，志賀町・加賀市も合併により新体制となる。のと鉄道能登線穴水・蛸島間廃線
2006	18	志賀原発事故隠し。門前町が輪島市に併合され，新制輪島市となる。町村合併により県内は10市9町に統合再編
2007	19	能登半島地震おきる
2008	20	金沢城跡，国の史跡となる。東海・北陸自動車道全線開通
2009	21	金沢市が「歴史まちづくり法」の最初の指定都市に選出される。「奥能登のあえのこと」がユネスコの無形文化遺産に登録される
2010	22	谷本知事，5選。石川県でトキの分散飼育が始まる。金沢城の河北門・いもり堀が復元される
2011	23	能登の里山里海がFAOの世界農業遺産に認定される。野々市町が単独で野々市市となる

【索引】

—ア—

会津屋由蔵之碑 …………………………… 106
青木米米の石碑 ……………………………… 79
赤蔵山 ……………………………………… 196
阿岸本誓寺 …………………………… 248, 249
秋常山古墳群 ……………………………… 131
安久濤ケ淵(古宮公園) ……………… 138, 139
浅井畷古戦場 ………………………… 117, 118
旭遺跡群 …………………………………… 66
安宅住吉神社 ……………………………… 120
安宅関跡 …………………………………… 120
穴水城跡 ……………………………… 206, 207
穴水町歴史民俗資料館(長家史料館) ……207
雨の宮古墳群 ………………………… 186, 188
新家理与門の石碑 ………………………… 109
荒山口阿弥陀三尊板碑 …………………… 189
荒山城跡 …………………………………… 189
粟崎八幡神社 ………………………… 50, 51
粟津温泉 ……………………………… 123, 124
安誓寺 ……………………………………… 169

—イ—

飯田の朝市 ………………………………… 234
医王寺(加賀市) …………………………… 105
怡岩院 ……………………………………… 197
石浦神社 …………………………………… 20
石川県金沢港大野からくり記念館 ……… 50
石川県九谷焼美術館 ……………………… 98
石川県銭屋五兵衛記念館 …………… 48, 49
石川県戦没者墓苑 ………………………… 59
石川県伝統産業工芸館 …………………… 16
石川県七尾美術館 …………… 176, 177, 179, 180
石川県西田幾多郎記念哲学館 ………… 88, 89
石川県立白山ろく民俗資料館 ……… 146, 147
石川県立美術館 …… 16, 40, 43, 61, 82, 98, 99, 133, 138
石川県立歴史博物館 ……… 14, 16, 40, 42, 127, 224, 239
石川縣里程元標 …………………………… 32

石川県輪島漆芸美術館 ………… 241, 242, 246
石川四高記念文化交流館 …………… 14, 19
石川ルーツ交流館(石川県庁跡) ……… 76, 77
石坂鍋山古墳群(志乎・桜の里古墳公園)
……………………………………………… 158
石の木塚 …………………………………… 76
泉鏡花記念館 ………………………… 32, 33
伊須流岐比古神社 …………………… 188, 189
伊勢神社(輪島市) ………………………… 242
石部神社 …………………………………… 128
市媛神社 ………………………………… 21, 31
今蔵神社 …………………………………… 208
伊夜比咩神社 ……………………………… 193
岩倉寺 ……………………………………… 222
石倉比古神社 ……………………………… 222
岩本神社 …………………………………… 132
院内勅使塚古墳 ……………………… 184, 185

—ウ—

宇気塚越古墳群 …………………………… 88
宇出津崎山縄文遺跡 ………………… 209, 210
宇多須神社 ……………………………… 24, 38, 39
卯辰菅原神社 ……………………………… 38
卯辰山の石碑 ……………………………… 35
内灘町営権現の森公園 …………………… 54
美しい海回復記念碑 ……………………… 224
畝田・寺中遺跡 …………………………… 52
畝田ナベタ遺跡 …………………………… 52
雨宝院 ……………………………………… 55

—エ—

栄春院 ……………………………………… 197
悦叟寺 ………………………………… 195, 196
江沼神社(旧大聖寺藩庁跡) ………… 95, 96

—オ—

近江町市場 ……………………………… 21, 28, 30
雄谷家住宅 …………………………… 168, 169
大国主神社(河北郡津幡町) ……………… 85
大地主神社 ………………………………… 181
大野庄用水 ………………………… 11, 22, 23

索引　295

大野湊神社	47, 48
大樋の松門(下口の松門)	79, 80
大海西山遺跡	89
大峰神社	208
岡部家住宅	156, 157
奥津比咩神社(輪島市)	217, 241
御経塚遺跡	68
尾口のでくまわし	145
奥能登のあえのこと	213
奥村宗家屋敷跡	40
尾小屋鉱山跡	126
尾崎神社	7, 25
尾添白山社(白山下山仏社)	144, 145
御舘館跡	156
織田信長	4, 14, 21, 28, 57, 65, 81, 111, 119, 123, 142, 143, 156, 176, 183, 191, 195, 206, 209, 249
音ミュージアム	237
御仏供スギ	141
尾山神社	12, 21, 24, 25, 38
尾張町	30, 37
尾張町老舗交流館	31

―カ―

海月寺	53
海蔵寺	225
加賀国府跡	128
加賀市鴨池観察館	104
加賀市竹の浦館	105
加賀市東谷伝統的建造物群保存地区	110
加賀橋立	102
笠野鳥越城跡	85
峨山往来(峨山道)	162
鹿島神社(金沢市)	80
鹿島の森(鹿島神社社叢)	104, 105
主計町茶屋街	32, 33, 35
春日神社(珠洲市)	235, 236
堅田城跡	83
堅田B遺跡	83
片野の鴨池	102, 104
片山津玉造遺跡	99, 100
角海家住宅・土蔵	248
金石街道(宮腰往還)	53
金石本町遺跡	52
金沢卯辰山工芸工房	36
金沢くらしの博物館(三尖塔)	18
金沢市足軽資料館	23
金沢市卯辰山麓伝統的建造物群保存地区	37
金沢市老舗記念館	22, 23
金沢城跡	4
金沢市立玉川図書館別館(近世史料館)	22
金沢市立中村記念美術館	18
金沢神社(学校鎮守)	10, 12
金沢蓄音器館	32
金沢西別院	26-29
金沢東別院	26-29
金沢ふるさと偉人館	18
金沢文芸館	32
金沢湯涌夢二館	44, 45
加宝神社(加宝社跡)	144, 145
上荒屋遺跡	65, 70
上山田貝塚	87, 88
亀塚古墳	190
加茂遺跡	87
願成寺(加賀市大聖寺鍛冶町)	98
願成寺(加賀市勅使町)	109
観音院(金沢市)	38
上町マンダラ古墳群	199

―キ―

麒山和尚石像	225
喜多家住宅(石川郡野々市町)	63, 64
喜多家住宅(羽咋郡宝達志水町)	154
祇陀寺	59
祇陀寺跡	141
北前船主屋敷蔵六園(酒谷長一郎家住宅)	102
北前船の里資料館(酒谷長兵衛邸)	101, 102
狐山古墳	108
木ノ浦海岸	227

気屋遺跡	88
旧高田家跡	23
旧津幡宿	84
旧野村家跡	23
旧福浦灯台	171
旧本吉の町並み	77, 78
旧吉田家住宅(白山市松任ふるさと館)	72, 73, 75
経王寺	42, 43
玉泉寺(泉野菅原神社)	57
浄水寺跡	129
キリコ会館	216
金釼宮(白山市鶴来日詰町)	32, 134-136
琴江院	231, 232
錦城山(大聖寺城跡)	94

―ク―

弘願寺	84, 85
串茶屋民俗資料館	119, 120
九谷A遺跡	110
九谷磁器窯跡	107, 109, 110
九谷焼窯跡展示館	107
九ノ里薬師	212
久保市乙剣宮	21, 32, 33
久麻加夫都阿良加志比古神社	198, 199
熊甲二十日祭の枠旗行事	198
鞍月用水	11, 20, 22
倶利伽羅峠の古戦場跡	85, 86
呉竹文庫	77, 78
黒島天領北前船資料館	247, 248
黒丸家住宅	234-236

―ケ―

桂岩寺	59
瑩山紹瑾	159-162, 196, 245, 246
筒笠中宮神社	143, 144
気多神社(羽咋郡志賀町)	168
気多神社(羽咋市)	164-166, 177
月心寺	38, 40
兼六園	5, 7, 8, 10, 12-14, 16, 18-20, 40, 42, 43, 54, 96

―コ―

高岸寺	58
高照寺	237
河田山古墳群	129, 130
光琳寺	249
国分尼塚1・2号墳	185
小坂神社	79
五社権現	86
小田中親王塚古墳	190
御廟谷	63
小松城跡	111
小松市立博物館	111, 112, 123
小松市立本陣記念美術館	113
小松市立宮本三郎美術館	113
小松天満宮	113, 114, 116
小丸山城跡(小丸山公園)	176, 178
金蔵寺	220, 221

―サ―

祭祀遺跡石仏山	208
西念寺	179
西養寺	38, 39
座主家住宅	200
実盛塚	101
猿山岬灯台	244
山錦楼	56
三光寺	57
三湖台古墳群	119
散田金谷古墳	158

―シ―

慈雲寺	38, 39
十九堂山遺跡	128
寺家遺跡	164
七カ用水合同取水口	139
実性院	96
地頭町中世墳墓窟群	173
篠原出羽守屋敷跡	42
篠原の古戦場	100, 101
柴田勝家	72, 94, 111, 119, 123, 140, 143
持明院の妙蓮	80
重蔵神社	213, 240, 241, 243

索引 297

寿経寺(七稲地蔵)	34, 37, 38
照円寺	28, 29
正覚院	166, 177
松月寺のサクラ	58
聖興寺	74
松岡寺	214
聖徳寺	120
城南荘(旧横山邸居宅)	18
白比古神社	186
白山上野遺跡	140
白山比咩神社	56, 135, 136, 140, 144, 150
白山比咩神社奥宮	148-150
白尾くろがけD遺跡	89
白米の千枚田	216, 217
真成寺	38-40
心蓮社	38, 40

— ス —

翠雲寺	232
末浄水場園地	44
末松廃寺跡	69-71
末森城跡	155, 156
杉谷ガメ塚古墳	188
杉谷チャノバタケ遺跡	188
菅生石部神社	98, 99
すず塩田村	223, 224
須須神社	230-232, 237
須須神社奥宮	229, 230
珠洲陶器窯跡	233
珠洲岬	229
珠洲焼資料館	224, 232
須曽蝦夷穴古墳	192
砂取節発祥之地の記念碑	224
住吉神社(輪島市)	216

— セ —

成巽閣	7, 8, 10, 13, 16, 111
青柏祭の曳山行事	181
聖霊修道院聖堂	23
石動山	160, 166, 167, 185, 188-190
石動山城跡	189
銭五の館(旧銭屋本店)	53

専光寺	28, 29
善性寺	63
善正寺	158
全昌寺	96, 97
専長寺	53

— ソ —

曹源寺	224, 226
總持寺祖院	243, 245
宗寿寺	97
曽々木海岸	222, 223
曽福遺跡	207
蘇梁館	98

— タ —

大円寺(人骨地蔵尊)	58
大王寺	123, 124
大乗寺	60, 65, 142, 160
泰澄	123, 124, 136, 137, 139, 149, 150
平家庭園	169
平時忠一族の墓	226, 227
高倉彦神社	234
高田寺	220
高爪神社	173, 174
高爪山	174
高松・押水古窯跡群	90
高山右近	21, 157
高尾城跡	61-63
多太神社	116
辰巳用水	10, 11, 18, 25, 40, 43
棚木城跡	209
手向神社	85, 86
垂水の滝	223

— チ —

チカモリ遺跡	68, 69
中段の板碑	242
忠谷家住宅	102
超雲寺	24
長連龍	117, 118, 183, 191, 195-197, 206, 209
町民文化館(尾張町)	31
長流亭	95, 96

長齢寺	42, 178
千代女朝鮮通信使献上句碑	72

―ツ・テ―

坪井山(坪山)砦跡	156
鶴来別院	134, 135
鶴来道	56-58
寺島蔵人邸跡	32, 33
傳燈寺(長江谷)	81
天徳院	40, 42-44
天保義民の碑	46

―ト―

桃雲寺	59
東大寺領横江荘荘家跡	65, 66, 68, 70
東嶺寺	195-197
遠島山公園	209, 210
富樫政親	27, 62, 63, 65
富樫館跡	64, 65
時国家(上・下)住宅	218, 219, 222
徳田秋聲記念館	34
灯台笹遺跡	132
戸津御坊跡	124
戸津古窯跡群	124
刀禰薬師	227
戸水C古墳群	52
戸水B遺跡・戸水C遺跡	52
冨塚丸山古墳	100
鳥越城跡	142

―ナ―

内藤采女(休甫)屋敷跡	157
中谷家住宅	221
長橋海岸	224-226
長町武家屋敷群	22, 23
中谷宇吉郎雪の科学館	101
泣き砂の浜(琴ヶ浜)	249
那谷寺	114, 118, 124, 125
七尾軍艦所跡	180
七尾城跡	181-183
名舟の御陣乗太鼓	216, 217
南惣美術館	218

―ニ―

西外惣構跡	20
西田家庭園玉泉園	13
西茶屋資料館	56
如来寺	42, 43
新崎遺跡	207

―ネ・ノ―

猫橋遺跡	100
念西寺	75
農事社跡	64
野田山墓地	59, 60
能登塩田再興碑	236, 237
能登国分寺跡	183, 184
能登国分尼寺跡(千野廃寺跡)	184
能登金剛	170
能登上布会館	187
能登町郷土館・歴史民俗資料館	209
能登町立羽根万象美術館	209
能登中居鋳物館	207
能登のアマメハギ	213, 245
野々市市郷土資料館	64
野々市市ふるさと歴史館	68
能美丘陵東遺跡群	132
能美古墳群	130, 131
能美市立九谷焼資料館	132
能美市立博物館	133
能美市立歴史民俗資料館	131

―ハ―

パーシバル=オズボーン顕彰碑	180
白山恐竜パーク白峰	147
白山市白峰伝統的建造物群保存地区	148
白山市立千代女の里俳句館	75
白山市立鶴来博物館	135
白山市立鳥越一向一揆歴史館	143
白山市立松任中川一政記念美術館	73
白山市立松任博物館	72, 74
白山神社(珠洲市)	237, 238
白山神社(輪島市中段町, 石造五重塔)	242
白山神社(輪島市名舟町, 奥津比咩神社)	217, 218

白山禅定道(加賀禅定道・越前禅定道)	
………………………	144, 146, 148, 150
白山本地堂 ………………………	147
波佐谷松岡寺跡(波佐谷城跡) …………	121
長谷川等伯(信春) …………	168, 176, 177, 179
長谷部神社 ………………………	207
長谷部信連の灰塚 ………………………	216
鉢伏茶臼山遺跡 ………………………	88
林の超勝寺跡 ………………………	124
藩老本多蔵品館 ………………………	16

― ヒ・フ ―

ひがし茶屋街 ………………………	33-35, 56
深田久弥山の文化館 ………………………	96
福岡第一発電所 ………………………	141
福浦港 ………………………	170, 171
豊財院 ………………………	159, 160
藤津比古神社 ………………………	199, 200
伏見寺 ………………………	58
普正寺遺跡 ………………………	49
二曲城跡 ………………………	142, 143
舟岡山遺跡 ………………………	139
舟岡山城跡 ………………………	139, 140
古府タブノキダ遺跡 ………………………	184
分校カン山古墳群 ………………………	109

― ヘ・ホ ―

舳倉島 ………………………	217, 240, 241
別所谷八幡神社 ………………………	242
宝円寺 ………………………	42, 43, 59, 179
法皇山横穴古墳 ………………………	108, 109
宝集寺 ………………………	58, 87
法住寺 ………………………	233, 237, 238
宝乗寺 ………………………	83
宝泉寺 ………………………	246, 247
望楼台公園 ………………………	244
法華寺 ………………………	221
仏御前の墓 ………………………	129
本興寺 ………………………	82
本性寺 ………………………	58
本誓寺 ………………………	71, 73, 74
本泉寺(金沢市二俣町) ………………………	84

本多の森公園 ………………………	7, 16
本土寺 ………………………	185, 186
本龍寺 ………………………	53

― マ ―

前田綱紀 ………………	7, 17, 23, 40, 41, 86, 112
前田土佐守家資料館 ………………	23
前田利家 ………	4, 14, 21, 23, 24, 27, 28, 38, 42, 43, 53, 59, 83, 85, 95, 117, 138, 140, 156, 169, 176, 178, 179, 183, 189, 191, 209, 235, 245, 246
前田利常 ………	6, 11, 17, 26, 29, 38, 41, 42, 47, 79, 81, 95, 99, 111, 112, 113, 116, 118, 125, 128, 165, 168
前田利長 ………	14, 16, 17, 21, 27, 38, 41, 47, 56-59, 72, 94, 95, 109, 117, 118, 131, 141, 158, 176, 201
松尾寺 ………………………	171, 172
松尾神社 ………………………	171
松任金剣宮 ………………………	71-75
松任城跡(松任城址公園) ………………………	71
松波城跡 ………………………	212, 214
松根城跡 ………………………	83
松山城跡 ………………………	109
丸山古墳 ………………………	109
真脇遺跡 ………………………	210
万行赤岩山遺跡 ………………………	195
万行遺跡 ………………………	194, 195
万福寺 ………………………	214

― ミ ―

三河神社 ………………………	82
水白鍋山古墳 ………………………	190
水神社(白山水戸明神社) ………………………	139
御手洗池 ………………………	198
見附島 ………………………	239
皆月海岸 ………………………	244
南加賀古窯跡群 ………………………	124
宮地廃寺 ………………………	101
妙栄寺 ………………………	209
妙観院 ………………………	178
妙慶寺 ………………………	56

妙成寺	82, 114, 166-169, 177, 185
明泉寺	207, 208
明達寺	41, 75
妙立寺	57

―ム・モ―
無限庵御殿	106
室生犀星記念館	55, 56
森腰浜遺跡	223

―ヤ―
薬王院温泉寺	106, 107
八坂神社(白山市)	147
八坂神社(鳳珠郡能登町, 宇出津のキリコ祭り)	210
矢田古墳群	185
矢田野エジリ古墳	119
山岸家	148
山科の大桑層化石産地と甌穴	61
山代温泉	106
山田光教寺跡	99
山田寺	186
山中温泉	105, 106, 110
山中温泉芭蕉の館	106
山中漆器伝統産業会館	106
山伏山	228-230
八幡寺	220

―ユ・ヨ―
遊女の墓	118-120
永光寺	159, 160, 162, 245
葭島神社	116
吉光の一里塚	132
吉崎・次場遺跡	163

―ラ・リ―
来迎寺	206
来生寺	116
龍国寺	38, 40
龍護寺	173
立像寺	58
龍門寺	179
林西寺	147, 148

―レ・ロ―
蓮如	27, 30, 63, 82, 84, 85, 99, 105, 110, 121, 124, 135, 138, 143
魯山人寓居跡いろは草庵	107
禄剛埼灯台	227, 228

―ワ―
若宮八幡宮(白山市)	74, 75
輪島工房長屋	243
輪島市櫛比の庄「禅の里交流館」	246
輪島漆器会館	241, 242
輪島の朝市	215, 216
和田山城跡	131
和田山・末寺山古墳群	131

【写真所蔵・提供者】(五十音順，敬称略)

穴水町教育委員会	手取川七カ用水土地改良区
石川県教育委員会	中能登町教育委員会
石川県埋蔵文化財センター	七尾市教育委員会
石川県立歴史博物館	能登町
奥能登塩田村	野々市市教育委員会
加賀市教育委員会	能美市教育委員会
KAGA旅まちネット	白山工房
金沢市	白山市教育委員会
金沢市埋蔵文化財センター	林源常
ギャラリー椋	春木盛正
九谷焼美術館	豊財院
小松市立図書館市史編纂担当	真脇遺跡縄文館
社団法人石川県観光連盟	妙正寺
白山比咩神社	林西寺
珠洲市	輪島市

本書に掲載した地図の作成にあたっては，国土地理院長の承認を得て，同院発行の2万5千分の1地形図，5万分の1地形図及び20万分の1地勢図を使用したものである(承認番号 平22業使，第25-M046186号 平22業使，第26-M046186号 平22業使，第27-M046186号)。

【執筆者】(五十音順)

編集代表
木越隆三 きごしりゅうぞう(石川県金沢城調査研究所)

編集・執筆委員
河崎倫代 かわさきみちよ(加能地域史研究会委員)
木越隆三 きごしりゅうぞう(石川県金沢城調査研究所)
高堀聰 たかほりさとし(金沢高校)
増山仁 ますやまひとし(金沢市ふるさと偉人館)
室山孝 むろやまたかし(北陸史学会会員)

執筆委員
新本欣悟 あらもときんご(県立大聖寺高校)
加藤克郎 かとうかつろう(石川県教育委員会文化財課)
木越祐馨 きごしゆうけい(輪島市・七尾市文化財保護審議会委員)
小西昌志 こにしまさし(金沢市立玉川図書館)
小西洋子 こにしようこ(県立白山ろく民俗資料館)
庄田孝輔 しょうだこうすけ(石川考古学研究会会員)
竹森靖 たけもりやすし(県立金沢二水高校)
土屋宣雄 つちやのぶお(財団法人石川県埋蔵文化財センター)
中田隆二 なかたりゅうじ(県立金沢松陵高校)
見瀬和雄 みせかずお(金沢学院大学)
山本吉次 やまもとよしつぐ(金沢大学附属高校)

歴史散歩⑰
石川県の歴史散歩

| 2010年7月25日　1版1刷発行　　2013年1月31日　1版2刷発行 |

編者──石川県の歴史散歩編集委員会
発行者──野澤伸平
発行所──株式会社山川出版社
　　　　　〒101-0047　東京都千代田区内神田1-13-13
　　　　　電話　03(3293)8131(営業)　　03(3293)8135(編集)
　　　　　http://www.yamakawa.co.jp/　振替　00120-9-43993
印刷所──協和オフセット印刷株式会社
製本所──株式会社手塚製本所
装幀──菊地信義
装画──岸並千珠子
地図──株式会社昭文社

Ⓒ　2010　Printed in Japan　　　　　　　　　　ISBN 978-4-634-24617-1
・造本には十分注意しておりますが，万一，落丁・乱丁などがございましたら，
　小社営業部宛にお送りください。送料小社負担にてお取り替えいたします。
・定価は表紙に表示してあります。

石川県全図

凡例
- 都道府県界
- 市郡界
- 町村界
- JR線
- 高速道路
- 有料道路
- 国道
- 県庁

1:820,000
0　8　16km

N

地名

- 珠洲岬
- 長手崎
- 禄剛崎
- 珠洲市
- 鴨舟川
- 宝立山 ▲469
- 鳳珠郡　能登町
- 能登空港
- 穴水町
- 大口瀬戸
- 小口瀬戸
- 能登島
- 観音崎
- 七尾北湾
- 七尾市
- 輪島市
- 鉢伏山 ▲544
- 三蛇山 ▲372
- 河内岳 ▲399
- 能登半島
- 七ツ島
- 舳倉島
- 猿山岬
- 海士岬
- 羽咋郡

日本海